戰國楚簡與秦簡之思想史研究

湯淺邦弘 著

佐藤將之 監譯

謝　辭

筆者謹對

北京清華大學廖名春教授

東京都立大學佐竹靖彥榮譽教授
（《中國史學》主編）

東京研文出版

許可將相關文章收入本書
表達衷心的謝意

目　次

序 v
第一部分：總論 1
　第一章：戰國楚簡與中國古代思想史研究 3
第二部分：郭店楚簡研究 31
　第二章：〈魯穆公問子思〉與先秦的「忠臣」思想 33
　第三章：〈六德〉之全體結構及其著作目的 53
第三部分：上博楚簡研究 75
　第四章：〈從政〉的竹簡連接與分節 77
　第五章：〈從政〉與儒家的「從政」 101
　第六章：〈彭祖〉中的「長生」思想 129
　第七章：〈昭王毀室〉中的父母合葬 149
　第八章：代代相傳的先王故事
　　——〈昭王與龔之脽〉的文獻性質 169
第四部分：睡虎地秦墓竹簡研究 187
　第九章：秦律的理念 189
　第十章：秦的法思想 215
監譯者跋 241
索引 251
原作者著作目錄 267

序

本書是彙整筆者關於新出土文獻資料的研究。內容有序論一篇、郭店楚簡的研究二篇、上博楚簡的研究五篇、睡虎地秦墓竹簡的研究二篇，共計十篇。

一九八二年，筆者在大阪大學文學研究所撰寫碩士論文之際，我所選的題目是當時剛剛介紹到日本的睡虎地秦墓竹簡，並分析了睡虎地秦墓竹簡的法律關係文書和法家思想的關係。過去以來法家思想的研究基於《商君書》或《韓非子》等傳世文獻來進行，但因《商君書》或《韓非子》資料的不確定性，到近年此研究似乎碰到了困境。因此，筆者除了這些傳世文獻之外，還積極活用睡虎地秦墓竹簡之新出土文獻。

從那之後，筆者研究的對象，雖然由春秋戰國時期到唐宋的諸思想，進而到日本漢學等，發展到多方面，但是筆者從頭到尾一貫關注的主題就是新出土文獻。因此其間筆者也進行了銀雀山漢墓竹簡、馬王堆漢墓帛書、敦煌文書等出土文獻的研究。

不但如此，由於郭店楚簡和上博楚簡公開，筆者和一些同道一起組織了「戰國楚簡研究會」，並且開始進行共同研究。在本叢書中已經出書的淺野裕一先生和福田哲之先生是本研究會的成員。

研究會的據點在於筆者的服務單位之大阪大學中國哲學研究室。我們一年大概五次定期研讀會，一起進行文獻的分析或研究內容的發表。到了二〇〇四年三月，我們與大阪大學中國學會、大阪大學中國哲學研究室以及台灣的簡帛道家資料新出土文獻研讀會，在大阪大學共同主辦了「戰國楚簡和中國思想史研究」國際學術研討會。同年底，戰國楚簡研究會設立了網站，[1] 積極進行國際學術交流，並且向世界介紹我們的研究成果。

我們接連著出版了研究成果。除我們會員個人的學術論文和著作之外，會員共同出版了如下七本著作：

1.《新出土資料と中国思想史》(《中国研究集刊》專題號，2003 年6月)
2.《戦国楚系文字資料の研究》(科研報告，[2] 代表者竹田健二，2004年3月)
3.《諸子百家〈再発見〉——掘り起こされる古代中国思想——》(淺野裕一、湯淺邦弘編，岩波書店，2004年8月)
4.《戦国楚簡と中国思想史研究》(《中国研究集刊》專題號，第 36号、2004年12月)
5.《竹簡が語る古代中国思想——上博楚簡研究——》(淺野裕一編，汲古書院，2005年4月)
6.《古代思想史と郭店楚簡》(淺野裕一編，汲古書院，2005 年 11月)
7.《戦国楚簡研究 2005》(《中国研究集刊》專題號，2005年12月)

進而於二〇〇五年，以筆者爲代表者的身份申請的「戰國楚簡

[1] http://www.let.osaka-u.ac.jp/chutetsu/sokankenkyukai/index.html
[2] 監譯者注：相當於臺灣的國科會成果報告。雖然並不是出版品，在臺灣，臺灣大學圖書館等已收藏，可以參閱。

總合研究」，通過日本政府科學研究費（二〇〇五～二〇〇八年度）。經費通過後，研究會在繼續進行出土文獻的解讀與分析的同時，於二〇〇五年夏訪問了收藏郭店楚簡的荊門市博物館、涵蓋郭店一號楚墓的紀山楚墓群、紀南城址、荊州博物館以及上海博物館等地點，並且現場考察。藉由這次的學術調查，我們獲得了以下新的訊息。

第一點是我們在荊門市博物館所獲得的訊息。該博物館的館長翟信斌先生和「郭店楚簡研究中心」主任崔仁義先生爲我們館內解說，我們得以參觀郭店楚簡中的〈太一生水〉、〈魯穆公問子思〉、〈語叢三〉、〈語叢四〉的竹簡。到此爲止，親眼見到過去只能看到照片的竹簡實物，尤其是能直接掌握竹簡的型態或文字的樣子，是一大收穫。

還有，有關郭店楚墓年代，館內揭示著由「武漢地質學院測値中心」之證明書「同位素分析成果報告書」。根據此報告，郭店一號楚墓的「棺木」碳十四的測定值在「二三四〇±一七〇年」。這項測定的基準年是國際標準年的「一九五〇年」。亦即，依據此數值，郭店楚墓營造時期爲西元前三九〇年（±一七〇年）。因此，郭店楚墓有可能比與此鄰近的包山楚墓（由記載於竹簡的紀年，判別爲紀元前三一六年營造）稍早建造的可能性。

再則，還聽到了關於郭店楚簡和上博楚簡關係的重要解說。上博楚簡被盜挖之後，雖然上海博物館購入了流入香港古玩市場的物品，但是被盜挖的地點並不明確。然而，關於其出土地點，自古以來的謠傳說是和郭店楚簡一樣在湖北發現的。關於此點的詢問，崔仁義先生並未能明確答覆，不過他還是告訴我們，由於兩處竹簡上附著的土質類似，還有，竹簡上的字體極爲相似，得出上博楚簡的出土地點也和紀山楚墓群內一樣的可能性頗高。這點也是考慮上博楚簡資料特性之際的重要情報。

第二點是由直接採訪紀山楚墓群現場才獲得到的訊息。紀山楚墓群於荊門市的南方約五十公里，荊州北方約十公里之處，位於連結荊州和荊門高速公路的西側。墓群現在雖然是根據「白龍崗」、「張家崗」、「郭店崗」等二十四個墓地名稱整理出來的，其中，我們這次採訪的是「大薛家窪」、「尖山」、「郭店」三所墓地。首先，「大薛家窪」是由一號墓、二號墓所謂比較大的主墓和排列成四行十列的陪葬墓構成。這些現在都被雜草覆蓋成爲小高丘。我們一邊喘氣一邊逐一登上一號墓、二號墓以及陪葬墓。這兩號墓和陪葬墓之間還築有祭壇，可以想見原本應是以人力修築得相當完整的墓地。

接著「尖山」墓地，在現在變成農地的平地上，正好呈現突出的丘狀。「尖山」墓地全部由一百十二個墓構成，我們登上長滿胡麻苗的大約六公尺高的封土上。從這裡可以清楚眺望紀山楚墓群的風景。感覺上這些墓群形成向陽的良好丘陵地。作爲春秋戰國時代楚之都「郢」之墓陵地，應該是重要的地點。

最後採訪的是盼望一見的郭店一號楚墓。郭店一號楚墓位於上述「大薛家窪」、「尖山」東南方約四～五公里的地方，相對於這兩個墓地所留有的高丘封土，郭店一號楚墓位於農宅後面，全都是平坦的土地。這是長年以來農民爲耕作用而削取封土使然。因而被發現此處是古墓，並且遭盜挖而導致了郭店楚簡的出現。郭店一號楚墓於一九九三年十月發掘調查後，土被埋回，現於過去墓坑之處上圍起了約三十公分高的水泥。

我們爲此感到些許心痛的是紀山楚墓群的保存及其推廣狀況。「大薛家窪」附近一家農家設有監視器。這是爲了防範盜挖的監視用器，但如此監視，對整個廣大的紀山楚墓群而言，我們覺得還是遠遠不夠的。還有，相對於較近於公路的「大薛家窪」、「尖山」，到郭店一號楚墓則是一條勉強僅能讓一輛車通過的農村小路，途中完全沒有指示標誌。而且，墓被繁密的雜草覆蓋，墓的東側只立著「郭店一號墓」的小墓標。對比於郭店楚簡的重要性，如此的粗陋與不值，令人遺憾的印象揮之不去。

以上是經過我們這次的學術採訪所獲得的最新訊息的一部分。如上述般，爲了進行新出土資料的研究，除了經過公開的照片和釋文來進行解讀之外，現場學術採訪和與海外研究者的學術交流都具有巨大的意義。本研究會在繼續進行出土文獻的解讀工作的同時，也考慮積極參與國際學術交流。

最後，本書出版之際，得到多方人士的協助。京都大學博士候選人王綉雯、京都大學研究生盧彥男、臺灣大學研究生李雪、清華大學研究生李敏、大阪大學研究生劉靜瑜和白雨田，六位提供了翻譯初稿。索引方面是大阪大學研究生草野友子協助。還有，接續淺野裕一教授、福田哲之教授的著作，本書也是由台灣大學佐藤將之教授擔任全書的監譯和校訂。在此，深深表達感謝之意。

戰國楚簡研究會
湯淺邦弘　謹識
2006 年 4 月 3 日

第一部分　總論

第一章

戰國楚簡與中國古代思想史研究

序言

二十世紀末至二十一世紀初的中國古代思想史研究，在後世將會受到什麼樣的評價呢？或許，日後的研究者都將會抱持著「這是一個『分水嶺』或『轉型期』」的感想吧。

本章將針對郭店楚簡、上博楚簡等新出土資料，爲中國古代思想史研究帶來戲劇性發展的現狀加以探討。首先，回顧這些戰國楚簡的發現；其次，將之分爲郭店楚簡與上博楚簡，分別探討其研究上顯著進展的情形；最後，引介日本的戰國楚簡研究之現況。

第一節　戰國楚簡之發現

新出土文獻對於中國古代思想史研究影響甚鉅之事例，有一九七〇年代所發現的銀雀山漢墓竹簡、馬王堆漢墓帛書、以及睡虎地秦墓竹簡。其中，銀雀山漢墓竹簡對於以兩種《孫子》爲首的兵學思想研究之進展有所貢獻；馬王堆漢墓帛書則增進了《老子》或道家思想之新研究；睡虎地秦墓竹簡則對於秦代之法治或法思想之實際情形，提供了重要的線索。

但是，遠超過這些而予以學界更大衝擊的，是一九九三年從湖北省荊門市郭店一號楚墓出土的《郭店楚墓竹簡》(郭店楚簡)，與翌年上海博物館所收進的《上海博物館藏戰國楚竹書》(上博楚簡)。這些新出土資料，以戰國時期的古文字記載，其內容除了與《周易》、《詩經》、《禮記》、《老子》等主要傳世經典有密切關係的文獻之外，還包括了大量的儒家學派、道家學派及兵學等眾所周知的思想文獻。首先，筆者想試著從這些戰國楚簡的出土狀況來回顧。

一、郭店楚墓竹簡（郭店楚簡）

一九九三年在中國湖北省荊門市一帶的紀山楚墓群，奇怪的景象——大規模的盜墓活動正熱烈展開。由於原本應該負責管理出土文物的荊門市博物館副館長也參與了組織性的盜墓行動，重要的文物紛紛流往他省。

在這樣的盜墓熱潮之中，荊門市紀山鎮郭店村的郭店一號楚墓，也遭受了兩度的盜掘。這是因爲附近的農民耕作農地而削除楚墓的封土，導致郭店一號楚墓處於容易盜掘的狀態。

一九九三年十月，第二回的盜掘在外層的槨板上鑿開洞穴，青銅器等部份的陪葬品遭盜奪。因此，荊門市博物館進行緊急搶救性的發掘調查，得知其中有八百零四枚竹簡。這些竹簡被送至荊門市博物館，其後經過長達數年反覆的化學處理，終於可以判讀其文字。

關於這些竹簡之發現，首先在湖北省荊門市博物館〈荊門郭店一號楚墓〉(《文物》第 7 期，1997 年）中有所介紹，其後，竹簡自發現至整理、公開的過程，則詳細記述於劉祖信〈發現郭店楚簡的日子裡〉(中國文物研究所編，《出土文獻研究》第 6 輯，世紀出版集團，上海古籍出版社，2004 年 12 月)，以及劉祖信、龍永芳，《郭店楚簡綜覽》（萬卷樓，2005 年 3 月）中。

郭店楚簡的全部內容，出版爲《郭店楚墓竹簡》（荊門市博物館編，文物出版社）一書問世，則是一九九八年五月之事。

《郭店楚墓竹簡》刊載了竹簡全部的照相圖版、釋文、語注，成爲郭店楚簡研究的原始底本，同時也藉此得知以下之事：

①郭店一號楚墓之下葬年代，從其墓葬形態或出土器物來推測，推定約是「戰國中期偏晚」，西元前三〇〇年左右。

②墓主之身分，由墓葬的規模來判斷，是楚國之上士。根據陪葬品中漆耳杯的文字「東宮之師」來推測，與楚國太子之教育人士有關。但是，因爲也有人主張此文字應該釋讀爲「東宮之杯」，意指東宮所賜之物，所以，墓主應是與東宮有關的眾多人物之一。

③八百零四枚竹簡之中，有七百三十枚是有字簡。總文字數約爲一萬二千字。相異字之字數約一千三百字。其中，約有半數未見於《說文解字》。

④竹簡之形態，長度從十五公分至三十二．四公分，寬度從〇．四五公分至〇．六五公分。大致上可區分爲三類。兩端則有平頭與梯形兩種。

⑤文字是「典型的楚國文字」。與既已公開的《包山楚簡文字編》（1993 年）、《曾侯乙墓竹簡文字編》（1997 年），同是瞭解戰國時代文字狀況的貴重資料。

因此，郭店楚簡的全部內容，從竹簡形制或字體等可分爲以下十八類：

《老子》甲、乙、丙、〈太一生水〉

〈緇衣〉、〈魯穆公問子思〉、〈窮達以時〉、〈五行〉、〈唐虞之道〉、〈忠信之道〉、〈成之聞之〉、〈尊德義〉、〈性自命出〉、〈六德〉、〈語叢〉一至四

其中，《老子》與〈太一生水〉是道家文獻，〈語叢〉是短文集，其他則都是儒家文獻。而且，《老子》的部分若合併甲、乙、丙本，份量約相當於現行本《老子》的五分之二；〈緇衣〉則與《禮記・緇衣》基本上重複；〈五行〉則與馬王堆帛書〈五行〉的「經」之部分有所重複。其他全都是前所未知的古佚書。

二、上海博物館藏戰國楚竹書（上博楚簡）

另一方面，上博楚簡在郭店楚簡出土一年後——一九九四年被發現。上博楚簡是因盜墓而流失、由上海博物館在香港古玩市場購入的戰國時期楚國竹簡。全部數量為一千二百餘枚，字數總計有三萬五千字。

現在，上博楚簡以《上海博物館藏戰國楚竹書》（上海古籍出版社）為名持續刊行中，目前為止已經刊行了《上海博物館藏戰國楚竹書（一）》（2001 年 11 月）、同書（二）（2002 年 12 月）、同書（三）（2004 年 3 月）、同書（四）（2004 年 12 月）、同書（五）（2005 年 12 月）。其內容如下：

（一）〈孔子詩論〉、〈緇衣〉、〈性情論〉

（二）〈民之父母〉、〈子羔〉、〈魯邦大旱〉、〈從政〉、〈昔者君老〉、〈容成氏〉

（三）《周易》、〈仲弓〉、〈恆先〉、〈彭祖〉

（四）〈采風曲目〉、〈逸詩〉、〈昭王毀室．昭王與龔之脽〉、〈柬大王泊旱〉、〈內禮〉、〈相邦之道〉、〈曹沫之陳〉

（五）〈競建內之〉、〈鮑叔牙與隰朋之諫〉、〈季庚子問於孔子〉、〈姑成家父〉、〈君子爲禮〉、〈弟子問〉、〈三德〉、〈鬼神之明〉、〈融師有成氏〉

上博楚簡因爲是遭盜掘而流出至香港古玩市場之物，出土時期與出土地點不明。但是，在《上海博物館藏戰國楚竹書（一）》所收的馬承源〈前言：戰國楚竹書的發現保護和整理〉一文中，卻有自湖北省出土之說，因爲其流出的時間點接近郭店一號楚墓被盜掘的時間點，所以也有從郭店墓地出土的可能性，但是缺乏明確的證據。

再者，〈馬承源先生談上海簡〉（《上海博物館藏戰國楚竹書研究》所收）一文中，介紹了中國科學院上海原子核研究所進行碳十四測定的數値爲二二五七±六五年前。此數値如果以國際基準的定點——一九五〇年來換算，應是西元前三〇七±六五年，亦即西元前三七二年至西元前二四二年。因爲其下限很可能被設定爲秦國將軍白起佔領楚國首都郢的那一年——西元前二七八年，所以，推定這些竹簡的書寫年代爲西元前三七二年至西元前二七八年之間。也就是說，上博楚簡與郭店楚簡是戰國時期陪葬於楚墓中、近乎同時期的資料。

第二節 戰國楚簡研究之展開

戰國楚簡的發現，令全世界的研究者大爲驚豔。

首先，約在《郭店楚墓竹簡》刊行前後，「郭店老子國際研討會」於美國達慕思大學（Dartmouth College）召開。一九九八年五月二十二日～二十六日共五日的研討進程，由出版《郭店楚墓竹簡》的文物出版社，將《郭店楚墓竹簡》試印本，事先於同年三月末寄送給研討會約三十名的參加者，促其進行出版前的分析，並發表、討論其成果。

此研討會之內容在池田知久，〈アメリカ・ダートマス大学「郭店老子国際研討会」〉（《東方学》第96輯，1998年）一文中有詳細的報告。會中，荊門市博物館長劉祖信先生發表專題演講〈郭店一號楚墓概述〉，提出以下的論點：郭店一號楚墓是典型的戰國中期之楚墓；下葬年代較包山二號楚墓稍晚，約爲西元前四世紀末～三世紀初；墓主之身分推測較「士」爲高等等。又，針對此研討會的主題——郭店楚簡《老子》之基本性格，多數的華人研究者認爲，這是已經完成的《老子》五千言之一部分；相對地，歐美的研究者以及唯一從日本前往參加的池田先生，則認爲這是處於形成過程中的《老子》之原型，雙方意見對立。

再者，《郭店楚墓竹簡》刊行後的第二年，召開了「郭店楚簡國際學術研討會」。此國際學術會議由武漢大學中國文化研究院、美國哈佛大學燕京學社、國際儒學聯合會、中國哲學史學會、湖北省哲學史學會共同主辦，一九九九年十月十四日～十九日於武漢大學召開。會中提出的論文超過八十篇，三個會場同時進行，共計有六十人發表其研究成果，可謂大規模的學術會議。此會議之特色有三點：①文字學、考古學、簡牘學、文獻學、哲學思想史、文化史等各領域的研究成果之發表；②橫跨廣大年齡層的研究者共聚一堂；③促進中國與台灣研究者之交流。

其成果出版爲《郭店楚簡國際學術研討會論文集》（武漢大學中國文化研究院編「《人文論叢》特輯」，郭齊勇主編，湖北人民出版社，2000 年 5 月）一書。此論文集的內容雖然多元分歧，其特色在於收錄許多郭店楚簡〈六德〉、〈語叢〉、〈五行〉、〈性自命出〉、《老子》、〈太一生水〉的相關論文，卷末還附有〈郭店楚墓竹簡研究目錄〉，旨在爲進一步之研究奠定基礎。

一、郭店楚簡研究之開始

郭店楚簡之所以如此受到舉世注目，莫過於它是戰國時代思想文獻一舉大量出土的特殊事例。學者專家期待那些資料具有填補向來思想史上的空白，以及大幅改寫通行定論的可能性。

但是，被當成底本公開的《郭店楚墓竹簡》，因爲是初始階段的釋文，註釋稍嫌簡略，且有保留釋讀的「待考」部分。再者，竹簡之編成因爲一直都是依據負責首次釋讀之研究者的編排整理，也殘留書中所示篇目之編排本身究竟正確與否的問題。爲了解決這些疑點，種種企圖超越《郭店楚墓竹簡》的嘗試因而啓動。

首先，張光裕主編，袁國華合編，陳志堅、洪娟、余拱璧助編，《郭店楚簡研究・第一卷・文字編》（藝文印書館，1999 年 1 月），是以《郭店楚墓竹簡》爲底本，集郭店楚簡文字釋讀之大成的字書。一方面依據《康熙字典》重新整理楚簡文字之排列，並附上索引，同時卻又以「原簡與釋文對照圖版（含殘簡）」，在原簡的照片旁邊，附上自己獨特創見的手寫釋文。可惜的是，因爲不是針對每個文字做註釋，對於爲何確定是這樣釋讀，其根據有時不明。但是，就線索稀微的初步研究而言，此書被視爲是《郭店楚墓竹簡》之校對資料並備受注目。同樣地，《郭店楚簡文字編》（張守中、張小滄、郝建文撰集，文物出版社，2000 年 5 月），也是以《郭店楚墓竹簡》爲底本，匯集楚簡文字之釋讀與用例於一冊的字書。

這些書若是被當做網羅竹簡文字、個別予以分類、整理的工具書，那麼，以郭店竹簡之整體或是特定篇章爲題材，顯示其釋讀、譯注、解說的書籍，隨後也開始出現了。

丁原植，《郭店竹簡儒家佚籍四種釋析》（出土思想文物與文獻研究叢書（1），台灣古籍出版有限公司，2000 年 12 月）一書，針對郭店竹簡中的四本古佚書〈性自命出〉、〈成之聞之〉、〈六德〉、〈尊德義〉，加以釋讀與詳細的解說。各篇開頭的「說明」部分，明白列出竹簡的相關訊息、要旨、原釋文之分章與該書獨特的分章。例如〈性自命出〉，原釋文的九段在該書釋析中被重編爲八段等，提出作者獨創的見解。最大的特色，是在具體解說郭店楚簡理論結構的「全篇釋析」中，先敘述各段要旨之後，刊載釋文並予以具體的解說。輔以圖解且仔細周到的解說，在理解郭店楚簡之理論結構上是一大助益。

再者，涂宗流、劉祖信，《郭店楚簡先秦儒家佚書校釋》（出土文獻譯注研析叢書 P012，萬卷樓，2001 年 2 月）一書，刊載郭店楚簡十四篇儒家文獻的釋文與註釋。先在各篇開頭附上簡單說明的「按」，接著將整篇文章依據意義分爲數個段落，各段落針對其釋文，分別附上指出與該段落文章近似之傳世經典或關於字形之解說的「注」，以及解說每句之語句、內容的「釋」，而後是記述其白話文摘要的「句意」。在這樣的文字釋讀、竹簡排列等之外，對於篇章名稱或分章，進而篇章結構本身，也提出了獨自的創見，明顯表現出解決《郭店楚墓竹簡》殘留課題的強烈企圖。

二、郭店楚簡研究之展開

如此，對於《郭店楚墓竹簡》之釋讀、竹簡排列、篇章結構或篇名，就能夠按部就班地加以基礎性的探討。其代表性的著作，有李零，《郭店楚簡校讀記（增訂本）》（北京大學出版社，2002 年 3 月）。該書刊載郭店楚簡全部十八篇的釋文及註釋，是〈郭店楚簡校讀記〉（陳鼓應編《道家文化研究》第 17 輯「《郭店楚簡》專號」，生活・讀書・新知三聯書店，1999 年 8 月，頁 455-542）的改訂版。其一大特色，在於重視竹簡之形制或字體，重新檢討竹簡之分類與排列。從這個觀點將郭店楚簡全篇分類爲五組，通常被視爲儒家文獻的〈語叢四〉，也被定位爲「道家和道家陰謀派的文獻」，分類至「第一組」。再者，「餘論」中不只是各個文字之認定或各篇內容之探討，也論及郭店楚簡在思想史上之定位的問題。至此，郭店楚簡之研究，從對於各個文字或語句進行釋讀的階段，進入了根據釋讀進行思想史性質之探討的階段。

同樣地，陳偉，《郭店竹書別釋》（新出簡帛研究叢書，湖北教育出版社，2003 年 1 月），其特色也在於提出異於通行釋文的竹簡排列或新解釋上。特別是，對於〈尊德義〉、〈成之聞之〉、〈六德〉三篇文獻，超越原釋文（《郭店楚墓竹簡》）之結論，大膽替換竹簡之排列，各自重新命名爲〈大常〉（幾乎相當於〈六德〉）、〈賞刑〉（幾乎相當於〈尊德義〉）、〈德義〉（幾乎相當於〈成之聞之〉），並提出新的解釋。可視爲是獨立於《郭店楚墓竹簡》原釋文之外的新見解。此外，以郭店楚簡全篇爲對象之譯注，尚有劉釗，《郭店楚簡校釋》（福建人民出版社，2003 年 12 月）。

另一方面，以郭店楚簡爲研究對象的專著或學術期刊專輯也一一出現。首先，年輕研究者的博士論文，早在二〇〇〇年十月就公開的，是丁四新，《郭店楚墓竹簡思想研究》（東方出版社）。該書將作者本人評爲重要篇目的《老子》、〈太一生水〉、〈五行〉、〈性自命出〉、〈語叢〉等各篇之研究，以及貫通郭店楚簡整體的儒家思想研究，集結成書。同時，以「心性」作爲考察思想史時的核心概念，特別以〈五行〉、〈性自命出〉、〈語叢〉爲對象，對於心性論之根本——天命、天道觀進行探究。

郭沂，《郭店竹簡與先秦學術思想》（上海世紀出版集團·上海教育出版社，2001 年 2 月），是篇幅多達八百五十九頁的鉅著，特別針對郭店竹簡與《論語》、《孝經》之關係、郭店竹簡與子思學派之關係加以探討。林素英，《從〈郭店簡〉探求其倫常觀念》（萬卷樓，2003 年 1 月），則是有關郭店楚簡儒家文獻中服喪思想、倫理思想的研究著作。主要以〈六德〉爲題材，進行與《論語》、《孟子》、《禮記》、《儀禮》等之比較，旨在釐清其作爲倫理思想之特色。其探討範圍不侷限於郭店竹簡內部，也旁及其他傳世文獻，可說是將郭店竹簡在思想史上予以定位的作業。

以〈五行〉爲焦點之研究，則是劉信芳，《簡帛五行解詁》（藝文印書館，2000 年 12 月）。該書將郭店楚簡〈五行〉與馬王堆帛書〈五行〉進行比較而研究其認識論之特色。該書之結論「〈五行〉述略」中，將〈五行〉從其內容面大略分爲九節，並且針對〈五行〉思想的成立時期加以考察。

學術期刊的特輯，則出版有《郭店楚簡研究》（《中國哲學》第 20 輯，遼寧教育出版社，1999 年 1 月）、以及《郭店簡與儒學研究》（《中國哲學》第 21 輯，遼寧教育出版社，2000 年 1 月）。第 20 輯是郭店楚簡專號，收錄了三十四篇論文，其續編的第 21 輯則收錄了二十三篇。其中，姜廣輝〈郭店楚簡與原典儒學——國內學術界關於郭店楚簡的研究（一）〉、〈郭店楚簡與早期道家——國內學術界關於郭店楚簡的研究（二）〉，在確認當時有關郭店楚簡之成立年代或思想的研究動向上有所助益。

三、郭店楚簡《老子》研究

然而，郭店楚簡〈五行〉是因為馬王堆帛書本中亦有〈五行〉才受到注目，以同樣的理由而受到更多關注的則是《老子》。

如上所述，一九九八年五月在達慕思大學召開的「郭店老子國際研討會」，如其主題所示，也是特別聚焦於郭店楚簡《老子》的學術會議。

一九九八年八月，陳鼓應編，《道家文化研究》第 17 輯（生活・讀書・新知三聯書店），很早就以「《郭店楚簡》專號」刊行出版，包含達慕思大學討論會的摘要報告在內，刊載十四篇與《老子》相關的論著。《老子》在現行本、馬王堆帛書本上的研究已有所累積，藉由郭店楚墓出土甲、乙、丙三種寫本一事，《老子》研究被期待會有大幅進展。

關於這個竹簡本《老子》全篇，很早就整合譯注與研究的，是丁原植，《郭店竹簡老子釋析與研究》（出土文獻譯注研析叢書 P001，萬卷樓，1998 年 9 月）。該書也是台灣萬卷樓日後陸續出版的「出土文獻譯注研析叢書」中值得紀念的第一號，附有對郭店楚簡三種《老子》寫本的釋文與註釋。再者，不單是譯注，各章末尾的「資料研究」，根據其與通行本或帛書本等之關係，進行思想史性質的分析，對郭店楚簡《老子》的思想史特質及其成立過程加以探討。

同一年也有崔仁義，《荊門郭店楚簡〈老子〉研究》（科學出版社，1998 年 10 年）一書之出版。該書的特色，在於將楚簡《老子》

重新編成不同於《郭店楚墓竹簡》分篇的 A、B、C 三個部分。A 是〈太一生水〉與楚簡《老子》丙本，〈太一生水〉該部分的竹簡排列，也依作者的創見予以改變。B 則對應於楚簡《老子》乙本，C 相當於同簡的甲本。作者認爲，楚簡《老子》與馬王堆漢墓帛書《老子》，其語氣詞「也」的用法基本上一致，所以楚簡《老子》是帛書《老子》來源的一部份。而且，〈太一生水〉與楚簡《老子》丙本之所以構成同一篇「老子 A」，是因爲其竹簡形制相同所致。該書還提出如下的大膽見解作爲結論——楚簡《老子》是依照 C→B→A 的順序形成，而且，A、B、C 各部分的著者分別比定爲《史記》中的三位老子（李耳、老萊子、太史儋）等。

同樣論及楚簡《老子》之作者的，還有張吉良，《老聃〈老子〉太史儋〈道德經〉》（齊魯書社，2001 年 9 月）。該書列出對於郭店楚簡《老子》甲、乙、丙本的釋文與註解，同時在以「從老聃《老子》到太史儋《道德經》」爲題的論文中，提出這樣的結論：楚簡《老子》之作者爲「老聃」，而且傳本《老子》是由《史記》所言三位「老子」中的「太史儋」增訂老聃之《老子》而成。

其後，許多與《老子》相關的書籍一一出版。劉信芳，《荆門郭店竹簡老子解詁》（藝文印書館，1999 年 1 月），雖然是針對郭店楚簡《老子》甲、乙、丙本的釋文與註釋，附錄部分卻附上〈太一生水〉的釋文與註釋、楚簡《老子》與帛書《老子》以及王弼本之校勘、楚簡《老子》、〈太一生水〉的檢字表。再者，魏啓鵬，《楚簡〈老子〉柬釋》（出土文獻譯注研析叢書 P003，萬卷樓，1999 年 8 月），也列出對於《老子》甲、乙、丙本以及〈太一生水〉的釋文與註釋，並記載關於楚簡《老子》與〈太一生水〉的「研究札記」。侯才，《郭店楚墓竹簡〈老子〉校讀》（大連出版社，1999 年 9 月）雖然也是同樣的注釋書，該書最後卻以「讀記」爲題進行思想上的探討，認爲楚簡《老子》是由老子本人或其弟子在春秋末期所形成、基本上已完成的古抄本。此外，該書認爲〈太一生水〉的思想源自《老子》，所以推測也是形成於在春秋末期。

彭浩編，《郭店楚簡〈老子〉校讀》（湖北人民出版社，2000 年 1 月），列出楚簡《老子》的釋文、注釋，進而將馬王堆帛書《老子》甲、乙本、王弼本、河上公本、龍興觀本（即景龍碑本。唐景龍二年〔西元 708 年〕河北易州龍興觀道德經碑），依照今本《老子》之順序加以比較。同樣地，將楚簡《老子》與馬王堆帛書本等諸種本子對校的，還有鄒安華，《楚簡與帛書老子》（民族出版社，2000 年 6 月）、廖名春，《郭店楚簡老子校釋》（清華大學出版社，2003 年 6 月）。前者特別將重點置於楚簡《老子》與帛書《老子》之比較，後者則是將之與馬王堆帛書《老子》甲、乙本、王弼本、河上公本、傅奕本、范應元本、景龍碑本等相互校勘，文字之考證極爲詳細。

特別著力於這種「校勘」之點上的，有李若暉，《郭店竹書老子論考》（齊魯書社，2004 年 2 月）。該書之特色在於對「異文」處理之解說上。作者從形、音、義、句形、思想等觀點，將異文分爲五類。這種分析方法並不限於《老子》，推而廣之，當我們在考慮出土資料的研究途徑時也可派上用場。

進而，使研究者能實際感受楚簡《老子》研究興起國際熱潮的，是北京的學苑出版社以「學苑海外中國學譯叢」出版的《簡帛老子研究》（〔美〕Robert G. Henricks（韓祿伯）、邢文改編，余瑾翻譯，2002 年 11 月）、《郭店老子　東西學者的對話》（〔美〕Sarah Allan（艾蘭）、〔英〕Crispin Williams（魏克彬）、邢文編譯，2002 年 9 月，其後出版以《郭店楚簡與太一生水》爲名之修訂版，2005 年 7 月）。後者是以一九九八年於達慕思大學召開的國際學術研討會爲基礎的論文集，刊載中國的李學勤、裘錫圭、美國的鮑則岳（William Bolts）、英國的譚朴森（Paul Thompson）等歐美簡帛研究者的論文及討論。

像這樣，《老子》成爲郭店楚簡研究的一大主幹，而且包括《老子》在內，針對郭店楚簡整體加以綜合性探討的論文集也漸漸出現。《簡帛思想文獻論集》（出土思想文物與文獻研究叢書（5），丁原植主編，王博著，台灣古籍出版有限公司，2001 年 5 月），收錄王先生的論文十八篇。書名雖然爲「簡帛」，大多卻是郭店楚簡的相關論文。《古墓新知》（出土思想文物與文獻研究叢書（10），龐樸等著，台灣古籍出版有限公司，2002 年 5 月）也是有關郭店楚簡的論文集，收錄十六名作者的二十二篇論文。《郭店儒簡論略》（出土思想文物與文獻研究叢書（13），歐陽禎人著，台灣古籍出版有限公司，2003 年 4 月），則是以郭店楚簡的儒家文獻爲中心，再加上對於傳世文獻、睡虎地秦墓竹簡等之活用，是視野廣闊的研究。

如上，我們可以說，郭店楚簡之研究最先是因受到世界矚目的《老子》研究而開始，隨後朝向釐清郭店楚簡整體在思想史上之意義而前進。

四、上博楚簡研究之開始

那麼，上博楚簡之研究是如何進展的呢？二〇〇〇年八月，由北京大學、達慕思大學、中國社會科學院共同主辦的「新出簡帛國際學術研討會」在北京召開。這次的研究會，是繼一九九八年五月在美國召開第一回國際簡帛研討會「郭店老子國際學術研討會」之後，再次召開的第二回國際簡帛研討會。會中雖然已經提出上博楚簡的相關報告，但是，上博楚簡開始公開卻是在二〇〇一年。

《上海博物館藏戰國楚竹書（一）》（馬承源主編，上海古籍出版社，2001 年 11 月），爲湧向郭店楚簡研究的學界帶來更大的鼓舞。該書將上海博物館一九九四年自香港古玩市場買入的上博楚簡之全貌予以公開。全部預定出版爲六分冊。其中，第一分冊收錄了〈孔子詩論〉、〈緇衣〉、〈性情論〉三書，刊載大小兩種圖版（照相版）與釋文、註釋，正好成爲上博楚簡研究之基本文獻。目前，已出版至第五分冊。

但是，該書也仍留有未釋、待考之文字，如何克服此困難成爲一大課題。於是，首先出現的是《上博楚簡三篇校讀記》（丁原植主編，李零著，萬卷樓，2002 年 3 月）。此書針對《上海博物館藏戰國楚竹書（一）》所收錄的〈孔子詩論〉、〈緇衣〉、〈性情論〉，提出李零所做的釋文與註釋。其中，也有提出與原釋文不同的釋讀或竹簡排列之部分，被視爲是最初的對校資料而受注目。同樣地，針對第一分冊收載其釋文、研究的，還有黃人二，《上海博物館藏戰國楚竹書（一）研究》（高文出版社，2002 年 8 月），提出遠比《上海博物館藏戰國楚竹書》之釋讀更爲詳細的譯注。

接著，《上海博物館藏戰國楚竹書（二）》收錄了〈民之父母〉、〈子羔〉、〈魯邦大旱〉、〈從政〉、〈昔者君老〉、〈容成氏〉六書，而同書（三）則收錄了《周易》、〈仲弓〉、〈恆先〉、〈彭祖〉四書。針對各書分別收載其釋文、註釋的，則有《上海博物館藏戰國楚竹書（二）讀本》（出土思想文物與文獻研究叢書 P016，季旭昇主編，陳美蘭、蘇建洲、陳嘉凌合撰，萬卷樓，2003 年 7 月），以及同書《（三）讀本》（出土思想文物與文獻研究叢書 P022，季旭昇主編，陳惠玲、連德榮、李綉玲合撰，萬卷樓，2005 年 10 月）。各書都可發現提出與原釋文不同釋讀的地方，是有力的對校資料。

五、上博楚簡研究之展開

如此，釋文或註釋書接連出版，同時，上博楚簡之相關研究也漸漸開始出版。《上海博物館藏戰國楚竹書研究》（上海大學古代文明中心、清華大學思想文化研究所編，上海書店出版社，2002 年 3 月），是第一本集結上博楚簡相關研究的論文集。該書刊載四十名研究者的論文共四十四篇，特別是收錄有許多〈孔子詩論〉、〈緇衣〉的相關論文而受到注目。其續編爲《上海博物館藏戰國楚竹書研究續編》（上海大學古代文明中心、清華大學思想文化研究所編，上海書店出版社，2004 年 7 月）。該書刊載四十九名研究者的五十八篇論文，研究對象爲《上海博物館藏戰國楚竹書（二）》中所收之文獻，特別收錄許多〈子羔〉、〈魯邦大旱〉、〈容成氏〉的相關論文。

上記二書雖然備受注目，但是，上博楚簡之中首先喚起研究者關心的，是〈孔子詩論〉、〈性情論〉、〈容成氏〉。〈容成氏〉是記述從容成氏至周文王、武王之古代帝王系譜的長篇文獻（全部篇幅共五十三枚簡），其禪讓說具有思想性質的特色。該系譜雖然是傳世文獻中前所未見的獨特作品，關於其研究，卻有邱德修，《上博楚簡〈容成氏〉注譯考證》（出土思想文物與文獻研究叢書（15），台灣古籍出版有限公司，2003 年 10 月）一巨冊。該書是第一本針對〈容成氏〉全篇列出釋文、註釋與論文的書籍。今後，〈容成氏〉與《史記・五帝本紀》或《左傳》、《國語》之比較分析若能有所進展，對於中國古代史領域也將產生莫大的影響。

其次，〈性情論〉雖然名稱（暫擬）有異，基本上與郭店楚簡〈性自命出〉是同一篇文獻。該篇是論說人之性情與天命之關係的文獻，其與〈中庸〉之關係受到注目。丁原植，《楚簡儒家性情說研究》（出土文獻譯注研析叢書 P015，萬卷樓，2002 年 5 月）一書，以〈性自命出〉、〈性情論〉爲中心，論述楚簡的性情說，書中刊載兩文獻之釋文，並就其異同加以論說。李天虹，《郭店楚簡〈性自命出〉研究》（新出簡帛研究叢書，湖北教育出版社，2003 年 1 月），雖然是以〈性自命出〉爲中心，也進行與〈性情論〉之比較檢討，是顯示郭店楚簡〈性自命出〉之研究，藉由與上博楚簡〈性情論〉之比較而有所進展的佳例。

又，〈孔子詩論〉因爲其標題（暫擬）含有「孔子」二字而受到注目。此文獻的記載，首先由詩之總論開始，然後是針對邦風（國風）、大夏、小夏（雅）、訟（頌）各部之總評，以及各詩之詩意解說。被確認的詩之名稱，包含逸詩在內約六十篇，約爲現行本《詩經》的五分之一。

關於此〈孔子詩論〉已有三本專著出版。劉信芳，《上海博物館藏戰國楚簡孔子詩論述學》（安徽大學出版社，2003 年 1 月）爲其嚆矢，針對全篇的釋讀、及其與傳世文獻之關係加以論述。同樣地，黃懷信，《上海博物館藏戰國楚竹書〈詩論〉解義》（社會科學文獻出版社，2004 年 8 月），也就各章分別加以詳細的註釋或考察。陳桐生，《〈孔子詩論〉研究》（中華書局，2004 年 12 月），並非譯注書，而是根據作者之釋讀而發的研究專著，針對〈孔子詩論〉之作者與成立年代，該書提出如下的結論：其作者乃學習「詩三百」、與子思學派具有密切關係之人物；而其成立則約在子思、孟子之間。

此外，〈孔子詩論〉之竹簡原來並無標題，該題名是暫擬之名稱。但是，因爲其內容並非孔子自述其詩論，而是撰寫者在展開其詩論之際，引用部分的孔子言論，所以「孔子詩論」的暫擬名稱有招致稍許誤解的可能。目前，單稱之爲〈詩論〉或許較爲適切。

六、戰國楚簡的綜合性研究

如此，郭店楚簡、上博楚簡之研究日益進展，產生了對此二者不分別進行探討，而留意於兩者之關係以把握戰國楚簡整體樣貌的研究嘗試。研究專著或論文集中統括二者的著作也漸漸增多。

例如，《郭店楚簡與早期儒學》（出土思想文物與文獻研究叢書（11），龐樸等著，台灣古籍出版有限公司，2002 年 5 月），全書由二十二章構成，以郭店楚簡、上博楚簡為中心，嘗試將新出土資料定位為「早期儒學」。陳福濱主編，《新出楚簡與儒家思想論文集》（輔仁大學文學院，2002 年 7 月）收錄了十一篇論文，內容橫跨郭店楚簡與上博楚簡，其中，如王金凌，〈《禮記・緇衣》今本與郭店、上博楚簡比論〉、趙中偉，〈性自命出，命自天降——上海戰國竹簡〈性情論〉與郭店竹簡〈性自命出〉之人性論剖析〉，針對傳世文獻、郭店楚簡、上博楚簡進行比較研究，這樣的研究特別受到注目。《新出楚簡試論》（出土思想文物與文獻研究叢書（3），丁原植主編，廖名春著，台灣古籍出版有限公司，2001 年 5 月）也收錄了郭店楚簡與上博楚簡的相關論文共十七篇。

同樣地，廖名春，《出土簡帛叢考》（新出簡帛研究叢書第二輯，李學勤主編，湖北教育出版社，2004 年 2 月），乃將廖先生已發表論述集結出版的論文集，特別以上博楚簡〈孔子詩論〉為中心加以論說，並且也收錄馬王堆帛書、銀雀山漢簡、張家山漢簡的相關論文。《楚地出土簡帛文獻思想研究（一）》（丁四新主編，湖北教育出版社，2002 年 12 月），雖然是以郭店楚簡為中心，卻是由「郭店楚簡」、「上博楚簡」、「楚系《日書》與秦漢簡牘」、「馬王堆帛書」四部分構成。其續編為《楚地簡帛思想研究　二》（丁四新主編，湖北教育出版社，2005 年 4 月）。此處特別受到注目的是提倡道家宇宙生成論的文獻——〈恆先〉，並以「上博楚簡〈恆先〉專題」收錄了四篇相關論文。

另一方面，國際學術會議的成果——統括郭店楚簡、上博楚簡在內的論文集也開始出版。《新出簡帛研究》（北京大學震旦古代文明研究中心學術叢書之八，艾蘭、邢文編，文物出版社，2004 年 12 月），是二〇〇〇年八月在北京大學召開的「新出簡帛國際學術研討會」之論文集。此論文集之核心爲郭店楚簡相關論文十七篇、上博楚簡相關論文九篇，其中包含七篇〈孔子詩論〉的相關論文，爲其一大特徵。

又，《新出土文獻與古代文明研究》（謝維揚、朱淵清主編，上海大學出版社，2004 年 4 月），乃二〇〇二年七月由上海大學與台灣楚文化研究協會主辦、上海博物館協辦的「『新出土文獻與古代文明研究』國際學術研討會」之論文集，收錄了以郭店楚簡與上博楚簡爲中心的六十四篇論文。這裡也以〈孔子詩論〉相關論文之多引人注目。

進而，台灣大學東亞文明中心（2002 年設立）以其所主辦的「出土文獻研究方法學術研討會」（2003 年 10 月 22 日）、「上博簡與出土文獻研究方法國際學術研討會」（2004 年 4 月 10 日）等爲主，集結成果爲《出土文獻研究方法論文集初探》（東亞文明研究叢書 55，葉國良、鄭吉雄、徐富昌編，台灣大學出版中心，2005 年 9 月）。這裡除了收錄郭店楚簡相關論文兩篇、上博楚簡相關論文五篇之外，其特色在於針對「二重證據法」、竹簡之「分章」、「編聯」、「疑古」、「信古」等出土文獻的研究方法本身提出專論。

以上，從郭店楚簡、上博楚簡之發現，就國際學術研討會之召開、各自的研究進展，記述其概要。我們得以理解過去稍感閉塞的中國古代思想史研究，因爲戰國楚簡之發現，呈現生氣蓬勃、爆發性的活絡景況。在中國，聽說學者們雖然以古代思想史爲專業，卻無法處理出土資料，因而被烙印上「落伍學者」之稱。但是，目前這樣從累積大量研究成果的資深研究者，到新進銳氣的年輕研究者，許多學者針對戰國楚簡研究激烈論戰之熱況，可說是爲古代思想史研究開創一大新時期。

其中逐漸明朗化的一點是，戰國楚簡填補了戰國中期以前思想史之空白，是極爲重要的資料群。以儒家系譜而言，使我們瞭解從孔子至孟子的時代，儒者們活潑的思想活動；又以道家來說，我們也得以明白在《老子》、《莊子》之外，〈太一生水〉、〈恆先〉等提倡獨特的宇宙生成論之文獻很早即已成立一事。

那麼，相對於中國、台灣、歐美這樣的情況，日本學界又是如何接受或看待戰國楚簡的發現呢？接著，筆者將針對日本的研究狀況加以論述。

第三節　日本的研究狀況

一九九五年四月，日本的「中國出土資料研究會」成立，其創設目的是超越向來的中國哲學、東洋史學、考古學、古文字學等架構，以促進出土資料之跨學科研究。其後，該研究會擴展組織爲「中國出土資料學會」，以發行《中國出土資料研究》爲主軸，展開全國性的活動。

二○○○年度的總會、大會中召開「シンポジウム　出土資料への探求」（「探求出土資料」學術研討會）（2001 年 3 月 19 日，立正大學），從思想史、考古學、中國史學等領域，針對出土資料研究

之基本方法論或郭店楚簡之研究，進行報告與討論。《中國出土資料研究》則在第 3 號（1999 年 3 月）製作了郭店楚簡小專號，並且將上記學術研討會的成果或相關論文，刊行爲第 6 號（2002 年 3 月）的特輯。現在也可說《中國出土資料研究》正扮演著包含戰國楚簡在內之新出土資料研究的「發動機」角色。

一、東京大學郭店楚簡研究會等研究活動

此學會之研究對象雖然廣及所有的出土資料，但是以戰國楚簡爲對象之尖端研究的主導者，是池田知久所領導的研究會。如上所述，池田先生在一九九八年五月於達慕思大學召開的「郭店老子國際研討會」中，是唯一與會的日本學者。在此之前，池田先生於同年三月即已收到《郭店楚墓竹簡》試用本，著手日本國內最早的郭店楚簡之解讀。東京大學郭店楚簡研究會，以及大東文化大學所成立的郭店楚簡研究班，以共同研究之形式，逐步推進郭店楚簡之釋讀。

池田先生本身關於郭店楚簡《老子》之研究，早於一九九九年十一月即出版爲《郭店楚簡老子研究》（池田知久著，東京大學文學部中國思想文化學研究室）一書。這是由對郭店楚簡三種《老子》寫本之釋文、註釋、論文，以及郭店楚簡相關論著目錄所構成的研究專著。此處受到注目之點是，該書在「序」中觸及郭店楚簡之成立時期，以〈窮達以時〉爲例，提出成立於戰國後期、西元前二七八年前後，或該時間點以後的見解。又，該書的結論如下：郭店楚簡《老子》並非既已成書的《老子》五千言之一部分，而是仍在形成過程中的《老子》之最古文本。

研究會之成果則以《郭店楚簡の思想史的研究》（東京大學郭店楚簡研究會編，東京大學文學部中國思想文化學研究室，第 1 卷，

1999 年 11 月。目前已經刊行至第 6 卷），以及《郭店楚簡の研究》（大東文化大學郭店楚簡研究班編，大東文化大學大學院事務室，第 1 卷，1999 年 8 月。目前刊行至第 6 卷）爲名開始刊行。前者除了收錄郭店楚簡中〈魯穆公問子思〉、〈五行〉、〈唐虞之道〉、〈性自命出〉、〈成之聞之〉、〈緇衣〉之譯注之外，還刊載上博楚簡相關訊息（第 2 卷）、郭店楚簡相關文獻目錄（第 3、4 卷）、相關論文（第 6 卷）等。而後者則收載〈太一生水〉、〈窮達以時〉、〈忠信之道〉等的譯注與相關論文等。

這些研究成果中，有關郭店楚簡之論文，對於其成立時期表明了獨特的立場。亦即，關於郭店一號墓的營造時期，一般性的見解從其多數陪葬品的考古編年來看，認爲應是戰國中期（西元前 300 年左右），但是，此處卻刊載多篇主張郭店楚簡各篇之成立時期應爲戰國末期的論文。

而且，這些譯注或論文經過其後的編輯、修訂，出版爲《郭店楚簡儒教研究》（池田知久編，汲古書院，2003 年 2 月）。此書〈序文・一～三〉的部分是郭店楚簡的概論，而〈四、《郭店楚簡》之閱讀工具書〉，則是對於楚系文字的閱讀工具書之介紹與解說，可說爲郭店楚簡之進一步研究進行奠基性的工作。

又，同研究會獲得日本政府科學研究費補助金而推進共同研究，其成果總結爲《楚地出土資料と中国文化》（郭店楚簡研究會編，汲古書院，2002 年 3 月）。其內容主要是歸納郭店楚簡的相關論文，收錄了十七名研究者（日本人九名、中國人五名、韓國人兩名、美國人一名）的十七篇論文。相對於前述的《郭店楚簡儒教研究》收錄關於郭店楚簡儒家文獻之論文，該書則進而收錄關於《老子》、〈太一生水〉等道家文獻的論文，而馬王堆帛書、包山楚簡、尹灣漢墓簡牘等「楚地」出土資料的相關論文，也被廣泛地收錄在其中。

而且，此研究會有關上博楚簡的活動也仍持續進行中，二〇〇三年四月成立「上海博楚簡研究會」。該研究會定期進行上博楚簡之釋讀，其成果發表的處女作爲《上海博楚簡『民之父母』『子羔』『魯邦大旱』譯注》(《出土文献と秦楚文化》創刊號，西山尙志、小寺敦、谷中信一著，上海博楚簡研究會編，2004 年 3 月)。

如此，日本的郭店楚簡、上博楚簡之研究，可說最早是由池田知久先生主持的研究團隊所推動的。

二、基本立場與方法論的幾個問題

但是，其後，中國的出版品卻出現點名批判池田先生的現象。批評者認爲池田先生關於戰國楚簡成立時期的見解，脫離舉世皆知的常識。

的確，就上述的諸多業績而言，池田先生在推進戰國楚簡之研究上功不可沒，但是，另一方面其方法論或結論卻也令人質疑。第一個疑點在池田、李承律先生之研究中特別顯著，亦即他們完全不理會郭店一號楚墓之營造時期，或上博楚簡的碳十四測定值，而逕自談論其成立時期，並在思想史上予以定位。其主要的方法論，是經由戰國楚簡某文獻與傳世的主要文獻之比較，例如若能找出與《荀子》之相似點，則楚簡中就有荀子或其後學之影響，所以其成立時期就應視爲在《荀子》之後。

但是，郭店一號楚墓之營造時期爲西元前三〇〇年左右之推定，是根據考古學上針對附近紀山楚墓群出土的許多陪葬品之分析而得出的結果，大體上無可置疑。當然，考古學上的分析不能說絕對無懈可擊，而碳十四的測定值也含有相當的誤差。但是，這種全然不理睬實物證據而獨斷地建構思想史之論法，確實有說不通之處。如果楚簡的某部分與《荀子》之間找出相似點，爲何一定得認爲是楚簡單方面受到《荀子》之影響呢？爲何不能做相反的假設？又，楚簡之成立如果在荀子或其後學之後，那麼這些竹簡就不是戰國時期的楚簡，而變成秦簡或漢簡了？那麼，爲何秦漢的竹簡會以戰國時期的楚系文字來記載呢？一大串疑問接連而生。

對此，池田先生表明其不安：「我擔心對世界上郭店楚簡研究情形不瞭解的日本人初學者，因爲一直受到向來的定論——戰國中期爲西元前三〇〇年左右——所束縛，將會落於世界的研究進展之後。」（《楚地出土資料と中国文化・前言》，頁 14），並且介紹在中國對於郭店一號楚墓之下葬年代也提出異論的學者——王葆玹先生之學說。

但是，王先生的學說，〈試論郭店楚簡的抄寫時間與莊子撰寫年代——兼論郭店與包山楚墓的時代問題〉（《哲學研究》1999 年第 4 期），業已受到劉彬徽，〈關於郭店楚簡年代與相關問題的討論〉（《早期文明與楚文化研究》，岳麓書社，2001 年 7 月）加以精密的檢討，逐一且徹底地批判其學說，證明王說完全無成立之餘地。關於郭店楚墓之下葬時期，我們還是有必要暫且尊重「戰國中期」之通行定論而進行研究，將經由思想史之探討而得出的假設，與這些考古學、文字學的通論相互映照之後，得出綜合性的結論。

第二個疑問點是，池田研究團隊得出什麼樣的共同見解呢？在科學研究費補助並出版的共同研究成果《楚地出土資料と中国文化》中，研究計畫主持人谷中信一先生表明：「正如池田教授一邊在本書序文裡說明出土資料研究之困難，一邊對於本書所收錄的拙論進行嚴厲的批判般，本研究會無法總結並提出可稱爲定論者，只不過是單純地指出問題之所在，爲今後之研究訂立一定的方向。」（跋，頁 599）。也就是說，將戰國楚簡之成立時期向下拉至戰國末期以後，是池田、李承律先生等部份人士的特殊立場，並非獲得其他成員同意的共同研究成果。當然，不同的見解在促使研究的活潑化上應該受到歡迎，但是，如果連作爲研究對象之文獻的成立時期，這種最基本的事情都無法取得共識或共同見解，實在令人非常遺憾。

三、戰國楚簡研究會的研究活動

但是，此共同研究在日本的中國思想史研究上留下巨大的足印，對於古代思想史研究應該如何進展之問題，提出了重要的規範。第一點，是使我們明白對於大量新出竹簡之研究，不是個人研究之層次，而是應該以共同研究之層級來進行。第二點，則是提示我們有必要與海外研究者進行積極的國際學術交流。

這樣的理念也受到現今一個以戰國楚簡爲對象的研究會所支持，即以淺野裕一先生爲代表的「戰國楚簡研究會」。此研究會因爲《郭店楚墓竹簡》之刊行，得知郭店楚簡全貌被公開，而於一九九八年十月成立。筆者也忝爲其成員之一。

研究活動最初是以日本國內定期的研究會議爲主，二〇〇〇～二〇〇三年度因爲接受科學研究費之補助（研究代表者竹田健二，基盤研究 B「戰國楚系文字資料の研究」），研究會之活動得以大幅展開。此外，訪問上海博物館、荊門市博物館，於大阪大學召開國際學術研討會等，國際交流也活潑地展開。

此研究會最初發表的共同研究計畫，是戰國楚簡研究的奠基性工作。《新出土資料と中国思想史》（《中国研究集刊》別冊，2003 年 6 月）中，針對郭店楚簡全部文獻與上博楚簡已公開部分，根據研究會的探討結果，記下詳細的解題，進而，概述郭店楚簡、上博楚簡之字形與形制，列出郭店楚簡形制一覽表、上博楚簡形制一覽表等。

同樣地，在《中国研究集刊》則製作《特集号　戦国楚簡と中国思想史研究》(《中国研究集刊》第 36 号)。這是集結二〇〇四年三月在大阪大學召開的國際學術研討會之成果而出版的專輯，由日文、中文共十七篇論文及附錄兩篇所構成。其內容包括以郭店楚簡、上博楚簡爲中心的論文、座談討論會之記錄、上博楚簡之形制一覽表、戰國楚簡研究相關首頁之介紹等。

如此，該研究會一方面進行研究的奠基性工作，一方面積極向日本國內外發表研究成果。二〇〇四年，將科學研究費共同研究之成果集結爲報告書《戦国楚系文字資料の研究》(2004 年 3 月，研究代表者竹田健二)，並出版《諸子百家〈再発見〉——掘り起こされる古代中国思想》(淺野裕一、湯淺邦弘編，岩波書店，2004 年 8 月)。此書雖然概述主要的諸子百家思想，但是也談論新出土資料迫使歷來學說如何修正之問題。

又，針對郭店楚簡，該研究會出版了《古代思想史と郭店楚簡》(淺野裕一編，汲古書院，2005 年 11 月)；針對上博楚簡，則出版了《竹簡が語る古代中国思想——上博楚簡研究——》(汲古選書 42，淺野裕一編，汲古書院，2005 年 4 月)。前者匯集了郭店楚簡相關論文十六篇，其中，特別是作爲全書總論的淺野裕一，〈戦国楚簡と古代中国思想史の再検討〉(收錄於淺野裕一著、佐藤將之監譯《戰國楚簡研究》，萬卷樓，2004 年 12 月)，除了針對郭店一號楚墓之下葬年代，表明應如舉世通行之定論——西元前三〇〇年左右——之立場外，對於郭店楚簡之發現如何推翻向來的思想史常識，也加以解說。而後者則是以上博楚簡爲研究對象的第一本日文研究著作，共計有十章。透過個別的論文，廣泛介紹日本的出土資料研究現況，同時也意圖開創出今後出土資料研究之展望。

進而，爲了因應楚簡研究以世界性的規模急速展開之情形，戰國楚簡研究會正在進行兩種嘗試。其一，是研究會首頁之公開。在日本國內，以思想史爲專門領域，卻無法充分掌握戰國楚簡研究情形的研究者所在多有，也常常聽聞連論點究竟是什麼都不明白的扼腕之嘆。因此，戰國楚簡研究會爲了向更多的研究者公開楚簡研究之狀況，於二〇〇四年度開設了研究會的首頁，努力提供研究訊息。（http://www.let.osaka-u.ac.jp/chutetsu/sokankenkyukai/）

現今的另一個嘗試，是以中文公開該會的研究成果。淺野裕一著、佐藤將之監譯，《戰國楚簡研究》（出土文獻譯注研析叢書 P018，萬卷樓，2004 年 12 月）與福田哲之著，佐藤將之、王綉雯合譯，《中國出土古文獻與戰國文字之研究》（出土文獻譯注研析叢書 P023，萬卷樓，2005 年 11 月）即爲其成果之一，顯示該研究會不只限於日本國內，也將世界性的中國思想史研究納入視野並活躍於其中。

結語

如此，日本國內的戰國楚簡研究，可說表現出與世界趨勢稍有不同的發展。池田先生率領的研究團隊，雖然認爲「《郭店楚簡》蘊藏著大幅改寫向來的先秦思想史定論的可能性」（《郭店楚簡儒教研究・序文》，頁 9），而高度評價戰國楚簡，但是，最後卻是導出傾向於保持向來思想史或自己過去學說的結論。相對於此，淺野先生率領的戰國楚簡研究會，卻是從郭店楚簡、上博楚簡在戰國中期以前即已成立之立場出發，積極地摸索歷來的思想史常識應該如何被修正之問題。兩個研究會在方法論與結論上，可說走在極爲對照的發展路徑上。

原本，對於這些研究活動之適當評價，應該留予後世的研究者來判斷。但是，爲了使後世能給予「日本國內的戰國楚簡研究曾是劃時代的研究」之評價，今後實在需要更多的研究者來挑戰戰國楚簡這個領域。

戰國楚簡對於思想史研究之影響非常巨大，日後必然擴及眾多領域。認爲這是「戰國」的楚簡，所以不會影響春秋時期或漢代之研究的見解顯然有誤。楚簡〈緇衣〉、〈五行〉、《周易》等之發現，迫使目前爲止認爲《禮記》、〈五行〉、《周易》成立於秦漢以降的見解和其思想史上的意義，都面臨根本性的修正。而記有詩、書、禮、樂、易、春秋之名的〈六德〉，則暗示這些六書在儒家當中，從相當早的時代開始就被視爲是經典了。語句有許多與《論語》、《禮記》等書中孔子發言相似的〈民之父母〉、〈內禮〉、〈仲弓〉、〈從政〉等，則依稀可見春秋以後孔子與其弟子們活潑的思想活動。

對於戰國楚簡所具有的這種意義，是否能夠真誠地接受？能否一邊謹慎地注意到中國史學、考古學、古文字學等周邊領域的研究成果，一邊導出戰國楚簡研究上的適切結論？是否具有不受限於向來的思想史定論，而寧可超越之的勇氣？對於我們而言，正面臨著沈重的課題。

第二部分

郭店楚簡研究

第二章

〈魯穆公問子思〉與先秦的「忠臣」思想

序言

一九九三年，在湖北省荊門市郭店一號楚墓中，發現了七百三十枚竹簡（有字簡）。陪葬的竹簡之中，除了《老子》的三種抄本及道家文獻〈太一生水〉之外，還包含了豐富的儒家資料：一篇內容與《禮記・緇衣》幾乎雷同的文獻，以及一篇內容近似馬王堆漢墓帛書本〈五行〉的文獻等。因此，這批竹簡被視爲是釐清戰國中期及之前思想狀況的貴重資料而受到矚目。[1]

本章是闡明郭店楚簡在思想史上之意義的作業之一環，以儒家文獻〈魯穆公問子思〉爲題材，就作爲其中心議題的「忠臣」思想試加探討。〈魯穆公問子思〉是由魯穆公與子思的問答所構成，在郭

---

[1] 其中，如李承律，〈郭店楚簡〈魯穆公問子思〉の忠臣觀について〉（《郭店楚簡の思想史的研究》第一卷，東京大學郭店楚簡研究會編，1999 年），有認為本資料在戰國末期成立之研究。但是，其立論根據——在《荀子》以前未見到「忠臣」思想，這一點是以既有資料為不動之時期指標所做的推論。就此，我認為我們所需要的觀點是，根據這些新出土資料之研究成果，反過來修正既存文獻之成立時期或其思想面的意義，以填補思想史的空白。在這個意義上，我們也需要重新思考，李先生列為戰國末期以降之資料的《墨子》、《管子》、《晏子春秋》、《孝經》、《禮記》等的成立時期。

店楚簡的儒家文獻中，也是具體性特別高的資料。不過，因爲總字數只有一百五十字左右，難以分析出思想史方面之特質。[2] 無論如何，其中的「忠臣」主題，除了儒家之外，先秦諸學派也普遍將之認定爲思想上的課題，因而此文獻可以被當作是探究戰國時期思想狀況的重要線索。此外，在郭店楚簡的其他儒家文獻之中，也有論及「忠」與「忠臣」者，因此也是探討郭店楚簡之整體特性的重要指標。在此，藉由探討〈魯穆公問子思〉的「忠臣」觀，嘗試通觀戰國時期「忠臣」思想之展開，以及郭店楚簡儒家文獻中「忠」和「忠臣」思想之特質。

第一節　〈魯穆公問子思〉中的「忠臣」

首先，〈魯穆公問子思〉之原文，與筆者之釋文，顯示如下。原文是以荆門市博物館，《郭店楚墓竹簡》（文物出版社，1998 年）爲底本，參照張光裕主編，〈郭店楚簡研究・第一卷・文字編〉（藝文印書館，1999 年）等之釋文而成。「01」等數字是竹簡編號，「（　）」內是根據《郭店楚墓竹簡》的釋讀字，「〔　〕」內是脫漏字之補足。

原文　01 魯穆公昏（問）於子思曰：「可（何）女（如）而可胃（謂）忠臣。」子思曰：「恆爯（稱）02 其君之亞（惡）者，可胃（謂）忠臣矣。」公不敓（悅），咠（揖）而

[2] 若欲將宣揚子思思想當成〈魯穆公問子思〉的撰作目的，則其內容或稍嫌不足。在這樣的意義上，如席盤林，〈論魯穆公變法中的子思——郭店楚簡〈魯穆公問子思〉及相關問題研究〉（《簡帛《五行》箋釋》，萬卷樓圖書，2000 年），與其闡明子思的「忠臣」思想本身，不如從當時的齊魯之情勢，來考察下問「忠臣」的魯穆公之意識，或魯穆公與子思之對立。筆者認為此一見解也很重要。

退之。成孫弋見，03 公曰：「向（鄉）者虐（吾）昏（問）忠臣於子思，子思曰：『互（恆）爯（稱）其君之亞（惡）者，可胃（謂）忠 04 臣矣。』叚（寡）人惑安（焉），而未之得也。」成孫弋曰：「噫（噫），善才（哉），言乎（乎）。05 夫為其君之古（故）殺其身者，嘗又（有）之矣。互（恆）爯（稱）其君之亞（惡）者 06 未之有也。夫為其〔君〕之古（故）殺其身者，交婗（祿）雀（爵）者也。互（恆）07〔稱其君〕之亞（惡）〔者，遠〕婗（祿）雀（爵）者〔也。爲〕義而遠婗（祿）雀（爵），非 08 子思、虐（吾）亞（惡）昏（聞）之矣」。

釋文 魯穆公問子思曰：「何可謂忠臣？」子思曰：「恆稱其君之惡者，可謂忠臣。」公不悅，揖而退之。成孫弋見。穆公曰：「嚮者吾問子思忠臣。子思曰：『恆稱其君之惡者，可謂忠臣。』寡人惑焉，未之得也。」成孫弋曰：「噫，善哉，言乎。夫為其君故而殺其身者，常有之矣。恆稱其君之惡者，未之有也。夫為其君故而殺其身者，交祿爵者也。恆稱其君之惡者，遠祿爵者也。為義而遠祿爵，非子思，吾惡聞之矣。」

如上所示，這份資料的大綱是，魯穆公問子思何謂「忠臣」，並對子思之回答不大能接受，於是接替子思進謁的成孫弋，向穆公解說子思之「忠臣」觀並加以讚揚。

子思在此處所主張的「忠臣」，其定義爲「恆稱其君之惡者」。若依循成孫弋之解說，則是指爲此招致君主之不悅而遠離「祿爵」的臣子。亦即，「忠臣」與「諫諍」在此可說具有密切的關係。另一方面，與這樣的「忠臣」形成對比的，是以獲得「祿爵」爲前提而爲君主效命的臣子。

那麼，「忠臣」在本文獻中被如此提出的原因是什麼呢？而且，此處子思所主張的「忠臣」在思想史上又具有何種意義呢？

第二節　《論語》中的「忠」

應先確認的是《論語》中的「忠」與「忠臣」。在此，並不窮究《論語》之文本在何時與如何成立的問題，而本文以其記述大概包含著孔子與弟子們的言論爲前提，試著處理相關資料。

首先，關於《論語》中的「忠」之意義，最典型的表達是：「曾子曰：『吾日三省吾身，為人謀而不忠乎？』」（〈學而〉）、「（君子）主忠信」（〈學而〉、〈子罕〉、〈顏淵〉）等語。「忠」在此處被列舉爲曾子自身或君子之要件。又如「臨之以莊則敬，孝慈則忠。」（〈爲政〉），是用於民之虔敬忠實之意；有時則如「忠告而善道之」（〈顏淵〉），是用於交友關係中的「忠」告之意。亦即，「忠」是用於表現待人處世關係之中對他人忠實、誠實的語彙。

因爲這個原因，如「子曰：『十室之邑，必有忠信如丘者焉。』」（〈公冶長〉）的例子所稱，「忠」也有用來描述孔子自身而稱爲「忠信」的情形，並與「信」字相連起來，而共同作爲言語方面的德目，並且和行動方面的德目「篤敬」相對照。[3] 這些都是「忠」用於「自己的心或言語對他人不虛假，竭盡真誠」之意的用例。

當然，也可看出「忠」作爲臣子之德目，亦即後世普遍認知的政治世界中的「忠」。「君使臣以禮，臣事君以忠。」（〈八佾〉）即是其例，確實提及君臣關係中的「忠」。但是，在整部《論語》之中，甚至連在提倡政治世界中的「忠」時，都不必然將「忠」固定爲臣對君之德目，例如，「子張問政。子曰：『居之無倦，行之以忠。』」（〈顏淵〉）

那麼，〈魯穆公問子思〉中所謂「恆稱其君之惡」的「諫諍」又如何呢？如後所述，雖然「忠臣」觀念的激進化似與「諫諍」有關，但是《論語》對此卻有意識地力求慎重。例如，「子夏曰：『〔……〕信而後諫。未信，則以為謗己也。』」（〈子張〉）主張應該先建立信賴關係之後再進諫言。又，「子游曰：『事君數，斯辱矣。』」（〈里仁〉）否定繁瑣的進諫。更甚者，「成事不說，遂事不諫，既往不咎。」（〈八佾〉）否定溯及既往的進諫。另一方面，對於因進諫而被賜死，被後世視爲「忠臣」之典型人物的比干，[4] 則如「微子去之，箕子為之奴，比干諫而死。孔子曰：『殷有三仁焉。』」（〈微子〉），雖然將比干與微子、箕子同視爲殷之「仁」者，卻不予以「忠」之評價。

不過，若將〈憲問〉中孔子的激烈言論：「子路問事君。子曰：『勿欺也而犯之。』」[5] 解釋爲「諫諍」之意，則與〈魯穆公問子思〉

---

[3] 「子張問行。子曰：『言忠信，行篤敬，雖蠻貊之邦行矣。』」（〈衛靈公〉）、「孔子曰：『君子有九思，〔……〕言思忠，事思敬、疑思問。』」（〈季氏〉）。

[4] 例如，在《史記．李斯傳》中可見到「昔者桀殺關龍逢，紂殺王子比干，吳王夫差殺伍子胥。此三臣者，豈不忠哉。」

[5] 但是，也有不同的說法，將此解釋為「犯諫」之意是按照古注（孔安國）之緣故。

中子思的激烈言論有相通之處。然而，無論如何，「忠」概念與「諫諍」在《論語》中並未被意識到具有密切的關係。因此，「諫諍」與「忠」之結合，這一點應是〈魯穆公問子思〉在思想方面的特色。

第三節　《墨子》中的「忠」與「諫諍」

那麼，形成這種特色的要因是什麼呢？首先應該注意的是子思學派的特性，以及墨家對於儒家「忠臣」觀的嚴厲批判。

依據種種的傳說，子思以毅然的態度直言，此乃其顯著特徵，而在孔子歿後分裂的儒家諸派之中，子思也進行著激進的思想活動。例如，《孟子》中所傳述「子思」的形象如下：

> 繆公亟見於子思曰：「古千乘之國以友士，何如？」子思不悅，曰：「古之人有言曰：『事之云乎』，豈曰友之云乎？」子思之不悅也，豈不曰：「以位，則子君也，我臣也，何敢與君友也？以德，則子事我者也，奚可以與我友？」千乘之君，求與之友，而不可得也，而況可召與？(〈萬章下〉)

這一段是勸說君主在登用賢者之際，應該鄭重地招請其爲「師」。其具體之例，孟子舉出子思對繆公的毅然態度。亦即，《孟子》說子思抱持這樣的意識：雖然從政治上的「位」(君臣關係) 來說是「臣」，但是從「德」的觀點來說，卻是君主之「師」。子思這樣的態度，確實與〈魯穆公問子思〉中「恆稱其君之惡」的言論一致。

但是，這種「忠臣」觀之形成，若只歸因於子思個人的獨特性，仍有不足。我們也應該考慮使「忠臣」思想本身激進化的其他必然因素。

爲此受到注目的是，「忠臣」思想與其他學派的關係，特別是墨家之「忠臣」觀。墨家被稱爲「世之顯學，儒、墨也。」(《韓非子・顯學》) 與儒家並列爲一大勢力，展開其獨特的思想活動。對於「忠臣」與「諫諍」的關係，墨家論述如下：[6]

> 魯陽文君謂子墨子曰：「有語我以忠臣者，令之俯則俯，令之仰則仰，處則靜，呼則應，可謂忠臣乎？」子墨子曰：「令之俯則俯，令之仰則仰，是似景也。處則靜，呼則應，是似響也。君將何得於景與響哉？若以翟之所謂忠臣者，上有過，則微之以諫，己有善，則訪之上，而無敢以告。外匡其邦，而入其善，尚同而無下比。是以美善在上，而怨讎在下，安樂在上，而憂感在臣。此翟之所謂忠臣者也。」(《墨子・魯問》)

「魯陽文君」對墨子提出這樣的疑問：「令之俯則俯，令之仰則仰，處則靜，呼則應」，如此順從的臣子不正是「忠臣」嗎？墨子認爲遵循君主囑咐而行動的臣子，並不是忠臣；勸諫君主之過失、進奏良善之意見，將功勞歸屬君主，憂煩由自己承受的臣子，才是真正的「忠臣」。此處成爲批判對象的「忠臣」，由以下的記載可以輕易推斷，正是儒家所主張的「忠臣」。

> 夫仁人事上竭忠，事親得孝，務善則美，有過則諫，此為人臣之道也。今擊之則鳴，弗擊不鳴，隱知豫力，恬漠待問而後對。雖有君親之大利，弗問不言，〔……〕以是為人臣不忠，為子不孝，〔……〕用誰急，遺行遠矣。(《墨子・非儒下》)

[6] 關於《墨子》之成立有多種說法，本論文依循淺野裕一，〈墨家集團の質的變化〉(《日本中國學會報》第 34 集，1982 年) 之見解。該論文考證以此魯問篇為始的說話類，將之作為傳達初期墨家之狀況的資料。

此處被批判的儒家之臣子，被譬喻爲不敲打則不響的「鐘」。這意味其缺乏積極性、隱藏知識、未盡全力。再者，這種人雖然在朝廷上退居後列、不發一語，但是遇到對自己有利之情形時，則發言唯恐落人後。還有，危急之際更是捨棄君主而遠逃。這樣自私自利、只求自保之處，也成爲批判儒家臣子的要件。如此，墨家主張真正的「人臣」爲了國家或君主之「利」，有時也會違逆君主。墨家一邊明確化臣子與諫諍之關係，一邊則嚴厲批判儒家之臣子，只是一味盲從君主的臣子而已，不是真正的「忠」。

第四節　「忠」與「諫」的關係

如此可推測「忠臣」觀念的明確化，與諫諍有很深的關連。因此，藉由以下將諸家思想中「忠」與諫諍的關係加以整理歸納，嘗試確認〈魯穆公問子思〉之定位。

首先，臣子雖「忠」卻不諫諍或是難以諫諍，可以設想有以下兩種情形。

第一，臣子不問君主言行之對錯而只顧一味追從的情形。如同前揭《墨子》中所見，墨家所認知的儒家之臣子相當於此。

第二，不觸及臣對君之誠心等內在面的問題，就體制而言，臣子須對君主盡絕對之忠誠，或是不得不竭盡忠誠的情形。法家或兵家之例相當於此。

例如，《孫臏兵法》說明「人事」在戰勝上的重要性之時，把將領之「忠」列爲其重要因素之一，[7]而《六韜》也將對君主效忠列爲

---

[7] 〈篡卒〉中有「孫子曰，勝在盡〔忠〕，明賞，撰（選）卒，乘敵之〔弊〕。是胃（謂）泰武之葆」、「□□令，一曰信，二曰忠，三曰敢」。又，於文字脫漏

將領的資質之一。[8]《商君書》中：「授官予爵，不以其勞，則忠臣不進。行賞賦祿，不稱其功，則戰士不用。」(〈修權〉)，主張「官」、「爵」是在官僚體制下回應臣子之「勞（功績）」而授與之物，因此為求官爵而忠勤者是「忠臣」。其中，「忠臣」與「戰士」並列，由此可推測法家與兵家的「忠」具有相近緣似之關係。[9] 由此觀之，若是注重這種「忠臣」是以「授官予爵」為根據之點，則〈魯穆公問子思〉的「忠臣」觀在結果上也成為對這種求官爵之「忠臣」的批判。

其次，若將「忠臣」與諫諍視為關係密切，則可以設想出以下的四種情形。第一，臣子正是由於為君主著想，有時即使違逆君主之意向也要進諫。前述的《墨子》與儒家文獻的《孝經》相當於此。

《孝經・諫諍》中，以「昔者天子有爭臣七人，雖無道不失其天下」來評價「爭臣」，並以「故當不義，則子不可以不爭於父，臣不可以不爭於君」，說明諫諍之重要性。《孝經・事君》中，也同樣以「將順其美，匡救其德」，作為「君子」之「事上」的心得。與前述法家、兵家之「忠臣」不同，這些「忠臣」不以「祿爵」為根據，而是懷著對君主的顧念而義無反顧地諫諍。

第二，臣子將君主與社稷（國家）加以區別，重視社稷更甚於重視君主個人，因而產生諫諍的情形。這是晏子思想之顯著可見的

處所補上的〔忠〕、〔弊〕二字，乃依循張震澤，《孫臏兵法校理》(中華書局，1984 年)。

[8] 〈龍韜・論將〉中有「所謂五材者，勇、智、仁、信、忠也。勇則不可犯，智則不可亂，仁則愛人，信則不欺人，忠則無二心。」

[9] 但是法家認為，將「忠」解釋為《論語》裡的「真誠」而發展出來的議論，嚴峻地否定了「忠」自身。《慎子》中「亂世之中，亡國之臣，非獨無忠臣也。治國之中，顯君之臣，非獨能盡忠也。〔……〕由是觀之，忠未足以救亂世而適足以重非。」即為其例。

特徵。由於銀雀山漢墓竹簡之出土，而逐漸恢復其資料上之價值的《晏子春秋》之中，[10] 大量記述晏子對於齊景公的諫諍。因此，「忠臣」也成爲其重要論點之一。

> 景公問晏子曰：「忠臣之行何如？」對曰：「不掩君過，諫乎前，不華乎外。〔……〕稱位以為忠；不揜賢以隱長，不刻以諛上，君在不事太子，國危不交諸侯；順則進，否則退，不與君行邪也。」（〈內篇問上．景公問忠臣之行何如晏子對以不與君行邪第二十〉）

晏子在此定義的「忠臣」，是「不掩君過，諫乎前，不華乎外」、「順則進，否則退，不與君行邪」者。也就是說，不放過君主之過失而率直進諫者是忠臣。這種諫諍，一如「臣聞忠臣不避死，諫不違罪。君不聽臣，臣將逝矣。」（〈內篇諫下．景公春夏游獵興役晏子諫第八〉）已有成爲「死」、「罪」之覺悟。晏子採取這樣嚴峻的態度，是因爲其背後存在如下所見的國家至上主義之思維。《晏子春秋》曰：

---

[10] 關於《晏子春秋》之成立時期，谷中信一，《晏子春秋》（明治書院，2000年）的「解題」中主張，銀雀山漢墓竹簡的發現，雖然未到達直接證明《晏子春秋》在戰國時期成立一事之地步，但是其重視稷下之學的風潮——促進學問思想之融合，因此《晏子春秋》正是由那樣的時代背景中產生。此外，鄭良樹，〈論《晏子春秋》的編寫及成書過程（上、下）〉（《管子學刊》第1期、第2期，2000年）主張，儘管現行本的最後刪定是由劉向所為，其基本素材卻不是在晏嬰死後未久，而是在春秋末期至戰國初期之間形成。至於與其他文獻（例如《左傳》）所收故事有所重複之現象，鄭文也指出，不如說其他文獻有承襲《晏子春秋》之部分。

曰:「吾君死，安歸！君民者，豈以陵民，社稷是主；臣君者，豈為其口實，社稷是養。故君為社稷死，則死之，為社稷亡，則亡之；若君為己死而為己亡，非其私暱，孰能任之。」(〈內篇雜上・莊公不用晏子晏子致邑而退後有崔氏之禍第二〉，與《左傳・襄公二十五年》文字幾乎相同)

此一記述傳達出晏子嚴格區別君主與社稷的態度。亦即，晏子表明這樣的立場：若君主是爲社稷而「死」或「亡」，則臣子也應追隨；若君主是爲其個人的理由而「死」或「亡」，則臣子不跟從。因此，對晏子而言，只有在臣子見到君主的言行符合社稷之利益，而且兩者幾乎疊合的情形下，諫諍才沒有必要。但是，當君主的言行乖離社稷之利益顯然可見之時，臣子要以社稷之利益爲優先，對君主嚴厲上諫。此處可說表現出將君主與社稷加以嚴格區別的尖銳思維。

諫諍發生的第三種情形，是臣子尊重在君臣關係之外所制訂的「法」，這在《管子》中可以見到。亦即，「能據法而不阿，上以匡主之過，下以振民之病者，忠臣之所行也。」(《管子・君臣下》) 主張以「法」爲指標來判定君主之對錯、「匡主之過」者是「忠臣」。

最後，第四種情形是臣子重視超越於君主或社稷之上的「義」或「利」，這在前述的《墨子》中非常顯著。墨家高舉「墨者之義」和「天下之利」而奔走。《呂氏春秋・上德》中所見到的鉅子孟勝等人之集體自殺事件，即是清楚顯現對君主之「忠」與墨者之「義」之關係的一例。[11]

---

[11] 淺野裕一，《墨子》(講談社學術文庫，1998 年) 中，將這個乍看是表露對楚國陽城君之「忠」節心的集體自殺，解釋為是信守墨者之信用、使墨家事業在後世存續，亦即為墨者之義殉死的行為。

因此，郭店楚簡〈魯穆公問子思〉中的「忠臣」，也被說成爲了「義」而遠「祿爵」的臣子。當然，〈魯穆公問子思〉中的「義」，具體所指爲何？與墨家所說的「義」之間又有何種關係？這些問題從這份微薄的資料中無法斷定。但是，我們至少可以想到，這些臣子與那些在「忠」之名義下、爲特定君主或國家鞠躬盡瘁的臣子有所不同。光就這一點而言，〈魯穆公問子思〉中的忠臣與諫諍，倒可說是類似於墨家的觀點。正因爲如此，才會記述魯穆公對子思之言無法釋然。因爲魯穆公所期待的是，不問君主之善惡對錯、只顧拼命效勞的臣子。

第五節　郭店楚簡與儒家之「忠」、「忠臣」

根據以上的「忠臣」及「諫諍」之分析，再度試著探討〈魯穆公問子思〉之特色及其思想史上之意義。

首先，「忠臣」與「諫諍」的觀念，在《論語》中所散見的孔子等人之言論中此兩者之間的關係尚不明確；但是在〈魯穆公問子思〉中則可說是被明確地意識著。《論語》中的「忠」，是出現在待人處世之廣泛關係中的德目之一；而〈魯穆公問子思〉中的「忠臣」，則顯然是被定位在君臣之政治關係中。而且，子思或成孫弋所說的「忠臣」，是指不受制於「祿爵」、爲了實現「義」而「恆稱其君之惡者」。

這樣的主張在結果上可以解讀爲反駁墨家之批判的論述。在墨家眼中，儒家之忠臣是指只會盲從君主而不作自己主張的臣子。但是此處所說的忠臣，卻是指決不使自己迷失於君臣情感之中，堂堂正正向君主進呈苦言的臣子。另一方面，不是爲「祿爵」而是爲實現「義」才進諫的臣子形象，也可解讀爲是對法家、兵家不問心態之忠臣論的批判。如此，〈魯穆公問子思〉可說是表現出儒家思想作爲政治思想而正在發展中的資料。

這一點對於整個郭店楚簡儒家文獻大致上可以適用。郭店楚簡儒家文獻的系統性以及各個文獻之間的相互關係等問題，是今後應該進一步檢討的重大課題，但是此處只限定就「忠」、「忠臣」加以若干討論。

郭店楚簡儒家文獻中提到「忠」、「忠臣」的，還有〈忠信之道〉、〈六德〉、〈語叢〉等。細節略去不論，將包含「忠」在內的種種德目，作爲政治思想而試圖加以明確化，在這一點上，這些文獻顯示出約略的共同性。這一點也成爲界定郭店楚簡之整體性質的重要指標。

但是，若只就「忠」概念而言，仍是處於未分化、未落實的階段。例如〈忠信之道〉，開篇是「不譌不孚，忠之至也。不欺不智，信之至也。忠積則可親，信積則可信也。」以區別「忠」與「信」來展開論述，但是最後卻是以「昭天地也者，忠信之謂。」來將此兩個概念相連起來。此外，如「忠信積而民弗親信者，未之有也。」、「君子其施也忠」所主張般，「忠」、「信」無論如何都被理解爲爲政者（君子）之德目。

〈六德〉則是先明示「聖智」、「仁義」、「忠信」的組合。其中，「忠信」被定義爲「聚人民，任土地，足此民生死之用，非忠信者莫之能也。」乃有關土地、人民生活之管理的爲政者德目，顯示出與〈忠信之道〉的相似性。但是，該篇中段卻將「六位」、「六職」、「六德」相互關連，「六德」中的「忠」，分別對應爲「六位」中的「臣」，以及「六職」中的「事」，顯現與〈魯穆公問子思〉的相似性，可見該篇內部的思想方向也不夠一致，有些無法連貫的地方。

〈語叢一〉是以「內」、「外」概念來區別德目，「由中出者，仁、忠、信。〔……〕仁生於人，義生於道。或生於內，或生於外。」「仁、忠、信」三者因爲是「由中出者」而被視爲同類。

如此可知，在郭店楚簡中，雖然大致上形成「忠」爲臣子之德目的共識，但是依篇章之不同，仍有無法連貫的地方。這指出，孔子或其嫡傳弟子們所提倡的「忠」之觀念，對於其後的儒家依然具有很大的影響力。

其次，作爲第二項思想史上之意義而應該留意的是，與時代相近的《孟子》之關係。〈魯穆公問子思〉中的「忠臣」思想，與《孟子》的「忠臣」思想之間，存在著怎樣的關係呢？

《論語》中的「忠」之觀念在《孟子》中密集出現。例如：「分人以財謂之惠。教人以善謂之忠。為天下得人謂之仁。」(〈滕文公上〉) 將惠、忠、仁三者並稱，並且定義「忠」爲教導他人以善。又如「君子必自反也，我必不忠。」(〈離婁下〉) 將「忠」與「仁」、「禮」同列爲君子內省之要件。此外，「仁義忠信，樂善不倦，此天爵也。」(〈告子上〉) 將「仁義忠信」四項德目連稱爲「天爵（上天授與的爵位）」；而且「君子居是國也，其君用之，則安富尊榮。其子弟從之，則孝弟忠信。不素餐兮，孰大於是。」(〈盡心上〉) 以「孝悌忠信」之美德作爲君子得以「素餐（不耕作而食）」之要件。這些大致上可說繼承《論語》中的「忠」。

但是，另一方面，對於不受情感所限的君臣之道或諫諍，孟子也與子思同樣，提出嚴厲的看法。

> 齊宣王問卿。孟子曰：「王何卿之問也？」王曰：「卿不同乎？」曰：「不同。有貴戚之卿，有異姓之卿。」王曰：「請問貴戚之卿。」曰：「君有大過則諫，反覆之而不聽，則易位。」王勃然變乎色。曰：「王勿異也。王問臣，臣不敢不以正對。」王色定然後請問異姓之卿。曰：「君有過則諫，反覆之而不聽，則去。」（〈萬章下〉）

對於「卿」之職責的問題，孟子回答：若是同姓之卿，君主有重大過失則進諫，反覆進諫仍不聽，則可以易王位。若是異姓之卿，則遠去他國。[12] 這段文字向來被視爲是與「革命」思想相通之資料，前半部（同姓之卿部分）特別受到注目。但是，後半部（異姓之卿）也非常重要。爲什麼呢？因爲這雖然也讓人想起墨家所批判的危急時只圖逃亡之不負責任的「忠臣」形象，但是，另一方面也提出與只知追從君主，如「鐘」般不叩不響之臣子有所差異的臣子形象。而提出臣子視情形可以毀棄君臣關係遠去他國，這一點與〈魯穆公問子思〉中遠「祿爵」的「忠臣」一樣，都是提倡不受限於特定君臣關係的爲臣之道。

這種諫諍後的君臣之道，其實在許多其他的儒家文獻之中也可見到，「三諫而不聽，則逃之。」（《禮記．曲禮下》等），被肯定爲「人臣之禮」。但是，這種行爲卻未必一定受到其他學派肯定。例如，如前所述，墨家或《晏子春秋》中所肯定的，是對於諫諍後招致死罪有所覺悟之激烈行爲。這是因爲墨家的理想是爲超越特定國家或君主的「義」殉身，而晏子則是認爲社稷的安定存續應該較君主個人優先之緣故。

---

[12] 關於「易位」，趙岐注是「易君之位，更立親戚之賢。」

〈魯穆公問子思〉之中，雖然很可惜未見到關於臣子諫諍後將如何進退的議論，但是，既然作者設想到遠「祿爵」之事，那麼至少似乎沒有預料到「爲眼前之君主殉死」的結局發生。然而，無論如何，孟子將〈魯穆公問子思〉中彼此緊密連結的「忠臣」與「諫諍」觀念予以割裂之後，在「忠」的部分大致繼承孔子的言論，在「諫」的部分則繼承子思「恆稱其君之惡」的特性並加以發揚。

那麼，孟子爲何提出這樣的見解呢？其背景之一是孟子自己描述的孔子之出處進退之道。

> 可以仕則仕，可以止則止，可以久則久，可以速則速，孔子也。皆古聖人也，吾未能有行焉。乃所願，則學孔子也。(〈公孫丑上〉)

孟子在這裡比較伯夷、伊尹與孔子三人。伯夷是「非其君不事，非其民不使。治則進，亂則退。」伊尹是不問君主人民如何，始終參與政治。相對於他們，孔子的方法則是，判斷進退之時機，若「止」爲較佳的選擇之時，則「速」遠去。因此，孟子宣布自己在這三位「聖人」之中，以孔子爲理想而欲效法之。在如此的發言當中，孟子所意念的是抱持著對爲政的強烈意願，卻沒有建立特定的君臣關係，不得不周遊列國的孔子之人生經歷。孔子之所以高舉著崇高的理想遊說諸君主，無法入仕爲官而遠離諸國，決不是因爲其理想有所錯誤，而是依據孔子自己「可以仕則仕，可以止則止」的判斷所導致。孟子如此思考來美化孔子周遊各國一事，同時，或許也想要正當化他自己的遊說活動吧。

這指出「忠臣」思想之成立或展開，對儒家和墨家而言，深深關係著其各自的存在意義。因爲，就組織學團而展開思想活動這一點，儒者與墨者即使在先秦諸學派之中也是獨具特色的思想集團。他們作爲他國之臣子或食客而奉仕該國君主，並且在其中努力宣揚與實踐自身學派的思想。他們的最終目標，不是單爲該國或其君主殉死，而是透過該國或其君主，實現他們各自的理想。亦即，他們抱持著在某種意義上的重大矛盾：一面置身於特定的君臣關係之中，一面窮究自身學派的理念而活動。在這種架構中被摸索的「忠臣」，其實也可說是探究他們自身之存在意義的思考。

結語

本章以郭店楚簡儒家文獻中的〈魯穆公問子思〉爲題材，針對其中的「忠臣」思想加以檢討。由於篇幅有限，所以在此僅止於分析〈魯穆公問子思〉對於「忠臣」思想之成立或展開所給予的可能性。筆者認爲，〈魯穆公問子思〉的思想意義是，將《論語》中的「忠」之概念予以政治思想化，並且將原先被認爲與「忠」爲不同概念的「諫諍」，明確地規定爲忠臣之屬性。再者，重「義」甚於重「祿爵」的忠臣之形象，已內含著推導出不同類型之「忠臣」形象（有異於爲一國或一君主殉死之「忠臣」）的可能性。由此，孟子則是進一步將他對孔子之人生經歷的看法與此「忠臣」觀相結合，並企圖進一步的理論化。

儘管如此，儒家所提倡的「忠臣」，在墨家眼中，卻是只會追從君主的無能臣子。此外，即使與晏子之諫諍——在覺悟死罪之下仍應直諫——相較，儒家的諫諍也有一定之界限。成孫弋「非子思，吾惡聞之矣」之言，一方面應該解讀爲對子思的稱讚之辭，但是另一方面也可說是率直地表達出在子思以外的儒家中並未見到的實踐情形。

這可能是因爲對於深印在儒家腦中之孔子言論的記憶所造成的。孔子所說的「忠」，基本上是指在具體的人際關係之中對待他人的真誠，「不忠」則是指對他人不竭盡真誠、虛假心意。而墨家所認知的「不忠」，則是違背墨者之大義或天下之利；晏子的「不忠」則是對社稷之背信。若與後兩者相互對照比較，孔子之「忠」的特色就很清楚明顯了。

若是如此，在〈魯穆公問子思〉中所見到的「忠臣」，其後在儒家內部又是如何展開呢？對於此問題，可以約略地做出推測。那就是，藉由「忠臣」與「諫諍」之連結，解脫從特定君主關係而來的束縛，足爲忠臣的思想家達成自我實現，因而開拓其未來之道路。但是，對儒家之學子而言，「忠」終究還是指對他人不虛僞心意、不破壞情感關係一事。那樣頑強牢固的意識，對於欲使〈魯穆公問子思〉的「忠臣」觀更加強化的思想作爲，似乎成爲強烈抵抗的表現。

這一點在其後整理「忠」與諫諍之道的《荀子》中也同樣可見。《荀子》區別「諫」、「諍」、「輔」、「弼」，從君主的立場提倡納諫之重要性等，加上新的觀點並且致力說明。[13] 此外，又以「從道不從君，從義不從父。」(〈子道〉) 提示使「道」、「義」介入君臣、父子關係之中，而由此提出不受君臣、父子情感限制的爲臣之道。但是，若對以下文句進行分析：「以德復君而化之，大忠也。以德調君而補

[13] 〈臣道〉有「大臣父兄，有能進言於君，用則可，不用則去，謂之諫。有能進言於君，用則可，不用則死，謂之爭。〔……〕伊尹箕子可謂諫矣，比干子胥可謂爭矣。」

之，次忠也。以是諫非而怒之，下忠也。」(〈臣道〉) 則我們可以發現，荀子基本上以「德」感化為最上策，同時將因諫諍而招致君主之怒者定義為「下忠」，這或許是儒家有關「忠」之遙遠記憶的投影。

第三章

〈六德〉之全體結構及其著作目的

序言

在中國古代思想史中，現在最受到矚目的可說是郭店楚墓竹簡以及上海博物館藏之戰國楚簡。

這些竹簡由於一方面是從戰國時期的楚墓所出土的新資料，另一方面其中又包含了相當龐大數量的儒家文獻。是故，從先秦思想史的研究，尤其是儒家思想形成史研究的角度來說，便被視爲極重要的資料。

回顧一九七〇年代時像是銀雀山漢墓竹簡，馬王堆漢墓帛書，睡虎地秦墓竹簡等等相繼發掘。然而這些都是與兵學思想、法家思想、或是道家思想相關的資料。所以在兵學，法家以及道家等領域當中雖然受到矚目，但是由於一方面其中幾乎沒有包含儒家思想相關的資料，是以未能成爲研究的主流。

不過，近年來所發現的郭店以及上博等戰國時代的楚簡卻包含了非常多與儒家思想史直接相關的資料。再加上儒家思想一直被認爲是中國思想的主流，故，對於這些楚簡的研究就不應該只是侷限於單單的字句考證，應該將研究視點、研究方法、研究的體制、組織等皆充分地納入考慮，以慎重地進行。

本篇將以上述的態度出發，以郭店楚簡儒家系文獻的〈六德〉爲對象，考察其全體結構以及著作目的。

第一節　研究觀點

郭店楚簡〈六德〉中有「詩」、「書」、「禮」、「樂」、「易」、「春秋」的記述，由此觀之，〈六德〉乃是極富衝擊性的文獻。因爲這個記述對於所謂的「六經」的成立史研究具有造成重大影響之可能性，是以研究〈六德〉之時，首先總會傾向於注目在此一特點上。然而筆者認爲，有必要至少也留意下列重點：

第一是竹簡的排列問題。郭店楚簡乃是盜掘而發現的，是以其出土時之具體狀況仍未公表。故就竹簡的編成來說，仍然不知道是否存在有明確足以支持每篇的分篇和組成的證據。現在所謂的分篇和編成或許應該是基於竹簡的形態（簡長、兩端的形狀、緯編的痕跡）、字體、以及其內容等等而判斷並加以整理出來的。

而在此，對於竹簡排列問題上已有修正提案。特別是像是陳偉試著跳脫出荊門市博物館，《郭店楚墓竹簡》（文物出版社，1998年）所揭示的各篇組成，將現有的排列試著做了調整。[1] 而筆者也對於儒家文獻，特別是〈成之聞之〉以及〈尊德義〉等文的連接方式感到許多疑問。但是，幾乎所有的修正案都是基於提案者本身內容理解而產生的「文脈的連續性」。例如說，關於〈尊德義〉一文，

---

[1] 陳偉，〈關於郭店楚簡《六德》諸篇的調整〉（《江漢考古》第一期，2000年）。

每個提案者便都自成一套不同的說法。故竹簡的排列順序修正當應謹慎。在這樣的前提之下，福田哲之對於《語叢三》，提出有具體根據的排列方式提案。這乃是值得注目的成果。[2]

而對於〈六德〉則如後述，與其他篇比較起來意見的分歧較少，所謂的修正提案也僅限於將開頭的竹簡移到後面的程度。

第二是其論述不一貫的問題。在〈六德〉文中，有「聖・智」、「仁・義」、「忠・信」而將這三組作爲論述單位的部分。以及有像是「**義者，君之德**」、「**忠者，臣之德**」一般，將「聖」、「智」、「仁」、「義」、「忠」、「信」的概念一一個別論述的部分。對此，錢遜已有〈六德〉當中有「**作禮樂〔……〕非聖智者莫之能也。**」和「**義者，君德也。**」兩種不同系統存在之故的解釋。[3] 然而問題是：這兩個不同系統是爲何會出現？若視之爲僅是兩個論理的並存或是矛盾是否恰當？

另外，與此相關的另一個值得注意的是，將「六德」的「仁」視爲「子德」如此的特殊定義。確實在先秦的各文獻中通常皆將「孝」作爲「子」的德目。由於此種定義在《孟子》以及《荀子》當中未見，是以王葆玹主張〈六德〉的成立時間應在《荀子》之後。[4] 但

---

[2] 福田哲之，〈郭店楚墓竹簡〈語叢三〉之再探討〉（福田哲之著，佐藤將之、王綉雯合譯，《中國出土古文獻與戰國文字之研究》，臺北：萬卷樓，2001年，第五章）。

[3] 錢遜，〈《六德》諸篇所見的儒學思想〉（《中國哲學》第20輯，遼寧教育出版社，1999年1月）。

[4]王葆玹，〈試論郭店楚簡各篇的撰作時代及其背景——兼論郭店及包山楚墓的時代問題〉（《中國哲學》第20輯，遼寧教育出版社，1999年1月）。另外，王葆玹還認為「信」為「婦」德這點亦為佐證。因為《禮記》與《大戴禮記》中有以「信」作為「婦」德的定義。在此王葆玹的立論前提在於《禮記》和《大戴禮記》乃成立於漢代之後。但是若重視到郭店楚簡與《禮記》各篇的文言之間的重複現象的話，《禮記》與《大戴禮記》的成立時期本身就有必要加以重新

是《孟子》或是《荀子》當中不可能包含了儒家派的全部思想。在既有的資料當中沒有記載乙事並不足以成為支持郭店楚簡的成立年代必須降到戰國最末期以後的理由。[5]

第三，我們所要注意的是〈六德〉與其他郭店楚簡的儒家文獻的關係。〈六德〉從竹簡的形態和字體來看，與〈性自命出〉、〈成之聞之〉、〈尊德義〉是屬於同一群類的。[6] 而在討論竹簡的編成問題以及基本的性格之時，我們也有必要留意此點。然而，即使是同屬儒家的文獻，而且使用的用語相同，據此便將之視為同一個門派則過於輕率危險。例如說，〈忠信之道〉與〈六德〉當中皆講述「仁義忠信」，乍看之下是同一個門派，然而〈忠信之道〉將「仁義」的實質歸結於「忠信」，而〈六德〉卻是將「聖智仁義忠信」並列。據此李存山先生遂主張這兩份文件不出自同門派亦非出於一人之手。[7] 此外，與此相關地，廖名春先生認為，根據這次出土的資料可以知道先秦時期便已經存在「詩」、「書」、「禮」、「樂」、「易」、「春秋」等「六經」，是以「六經」並稱的現象應該毫無疑問地源自孔子。[8]

檢討。在推測某文獻的思想年代的問題上，將《禮記》以及《大戴禮記》視作不動的測量指標恐怕是危險的。

[5] 同樣地，關於道家思想方面亦是如此。郭店楚簡〈太一生水〉以及《上海博物館藏戰國竹書（一）》所介紹的上博簡〈恆先〉等，都顯示在先秦時代存在有與一般老莊思想有所不同的道家思想。不能說因為在《老子》和《莊子》當中看不到就直接斷定其為漢代以後產生之新的道家思想。

[6] 荊門市博物館，《郭店楚墓竹簡》（文物出版社，1998 年）。

[7] 李存山，〈先秦儒家的政治倫理教科書——讀楚簡《忠信之道》及其他〉（《中國文化研究》第 4 期，1998 年）。

[8] 廖名春，〈論六經並稱的時代兼及疑古說的方法論問題〉（《孔子研究》第 1 期，2000 年）。

第四是〈六德〉與孔子以及其他儒家思想的關係。廖名春先生認爲〈六德〉的主張是《論語・顏淵》的「君君、臣臣、父父、子子」思想之發展；[9] 張立文認爲〈六德〉與孔子的「孝弟也者，其為仁之本與。」乃是相同的思想，試圖將「孝」作爲所有道德之根本；[10] 而徐少華也主張〈六德〉的思想起源於《易》以及孔子。[11] 以上皆是主張孔子或是其他儒家思想與〈六德〉有緊密關連的例子。

相對地錢遜則主張〈六德〉並未將孔子所提唱的「愛人＝仁」說加以發展；[12] 羅新慧認爲從仁義觀來看，〈六德〉既非孔子思想的發展，亦非孔子與孟子的中間，其地位應視爲儒家別派的思想；[13] 而李存山以及渡邊大也都認爲〈六德〉並非子思—孟子學派的文獻。[14]

此外關於〈六德〉與《禮記》等文獻的關係之問題，李學勤指出：〈六德〉裡出現關於喪服的記述是以《禮記》的喪服記述爲前提的，是以當時的讀者應該通曉這些喪服規定，而我們除非在此前提下進行分析，否則將無法理解其內容。[15] 相反地，徐少華先生則

---

[9] 廖名春，〈郭店楚簡儒家著作考〉（《孔子研究》第 3 期，1998 年）。

[10] 張立文，〈略論郭店楚簡的「仁義」思想〉（《孔子研究》第 1 期，1999 年），以及〈郭店楚簡與儒家的仁義之辨〉（《齊魯學刊》第 5 期，1999 年）。

[11] 廖名春，〈郭店楚簡《六德》篇思想源流探析〉（武漢大學中國文化研究院編，《郭店楚簡國際學術研討會論文集》，湖北人民出版社，2000 年 5 月）。

[12] 錢遜，前揭文。

[13] 羅新慧，〈郭店楚簡與儒家的仁義之辨〉（《齊魯學刊》第 5 期，1999 年）。

[14] 李存山，〈郭店楚簡研究散論〉（《孔子研究》第 1 期，2000 年）；渡邊大，〈郭店楚簡『成之聞之』『六徳』にみえる人倫説について〉（《大久保隆郎教授退官記念論集　漢意とは何か》，東方書店，2001 年）。

[15] 李學勤〈郭店楚簡《六德》的文獻學意義〉（武漢大學中國文化研究院編，《郭店楚簡國際學術研討會論文集》，湖北人民出版社，2000 年 5 月）。

認爲〈六德〉較簡潔且有系統，而《禮記》及《大戴禮記》則是經過長期地傳承和轉錄抄寫。[16]

如上述，對於〈六德〉與其他儒家文獻的關係已有許多的意見提出。特別是上述所言，對於〈六德〉與孔孟以及《孝經》、《禮記》之間的關係的考察研究，實應視爲重要課題並加以注意的。

第五是〈六德〉的成立時期以及撰作動機。從郭店一號楚墓的墓葬形態、陪葬品的狀況等的考古學的編年來看，其建成時期應在西元前三〇〇年左右。故其竹簡的寫成年代應在此之前，而竹簡的原始本則應在更之前。廖名春先生認爲〈六德〉的成立時間應在《中庸》、《禮記・郊特牲》、《周禮》等文獻之前，由孔子本人或是其弟子（縣成）所寫成的。[17] 而郭沂主張〈成之聞之〉當中屢見「君子」一詞實具體地指「子思」所以應出於子思的門人。[18] 張立文則從「仁」、「義」的使用例子而認爲事實上〈六德〉是就〈成之聞之〉、〈尊德義〉的思想更進一步發展的文獻。[19]

雖然以上這些議論似乎有點急於去論定〈六德〉的著者以及成立時期，不過若是考慮到郭店一號楚墓的考古成果的話，上述的論點大致妥當。雖然如此，筆者仍認爲這些研究並沒有對於〈六德〉的著作動機，換言之也就是對其思想成立的必然性並未充分地加以探討。原因應是過度偏重於「詩」、「書」、「禮」、「樂」、「易」、「春秋」的記述而沒有對〈六德〉的全體結構做充分的探討之故。

---

[16] 徐少華，〈郭店楚簡《六德》篇思想源流探析〉（武漢大學中國文化研究院編，《郭店楚簡國際學術研討會論文集》，湖北人民出版社，2000 年 5 月）。

[17] 請參照注 10 廖名春前揭文。

[18] 郭沂，〈郭店楚簡《天降大常》（《成之聞之》）篇疏証〉（《孔子研究》，1998 年 3 期）、〈郭店竹簡與先秦哲學史之重寫〉（《哲學動態》1999 年 6 期）。

[19] 請參照注 11 張立文前揭文。

以上列舉了現在〈六德〉中值得舉出的意義以及研究上必須留意的問題點。這些問題點彼此原先就互相緊密地連結著，而且每個問題點都是相當的大，所以這些問題點無法立即獲得解決。

於是在本文接下來的部份將把研究的目標限定於〈六德〉當中幾項特定的問題，提出基於筆者的內容分析而得的〈六德〉的結構，並且對於其成立時期以及執筆動機等問題作一概述。另外，雖然筆者確實也應該一併提出關於〈六德〉整體的釋讀以及各個部份的解釋，然而爲了配合本書的主旨並限於篇幅，我將另外敘述。

第二節　〈六德〉的結構

本節暫且依照荊門市博物館《郭店楚墓竹簡》所揭示的竹簡排列順序，將〈六德〉的結構爲了方便區分爲七小節並整理其要旨。

下文各小節的區分以一、二等數字表示，竹簡編號則依《郭店楚墓竹簡》以 01、02 等數字表記。一、二各段中爲了方便，則加上標題並在標題後的括弧內大略註記其竹簡編號。提示資料乃是以《郭店楚墓竹簡》爲底本，並且參照了張光裕主編的《郭店楚簡研究．第一卷．文字篇》（藝文印書館，1999 年）等資料的內容。再列出資料之時，異體字修改爲現行字體，欠字的部份以「【　】」符號表示，「【　】」內則爲添補上去的字。不過，關於每個添補以及修改的依據，也因篇幅所限在此不加贅述。

一、「聖智」、「仁義」、「忠信」（01～06）

〈六德〉首先將「聖」、「智」、「仁」、「義」、「忠」、「信」作爲「六德」，並且將「聖智」、「仁義」、「忠信」視作三個配對。這三組定義爲：「聖智」能制定禮樂和刑法以指導人民遵循一定的方向；「仁義」能安定家庭、內政以及外交三者；「忠信」則能集合人民、管理土地並且使人民生活充足。

以上三者皆以爲政者與民的關係爲框架，主張爲政者應該體察民生。這種傾向在郭店楚簡〈成之聞之〉、〈唐虞之道〉、〈尊德義〉、〈忠信之道〉等文獻當中亦可窺見。而像「禮樂」、「刑法」這種併用的例子在《禮記》以及《論語》中亦可見，將「忠」與「信」當作對偶出現的例子與〈忠信之道〉相同。但是就單單以「六德」個別來看的話，與後節的定義卻有不一致的情形出現。

二、「六德」與「六位」、「六職」（07~10）

本小節主張，基本的人倫關係有「六位」，若是這「六位」能夠與相對的職分「六職」適當地對應，各分屬「六位」之德目「六德」便得以達成。此即表示「既有夫六位也、以任此【六職也】、六職既分、以卒六德」的關係。

三、「六德」的具體內容（11~23）

本小節將「六德」各內容與「六位」、「六職」相關連並加以詳細說明。各要點如下所述：

①「義」……讓臣下能安心立命的君主之德。

②「忠」……臣下之德目。即使是危及生命的狀況下，仍能我身不足惜爲君主效盡一己之力者爲忠臣。另外，郭店楚簡中直接將「忠」與臣下做連結的文獻還有〈魯穆公問子思〉。

③「智」……夫的德目。能以「智」適當地判斷行動之是非與否者爲「夫」。《大戴禮記・本命》以及《孔子家語・本命解》當中可看到幾乎相同的文字。

④「信」……婦的德目。以夫的做法爲「信（即誠實）」，並完全接受者爲「婦」。《禮記・郊特牲》以及《大戴禮記・本命》內皆可見類似的表現。

⑤「聖」……父之德目。養育子女並教誨之者爲「父」。若是加重考慮到此部份與〈六德〉的開頭的關係的話，此處所謂的「教誨」應可推測爲乃是與家業（世襲官職）有關的教育。至於「聖」與「教誨」的相關性，可以參考自《論語・述而》的「子曰：『若聖與仁，則吾豈敢。抑之為不厭，誨人不倦，則云爾已矣。』」以及《孟子・公孫丑上》的「子貢曰：『學不厭，智也；教不倦，仁也。仁且智，夫子既聖矣。』」等敘述。「教育」與「父」的關係則可參考《左傳・昭公二十六年》的「（晏子）對曰：『〔……〕父慈而教。』」但是正如上述《左傳》以及《禮記・禮運》可看到例子一樣，在儒家學派的文獻裡面通常將「慈」作爲「父」的德目。

⑥「仁」……子之德。此處「子」德的定義較其他五德來得複雜。首先「子」在世襲官職的框架中發展自己的才能以「事上」者，此處定義爲「義」。這與先前「義者君德也」的定義相互矛盾。在此可視爲是重視非血緣的君臣關係（忠）之故。接著「上（君）」嘉許「下（臣）」的義而允許其家可行祭祀（祖先崇拜），是爲「孝」。此處則重視血緣關係（孝）。換言之，此處主張，官僚制度中盡力效命於公職（忠）可同於繼承家祀，盡「孝」。這一點可看到與《孝經》的想法相

似處。而在此〈六德〉中將「仁」定義作「子」德是相當特別的現象。在儒家文獻中通常將「孝」視作「子」德。而且這裡的定義與其他「六德」一樣，與〈六德〉前文所定義的「仁義」（「作禮樂、制刑法」部分的）不一致。

至此已確認的「六德」、「六位」、「六職」的關係，正如下表所示：

「六位」……夫、婦、君、臣、父、子
「六職」……率、從、使、事、教、受
「六德」……智、信、義、忠、聖、仁

但是，「智、信、義、忠、聖、仁」的排列順序與第一節的「聖智」、「仁義」、「忠信」中的排序與定義相異。而且「六德」個別的定義中也出現其他儒家文獻所看不到的特別之處。我據此推測，〈六德〉並非只是將在其他儒家文獻所使用的德目之解釋加以整理，應該還有其他真正的目的存在。

四、「六德」與「六經」（23～26）

本小節是〈六德〉中最著名的部份。即：「故夫夫、婦婦、父父、子子、君君、臣臣，六者各行其職而訕誇亡由作也。觀諸詩書則亦在矣，觀諸禮樂則亦在矣，觀諸易春秋則亦在矣。」

如引文所言，〈六德〉的作者指出，以上所述「六德」的內容可見於「詩、書」、「禮、樂」、「易、春秋」。這裡顯示〈六德〉的主張與六書有密切的關係。

五、「內」、「外」的區分（26～33）

若將以上到第四小節爲止，當作〈六德〉的前半部的話，接下來後半部的特色在於提出「內」、「外」的新基準並以此繼續展開關於「六德」的解釋。在第二十六簡第七個字下面有墨節，而這似乎代表此處是本篇前後段之區分點。因爲這個部分的論述有點複雜，所以在此引用原文並以圖示解說。

> 仁，內也。義，外也。禮樂，共也。內立父、子、夫也，外立君、臣、婦也。疏斬布絰丈，為父也，為君亦然。疏衰齊牡麻絰，為昆弟也，為妻亦然。袒字為宗族也，為朋友亦然。為父絕君，不為君絕父。為昆弟絕妻，不為妻絕昆弟。為宗族殺朋友，不為朋友殺宗族。人有六德，三親不斷。門內之治仁弇義，門外之義斬。

本小節以父系宗族爲論述前提以區分「內」、「外」，並主張在這兩個領域所要優先的德目便有不同（仁內義外）。關係如下圖所示：

禮
樂

	仁	義	
內	父、子、夫	君、臣、婦	外
	（聖、仁、智）	（義、忠、信）	

〈六德〉的前半在於解說「六德」的詳細內容，與此相對地後半部則以「內外」的概念解說其對社會的意義。在後半部中「六德」每個德目的定位與前半的稍微不同。後半部的論述中，除了規定「仁」爲「內」，「義」爲「外」之外，「禮樂」則規定爲內外共通的德目。在前文所討論到的〈六德〉中，將「作禮樂」視爲「聖智」，而「聖」爲父德、「智」爲夫德。是以在此對於「禮樂」的論述也和前半部分的論述不一致。

在這樣的前提下，本小節可視爲是援用「內外」的觀念，以試圖調整並統合血緣關係（內）的道理（孝）與非血緣關係（外）的道理（忠）。相關的概念可在〈性自命出〉「門內之治，欲其59觳也。門外之治，欲其制也。」中也看到「門內」、「門外」的記述；在〈唐虞之道〉中亦有像「08愛親忘賢、仁而未義也。」的記述，將「愛親」＝「仁」、「尊賢」＝「義」，並以此彰顯「仁」、「義」兩立的聖人「舜」。此外，《論語・子罕》中也有記載：「子曰：『出則事公卿，入則事父兄。』」的孔子的言論。 但是上述的資料中皆無法明確看到如同〈六德〉一樣偏重於「內」的論述。是故明確地重視並主張「內」的優越性可說是〈六德〉的特質。此外，主張「內」的道理也應適用於「外」的這個論點（積極主張由「內」至「外」的方向性）與《孝經》類似。

六、「六德」與「孝」與「君子」

本小節立論於前述「內」、「外」之分的基礎上，再度討論「六位」之間的關係。在此提出「男女」、「父子」、「忠臣」的順序排列，並主張貫穿於此序列的基本原理——「孝」的重要性。此小節亦有些複雜，故與前述的例子相同，如下列出其原文並佐以圖解。

[A]男女辨生言，父子親生言，君臣義生言。父聖，子仁，夫智，婦信，君義，臣忠。[B]聖生仁，智率信，義使忠。[C]故夫夫，婦婦，父父，子子，君君，臣臣，此六者各行其職而訕訾由作也。君子言信言尔，言煬言尔，設外內皆得也。〔……〕男女不辨，父子不親。父子不親，君臣亡義。是故[D]先王之教民也，始於孝弟。君子於此一體者亡所廢。是故先王之教民也、不使此民也憂其身、失其體。孝、本也。下修其本，可以斷訕。

A

辨		親		義	
男	女	父	子	君	臣

B

生	率	忠
聖一仁	智一信	義一忠
（父 子）	（夫 婦）	（君 臣）

C

內　　　　外

夫	婦	父	子	君	臣

君子

D

先王

孝（悌）→ 男女 → 父子 → 君臣

君子

本小節的論推大致上類似於其他儒家文獻。也就是重視「男女」、「父子」、「君臣」各個關係（圖 A），主張父子、夫婦、君臣的主從之分（圖 B），並設定「內」、「外」不同的領域以示由「內」而「外」之方向性（圖 C）。此種鋪陳在《論語》、《禮記》當中都有。不過，強調貫通與此的基本原理——「孝」的特點乃是本節的特徵（圖 D）。據此可推測，如此的主張乃是以類似於《孝經》的論證作爲前提。

但是，本小節前半的「聖生仁，智率信，義使忠」所主張的生成、主從關係（圖 B）與前節「內＝父、子、夫」、「外＝君、臣、婦」所揭示的內外區別以及重視「內」的論述，兩者之間稍嫌缺乏整合性。原因應是在於試圖援用「內外」以及「孝」概念來解釋本篇前半的「六德」所導致的結果。

七、「君子」與「立身」（42～46）

之前第四、五部份當中指出，「夫婦父子君臣」的「六位」若是各全其「職」則不受他者的毀謗。此外在前節末尾處主張爲政者的教化應以「孝」爲根本。若「下」能「修」得教化根本的「孝」，則不受他者的毀謗。相對地，本節當中則主張「生民斯必又（有）夫婦、父子、君臣。君子明虛（乎）此六者，肰（然）句（後）可以軔（斷）訕。」，意指若「君子」將此「六位」之別和各個職責加以明確化，則此六者可免於被毀謗（或者是君子本人可免受毀謗）。

此外，下引文則由與六德（六位）的關係來論述「君子」立身之所以。

> 凡君子所以立身大法三、其擇之也六、其衍十又二。三者通，言行皆通。三者不通，非言行也。三者皆通，然後是也。三者，君子所生與之立，死與之斃也。

與上述君子和立身之間的關係相關的文字在《孔子家語・六本》中主張君子的立身應以孝爲本，其云：「孔子曰：『行己有六本焉，然後為君子也。立身有義矣，而孝為本。喪紀有禮矣，而哀為本〔……〕是故反本修邇，君子之道也。』」此說法在《說苑・建本》中亦可見。此外《孝經》也有「子曰：『夫孝，德之本也，教之所由生也。〔……〕夫孝，始於事親，忠於事君，終於立身。』」的敘述，說明立身與孝的關係。

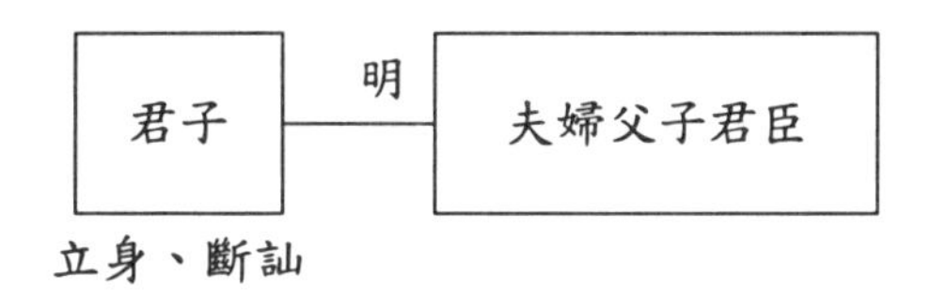

如上述，本節當中，其討論的焦點可說是轉移到「六德」、「君子」、「立身」三者之間的關係上。據此我認爲，〈六德〉的撰作動機似乎皆非單單只是分類整理德目、區分「內」、「外」、及主張「內」的優位而已。由於受到整理小組所加上的篇名「六德」以及「詩書禮樂易春秋」等記述的影響，這一點反而會意外地受到忽略。

第三節 〈六德〉的成立

在此，以上述的結構分析為基礎，對於〈六德〉成立的必然性、撰寫意圖等問題加以考察。郭店楚墓的埋葬年代幾乎可以確定就在西元前三〇〇年前後，即使如此，竹簡的書寫時代以及其思想的成立時期應該是在哪個時期則還是個很大的問題。

其中有一項在內容上堪以作為線索的便是「六德」的具體內容。正如〈六德〉中所述：「故夫夫、婦婦、父父、子子、君君、臣臣，六者各行其職而訕誇亡由作也。」在此〈六德〉將「夫婦、父子、君臣」視為人倫關係的基本而立其論說。若將這一點與其他主要的儒家文獻中的人倫關係做比較的話，則可得出如同下表所示：

- 《論語》……君臣、父子
- 《周禮》……父子、兄弟、夫婦
- 《易》……（男女）夫婦、父子、君臣（上下）
- 《孟子》……父子、君臣、夫婦、長幼、朋友
- 《禮記》……夫婦、父子、君臣（〈哀公問〉）
- 《禮記》……君臣、父子、夫婦、昆弟、朋友（〈中庸〉）
- 《禮記》……父子、兄弟、夫婦、君臣、長幼、朋友、賓客（〈王制〉）
- 《荀子》……君臣、父子、兄弟、夫婦

如上所示，〈六德〉的基本組合與《禮記・哀公問》相同。在形式上則可看出是位於《論語》和《孟子》、《荀子》的中間。而且雖然只憑這個是不足以立刻判定其成立時期，但是就思想史的發

展來看的話應是重要參考。而且〈六德〉中有「詩書禮樂易春秋」的記載，而在《莊子．天運》中也有「孔子謂老聃曰：『丘治詩、書、禮、樂、易、春秋六經。』」兩者的排列順序是相同的。在過去思想史的常識來說的話，這種現象可證明〈六德〉的成立時期是相當晚的。不過未來較妥當的解釋方向應是「詩書禮樂易春秋」的觀念在儒家內部很早就形成了，而《莊子》亦受其影響以致於出現上述的文字。

其次關於《孟子》與〈六德〉之間的關係的問題方面，郭店楚簡中的〈魯穆公問子思〉等皆被視作爲子思學派的文獻。由於這些文獻的出現，是故有人認爲郭店楚簡全體皆是子思學派或是思孟學派的文獻。但是從「仁，內也。義，外也。禮樂，共也。」的記述來看，仁內義外在《孟子．告子上》中乃是告子的主張，與孟子的立場相異。據此我認爲，將這些文獻一併視爲思孟學派，或是將每一篇的作者預設爲子思學派或子張學派之手的做法是值得商榷的。而且，正如劉豐先生所指出的，〈六德〉與《孟子》之間，應該是《孟子》受到「仁內義外」說的影響而想要做出思想上的展開的說法較爲妥當。[20]

如上所述，關於〈六德〉的具體成立時期仍然無法確定，不過至少看不出其成立時期一定在《荀子》之後的必然性。而其重視「仁內義外」的特點也很難想定爲與《孟子》有密切的關連，反而是其與《論語》、《孝經》、《禮記》之間的類似性以及相近點是值得注意的。

---

[20] 劉豐，〈從郭店楚簡看先秦儒家的「仁內義外」說〉(《湖南大學學報》第2期，社科版，2001年)。

而將焦點移至〈六德〉的全體結構的話，本文獻並非單單只在整理分類儒家的德目，其主眼在於將「內外」以及「孝」的概念作爲中介，並解說「六德」、「六位」、「六職」與「君子」的關係，進而彰顯人類社會中「君子」的意義。

那麼，其「君子」何者耶？當然「君子」與「小人」乃是相對的辭彙，「君子」當然是應該理解爲是一種理念型，但是即使是理念上的「君子」，也有可能在提出之開始背後即有一個具體的人物像存在，再說，即使以純粹理念型而提出的「君子」仍有可能對於同時代或後人而言，會連想到某個具體的人物像。

關於這個問題，郭沂先生提出在郭店楚簡裡的〈成之聞之〉裡頻頻出現的「君子」應是「子思」。此主張亦受到相當程度的注目。但是此一推論似是立論於〈六德〉及〈成之聞之〉所屬的郭店楚簡是子思學派的著作的判斷之上。的確，郭店楚簡〈魯穆公問子思〉中「子思」登場，其「忠臣」觀念在其中受到彰顯。[21] 從這點而言，郭店楚簡當中確實是存在著子思學派的著作。但是將郭店楚簡全體確定爲子思學派或是思孟學派的文獻是否恰當？或者就算是子思學派或是思孟學派的文獻，其中出現的「君子」不一定能認爲其即爲「子思」。

很可惜的是在〈六德〉當中看不到能夠解決這個問題的決定性證據。但是如果參考〈成之聞之〉和〈忠信之道〉則可以想定是「子思」以外的人物。

郭店楚簡的儒家文獻中可見「君子」一詞的除了〈六德〉之外，還有〈性自命出〉、〈成之聞之〉、〈尊德義〉、〈忠信之道〉、

---

[21] 關於〈魯穆公問子思〉，請參考本書第二章。

〈語叢四〉等篇。而足以作為討論此問題的線索的即是〈成之聞之〉和〈忠信之道〉。

首先，〈成之聞之〉當中有「10是故君子之求諸己也深。〔……〕11是【故】君子之於言也，非從末流者之貴，窮源反本者之貴。」以及「19故君子所覆之不多，所求之不遠，竊反諸己而可以20知人。」的記述。此處積極地主張「君子」的「求己」、「反本」、「反己」，而此點令人想起《論語．衛靈公》中孔子的「子曰：『君子求諸己，小人求諸人。』」的發言。另外在《孔子家語．六本》當中也有「孔子曰：『行己有六本焉，然後為君子也。〔……〕是故反本修邇，君子之道也。』」記載其為「孔子」的言說。

另外討論君子的言行與「忠信」關係的〈忠信之道〉當中也有「氏（是）故古之所09以行乎閔嘍者。」的主張。這段文字難以了解，是以有許多不同的說法及討論。例如說周鳳五先生便將之釋讀為「古之行乎蠻貉者」，並據此指出《論語．衛靈公》當中有「子張問行。子曰：『言忠信，行篤敬，雖蠻貉之邦行也。言不忠信，行不篤敬，雖州里行乎哉？』」這一段文字。他認為〈忠信之道〉的這段文字乃是孔子在此處認為〈忠信〉之言亦可行於蠻夷之地的發言的延伸。[22]

從這樣的觀點概觀相關資料做概略的觀察便可見還有其他意指孔子（聖人、君子）與「忠信」以及「蠻夷」關係的資料。例如《論語．子罕》：「子欲居九夷。或曰：『陋，如之何？』子曰：『君子居之，何陋之有？』」《論語．子路》：「樊遲問仁。子曰：『居處恭，執事敬，行篤敬，與人忠。雖之夷狄，不可棄也。』」等。另外在《禮記．中庸》也有孔子的發言，首先先以「溥博」、「淵

---

[22] 周鳳五，〈郭店楚簡《忠信之道》考釋〉（《中國文字》第24期，1998年12月）。

泉」形容聖人之德充實之貌，其顯現於外則「見而民莫不敬，言而民莫不信，行而民莫不說。」是故聖人之名聲達於夷狄。〈中庸〉曰：「是以聲名洋溢乎中國施及蠻貉。」[23]

〈忠信之道〉當中可資對應的部份，雖然在文字的確定上仍還有令人不安的地方，但是如果上述的理解是可能的話，也許可以認爲孔子與忠信以及蠻夷的關係以別的方式表明於〈忠信之道〉當中。如此，在郭店楚簡中似有的部份將孔子所說過的「君子」的言行舉止直接擴張解釋成孔子自身的事情。

而且在《論語》裡的「君子」，正如「子曰：『君子周而不比，小人比而不周。』」（〈爲政〉）、「子曰：『君子懷德，小人懷土；君子懷刑，小人懷惠。』」（〈里仁〉）等例子，在孔子以對比的方式說明時可見。若從文意直接解讀的話，就會認爲孔子是在說明理念型的「君子」。只是也無法否定孔子事實上是將自己與「君子」的形象重疊以講述的可能性。而無論是那一種，有相當大的可能性是孔子的弟子門徒以及後學者從孔子所說的「君子」像當中讀出孔子的形象。對他們來說「聖人君子」應該就是孔子。

對此，例如阮元《揅經室集》中舉出《論語・學而》的開頭「學而時習之，不亦說乎？有朋自遠方來，不亦樂乎？人不知而不慍，不亦君子乎？」爲例，認爲這三節皆在敘述孔子的人生。其弟子在

---

[23] 此處原文如下：

唯天下至聖，為能聰明睿知，足以有臨也，寬裕溫柔，足以有容也，發強剛毅，足以有執也，齊莊中正，足以有敬也，文理密察，足以有別也，溥博淵泉，而時出之，溥博如天，淵泉如淵，見而民莫不敬，言而民莫不信，行而民莫不說，是以聲名洋溢乎中國，施及蠻貊，舟車所至，人力所通，天之所覆，地之所載，日月所照，霜露所隊，凡有血氣者，莫不尊親，故曰配天。

編纂《論語》之際將此章置於二十篇之首，也同時將「不知命，無以為君子。」一句置於最後章，使其有始有終。

由此可知，我們需要慎重考慮，郭店楚簡中的「君子」有可能是強烈地意識到孔子的產物。而若是重視此一「君子」的話，就會發現〈六德〉中「六德」與「六書（詩書禮樂易春秋）之間有密切的關係這一事實，包含著更重大的意義。這是由於〈六德〉的立論前提乃是想定了君子（孔子）與六書之間的關係的緣故。更進一步說，郭店楚簡中有許多與《論語》以及《禮記》等儒家文獻相類似的表現，特別是與《論語》內容的重複現象正表示了這些文獻試圖擴張解釋孔子的言說。

據此，〈六德〉乍看之下會以爲是將仁義禮智等德目加以整理解說的文獻，但是事實上，其主要的著作意圖卻似乎在於彰顯「君子」，即指立身並確立於世界的基本人倫關係以及其各個德行之「君子」。而且透過這樣的理解，更能夠了解到爲何「六德」與「六書」（六經）之間的關係是緊密的關係。

結語

以上，本章從思想史的立場出發，以郭店楚簡〈六德〉爲對象，討論關於其結構以及成立的問題。而作爲其前提的關於〈六德〉等郭店楚墓全體的諸問題，筆者也加入了自己的整理。

以郭店楚簡以及上海博物館藏戰國楚竹書爲名的龐大以及貴重的資料集逐漸地在思想史研究方面造成大的影響。單獨個自的研究視點已如前文所述，但是今後對於研究的體制以及組織的問題點亦是不可忽視的。

至今在日本的中國學研究主要皆是由個人研究的累積而發展來的。但是這些新資料單單以個人研究仍有無法充分對應的一面。資料的份量龐大而且用以記載的是所謂戰國楚系文字的特殊文字。而且像是郭店楚簡與上海簡之間的例子等應加以比較檢討的新資料陸續出現，再加上郭店楚簡是舊楚國於戰國時期的楚簡，是故其與包山楚簡等受重視的古代史文字資料之間的關係也變得重要。所以爲了從事這些研究，必須要有思想史，古代史，文字史等不同分野的研究者之間的合作機制。爲了能夠在今後也能對應這些新資料的發現，筆者希望日本的學界也能有考量到出土資料研究的研究者培養。

第三部分

上博楚簡研究

第四章

〈從政〉的竹簡連接與分節

序言

一九九四年，上海博物館獲得一批戰國時代的竹簡，並於二〇〇一年十一月出版的《上海博物館藏戰國楚竹書（一）》（馬承源主編，上海古籍出版社）中公開了〈孔子詩論〉、〈緇衣〉、〈性情論〉三篇；又，二〇〇二年十二月，於同書第二冊中公開了〈民之父母〉、〈子羔〉、〈魯邦大旱〉、〈從政〉、〈昔者君老〉、〈容成氏〉六篇文獻。

其中，第二冊收錄的〈從政〉所採用的處理方式在已公開的上博楚簡中是較爲特殊的。這篇資料是由張光裕先生整理與釋讀，釋文被分作兩篇，並冠以〈從政（甲篇、乙篇）〉的名稱。根據分篇情況來看，甲篇有竹簡十九枚，五百一十九字，乙篇有竹簡六枚，一百四十字。總計竹簡二十五枚，六百五十九字。完簡簡長爲四二·五～四二·八公分，有編線三道。不滿三十公分的殘簡很多，從編線的位置、字體和內容上可以判斷隸屬於同一篇。基於此，釋者對竹簡進行了分篇與編連的工作。

然而爲何要將文獻分爲甲、乙兩篇，釋者並未做出充分的解釋。

根據釋文前面的「說明」，該篇文獻在竹簡簡長與編線位置方面存在兩種不同的情況，但僅從竹簡的照片來看，我們看不出甲篇與乙篇的竹簡形制或編線有何不同。在字體方面，菅本大二先生已經以「行以」二字爲例，撰文指出甲乙兩篇的類似性，[1] 其它像「曰」、「不」、「人」、「之」、「其」、「從政」、「藥（樂）」、「善」等相同筆體的字還有很多。其它戰國楚簡雖然有分篇之例，如郭店楚簡《老子》分爲甲、乙、丙三種，〈語叢〉分爲四篇，但這些竹簡的形制和字體有著明顯的差異，與〈從政〉的情況還是不大相同。

與分篇相關的是，竹簡的編連也存在許多問題。釋文提出甲第六簡下端與甲第七簡上端的斷裂情況一致，故本屬同一簡。包括這一點在內，釋文共指出了以下三處可能的編連情況。[2]

◎「01（完簡）＋02（下殘）」
◎「05（完簡）＋〔06（下殘）＋07（上殘）〕」
◎「乙 01（完簡）＋乙 02（下殘）」

圖 1

如圖 1 所示，06 下端與 07 上端的形狀確實非常一致，可見張光裕先生關於 06 與 07 編連的意見是正確的。

[1] 參照《新出土資料と中國思想史》（《中國研究集刊》別冊，2003 年）所收錄的〈從政〉解題。

[2] 為方便閱讀，〈從政〉的竹簡編號遵從張光裕先生的釋文，但稍做省略，例如甲篇第一簡寫作 01，乙篇第一簡寫作乙 01。

然而關於其它編連意見，竹簡的前後接續性並不明確。實際上我們不得不說〈從政〉全部二十五枚簡的編連上都存在著許多問題。

受此影響，目前對〈從政〉內容上的分析幾乎毫無進展。由於簡文中多次出現「從政」一詞，釋者便以「從政」名篇，而該文獻也確實記述了從政者應銘記的原則。簡文中可以見到「仁」、「義」、「禮」等儒家的德目，因此張光裕先生非常強調該文獻對儒家思想研究的意義，並十分關注它與另一篇同樣記述官員應銘記的原則之文獻——睡虎地秦墓竹簡〈爲吏之道〉之間的關係。

但該文獻與儒家思想有著怎樣的聯繫，它與〈爲吏之道〉在哪些地方上有相似性等問題，目前仍缺少具體的考察。究其原因還是竹簡的編連尚無一個充分合理的解決方案。因此，本文要重新討論〈從政〉的竹簡編連問題，力圖把握文獻的整體面貌。

第一節　竹簡編連的再討論

《上海博物館藏戰國楚竹書（二）》釋文（以下簡稱「釋文」）將本篇文獻分爲甲篇和乙篇，甲篇十九簡，乙篇六簡。但如前所述，我們對甲、乙篇劃分的必然性存疑，而且還有許多簡的前後接續關係不明確。目前已經有很多人提出了針對釋文的意見和疑問，而《〈上海博物館藏戰國楚竹書（二）〉讀本》（季旭昇主編，萬卷樓，2003年。以下簡稱《讀本》）收集了各種針對釋文的說法，綜合討論了編連問題並提供了新的編連方案。其中，〈從政〉是由陳美蘭先生釋讀。

下面我們根據陳先生的整理，重新羅列有關竹簡排序的主要意見：

【張光裕先生釋文】

◎分爲甲篇、乙篇。

◎編連了「01（完簡）+02（下殘）」、「05（完簡）+〔06（下殘）+07（上殘）〕」、「乙 01（完簡）+乙 02（下殘）」三處，其他竹簡的接續情況不明。

【陳劍先生的編連】

◎不採取甲、乙分篇的做法。認可以下三處編連。

◎17（下殘）+18（完簡）+12（下殘）+乙 05（上殘）+11（完簡）

◎15（完簡）+05（完簡）+〔06（下殘）+07（上殘）〕

◎16（下殘）+乙 03（下殘）

【王中江先生的編連】

◎不採取甲、乙分篇的做法。認可以下編連順序。

◎05（完簡）+〔06（下殘）+07（上殘）〕+乙 01（完簡）+乙 02（下殘）

【陳美蘭先生的編連】

◎不採取甲、乙分篇的做法。提出了以下整體編連的意見。

01（完簡）+02（下殘）……03（下殘）……04（下殘）、15（完簡）+05（完簡）+〔06（下殘）+07（上殘）〕……乙 01（完簡）+乙 02（下殘）……08（完簡）……09（上下均殘）……10（下殘）……13（下殘）……14（下殘）……①16（下殘）+乙 03（下殘）……17（下殘）+18（完簡）+②12（下殘）+乙 05（上殘）③、11（完簡）……④19（完簡，二十九字，有墨釘、留白）+乙 04（下殘）……乙 06（下殘）……

如上所列，在釋文公開後，在〈從政〉竹簡的編連問題上並無支持甲、乙分篇的意見。眾家之說均未考慮甲、乙篇的區別，而是重新討論了編連問題。其中，可謂集大成的是陳美蘭先生的編連意見。[3] 陳先生首先取消了將整篇分成甲、乙兩部分的前提，而探討整篇的拼接狀況。上面是她所提出的編組案。陳先生的編連意見中，下劃線以及括號內的標記內容，都是筆者爲方便討論所加。其中，「完簡」是指沒有缺損的竹簡，「下殘」是指下端殘缺的竹簡，「上殘」是指上端殘缺的竹簡。

陳先生使用了三種符號來標記竹簡的編連狀況，所以我們先要確認一下她所使用的各種符號的含義。「＋」表示兩枚竹簡可以完全拼接。例如 01（完簡）與 02（下殘）、15（完簡）與 05（完簡）都可以完全拼接。其次，「……」表示兩枚簡從文意上看是連續的，但中間存在缺文，無法直接拼接。例如 02 是下端殘缺的簡，肯定無法與其他竹簡直接拼接，但從文意上看則有可能與 03（下殘）連接。同樣地，03（下殘）與 04（下殘）也有連接的可能性。〈從政〉的殘簡很多，因此以「……」標記的編連關係也比較多。但波浪線標記的 17（下殘）與 18（完簡）是個例外。因爲 17 是下端殘缺的竹簡，它與其他簡的連接應該用「……」符號標記，但 17 簡下端僅殘缺了幾公分，約殘兩個字，而這二字是有可能從文意上推斷出來的。最後，「、」號表示前後簡文的文意並不連續，不能連接。04（下殘）與 15（完簡）、乙 05（上殘）與 11（完簡）就屬於這種情況。

---

[3] 在互聯網上還有其他札記類文章被發表，但網上的文章有些稍後會被修改或刪除。因此本文採用參考文獻的方針是，以《讀本》中介紹的文章為基礎，除了讀解文獻時特別參考過的文章之外，其餘網路文章一律不直接採用。

陳先生的編連方案是在綜合眾家之說的基礎上討論得出的，可以說總體上是妥當的。但筆者認為以下四處仍留有問題。

第一是標記為①且加有下劃線的部分。即16（下殘）與乙03（下殘）完全拼接的問題。16簡長二十五．一公分，二十二字，乙03簡長三十六．五公分，三十二字。若兩簡直接拼接，則形成一枚長六十一．六公分、共五十四字的竹簡。而〈從政〉中原有的九枚完簡長度均為四十二．六公分左右，三十五字左右，因此直接拼接16與乙03物理上似不可能。筆者認為16的下端殘缺約十個字，可以將16當作獨立的一枚簡，而乙03則作為另一枚獨立的簡，接於其後。

圖 2

第二是標記為②且加有下劃線的部分。即12（下殘）與乙05（上殘）是否能完全拼接的問題。這兩枚簡從簡長和文意上看，拼接的可能性都很高，因此完全拼接基本上是妥當的。但如圖2所示，12下端與乙05上端的斷裂形狀並不一致。這與06和07的斷裂形狀完全一致的情況不同，因此也有可能兩簡並不能拼接。但竹簡的殘缺並非全是一次產生，一般先是在編線附近發生較大的斷裂，之後有可能再次發生其他斷裂。因此我們也有必要考慮這兩枚簡的斷裂情形可能是二次斷裂所造成。

第三是標記為③且加有下劃線的部分。即乙05（上殘）與11（完簡）的編連問題。這兩簡從文意上看是可以編連的，但《讀本》卻以「、」（文意上不能接續）標記。「、」有可能是單純的筆誤，但多少讓人產生理解上的困難。

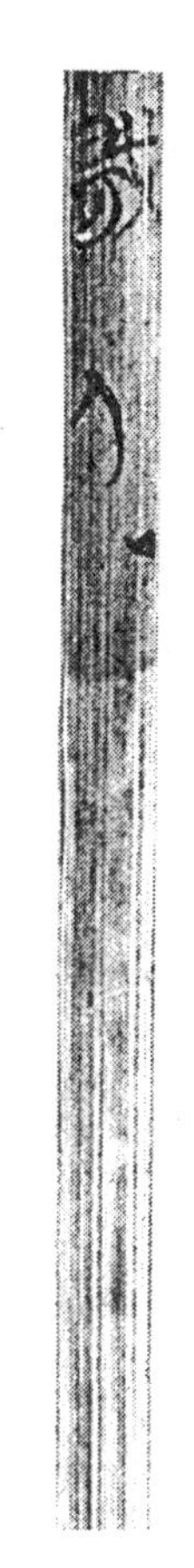
圖 3

第四是標記爲④且加有下劃線的部分。即 19 與乙 04 完全連接的問題。因其涉及戰國楚簡整體，屬於較大的問題，我們需要借助〈從政〉以外的其他文獻來進行討論。

19 是〈從政〉中一枚特殊的竹簡。原因在於墨釘的後面留有空白，如圖 3 所示。19 是完簡，有二十九字，文末打有墨釘，墨釘下面留有七字左右的空白。從目前掌握的情況來看，在戰國楚簡中用來表示句讀與分節的符號大體上分爲墨釘、墨鉤、墨節三類。[4] 其中墨節是橫向貫穿竹簡的較粗的墨線，一般認爲是用來表示篇或章的末尾。與此相對，墨釘和墨鉤是用來表示句讀或章節的區分，但究竟是何種程度的區分現在仍不清楚。我們還不清楚是否墨釘相當於今天的逗號，墨鉤相當於今天的句號，也不清楚爲何每次出現時在形狀上總有微妙的差異。而且這些符號出現的頻率在各個文獻之間、甚至是在同一文獻內都是不同的。

在〈從政〉中作爲停頓符號的墨釘幾乎統一爲楔形而不是方形，有些地方頻繁地使用，而有些從文意上看應該打有墨釘的地方卻反而沒有使用，這使得我們難以整合其使用情形以進行整體的理解。

然而相較之下，我們幾乎可以確定的是停頓符號後面的留白的意義。留白是在其他戰國楚簡中也能見到的現象，留白表示的恐怕就是文意完結，篇、章或整個文獻終止於此之意。以同樣收錄在《上

[4] 參照《新出土資料と中國思想史》(《中國研究集刊》別冊，2003 年）收錄的「書誌情報用語解說」。

海博物館藏戰國楚竹書》第二冊中的〈民之父母〉爲例，其最終簡第 14 簡的開頭第六個字(包含頂端殘缺的一字)的位置上打有墨鉤，之後是留白。〈民之父母〉與《禮記．孔子閑居》內容重複，因此從內容上也可以確定留白處確實是文末。〈子羔〉最終簡第 14 簡的末尾打有墨節，後面是留白。〈魯邦大旱〉的最終簡第 06 簡的末尾也是在墨節下面留有空白。在共計五十三枚簡的長篇文獻〈容成氏〉中雖然看不到文末打有墨釘或其他符號，但第 53 簡的背面寫有「容成氏」，它在被用來表示篇名的同時，還表明第 53 簡是最終簡。

再以《上海博物館藏戰國楚竹書》第一冊所收文獻爲例。由〈緇衣〉與現行本《禮記．緇衣》的關係可以確定竹簡版本的文末位置，而那裡恰好打有墨節，並有留白。〈性情論〉也同樣在文末有墨鉤和留白。而〈孔子詩論〉在開頭的第 01 簡上打有墨節以示與前一篇相區分，但文末由於竹簡殘缺無法確認是否有符號及留白。[5]

再以同書第三冊所收文獻爲例。由於《周易》基本是將一卦的內容分寫在兩枚簡上，而且使用朱、墨兩種顏色的符號共計六種，因此我們暫不考慮這篇特殊形態的文獻。〈彭祖〉與〈從政〉一樣在文末有墨鉤和留白。〈仲弓〉由於殘簡較多，無法確定文末的位置及最終簡。

最後以郭店楚簡爲例，〈緇衣〉最終簡第四十七簡開頭第四個字的位置打有墨釘，下面若干空白之後寫有表示緇衣章數的「二十又三」，再下面是留白，由此可以確定這是文末。〈魯穆公問子思〉是記錄魯穆公與子思、成孫戈之間問答的文獻，從具體的問答內容可以判斷出文末所在，而那裡正有墨節與留白。〈窮達以時〉與〈五

---

[5] 參照福田哲之，〈上海博物館藏戰國楚竹書《子羔》の再檢討〉，收錄於《新出土資料と中國思想史》(《中國研究集刊》別冊，2003 年)。

行〉的文末恰好位於最終簡上靠近下端的位置，因此看起來不是很明顯，但文末仍然有墨釘和一定的留白。〈忠信之道〉與〈尊德義〉中看不到文末的符號與留白，我們推測可能是文末所在的最終簡恰好有殘缺。除此之外，我們還可以舉出的例子是〈唐虞之道〉中存在墨節後有留白的情況，〈成之聞之〉、〈性自命出〉、〈六德〉中存在墨鉤後有留白的情況。此外〈語叢〉與上述文獻稍有不同，它是由短句構成的文獻，但即便如此，〈語叢〉一～四的末尾均有墨釘和留白。《老子》中同樣也有章尾存在墨釘和留白的情況。在甲、乙、丙三種寫本中能夠確定篇末的是甲本和丙本，甲本篇末有玉杓子狀的墨鉤和留白，丙本篇末是方形的墨釘和留白。

如上所述，用來標記文末的墨鉤、墨釘、墨節在使用中出現了多種多樣的情況，而其後的留白現象也是一樣。因此我們應該重視〈從政〉19 簡中的符號與留白情況。張光裕先生將 19 作爲甲篇的末簡，正是因爲他注意到了這一情況。因此即使說甲、乙分篇存在問題，把 19 當作篇末的判斷也還是正確的。與此相對，《讀本》認爲 19 與乙 04 能夠完全連接，這種超越了墨釘與留白、並將 19 與乙 04 開頭的「也」字直接連讀的做法讓人很難理解。筆者希望讀者能夠重視墨釘、留白現象以及 19 作爲〈從政〉全文結尾的可能性。

第二節　重新編連與分節

帶著上述幾個疑點，我們將《讀本》的編連方案稍做調整，得到以下結果。

- 01（完簡）+02（下殘）（+）03（下殘）（+）04（下殘）
- 15（完簡）+05（完簡）+〔06（下殘）+07（上殘）〕（+）乙 01（完簡）+乙 02（下殘）+08（完簡）+09（上下均殘）
- 16（下殘）（+）乙 03（下殘）
- 17（下殘）+18（完簡）（+）12（下殘）（+）乙 05（上殘）+11（完簡）
- 10（下殘）
- 13（下殘）
- 14（下殘）
- 乙 04（下殘）
- 乙 06（下殘）

（以上五簡：前後的接續不明）

- 19（完簡、二十九字、有墨釘、留白）

其中，（+）符號與《讀本》「……」符號類似，表示兩簡之間存在缺文或缺簡，但文意上基本能夠連接。此編連方案大體上確定了四個編連組，並且將 19 放置在篇末。但是仍然有五枚簡無法確定其前後接續，故而不得不暫且將它們放置在末尾的 19 簡之前。

由此看來，雖然我們在文獻整理上稍有進展，但整體編連上仍留有許多問題。那麼對於〈從政〉內容上的討論是否也依然無法推進呢？對此我們需要注意的是這篇文獻在結構上的特色。

〈從政〉最大的特色是以「聞之曰」爲開頭語展開記述。「聞之曰」在〈從政〉中十四見，據此可以將〈從政〉分爲十四節。此外，有些語句雖無「聞之曰」之語，但從內容上可以單獨總結成節，這樣的簡文有四節，因此全文總共可以分爲十八節。

然而節與節之間並非是緊密圍繞著某一思路連續展開的。如後文所述，只有開頭的 01 略帶有總論的特徵；如前文所述，只有 19 能根據墨釘和留白而判斷爲是篇末。除此之外，假如將第三個「聞之曰」所在的節與整段第四節交換，全文也並非不能通讀。可見，各節在「從政」主題下保持著一種平緩柔和的關係。這就如同在《論語》中除了特定的部分，以「子曰」開頭的孔子之語即使彼此間交換位置也不會妨礙《論語》全文的解讀一樣。

這一方面形成了〈從政〉竹簡編連困難的重要原因。而另一方面，雖然無法進行竹簡的整體編連，我們卻能夠以「聞之曰」和內容上的互相關聯爲線索，而由此推測各段的分節。有了對文獻分節的討論，就有充分的可能去展開對〈從政〉思想內容的綜合討論。

第三節　以「聞之曰」分節

首先以「聞之曰」爲依據討論一下〈從政〉內部的分節情況。爲了行文方便，筆者沿用釋文中的竹簡編號，將有「聞之曰」的節分別標以①～⑭的節號並簡要概括各節內容。對原文的釋讀參考了釋文及陳美蘭《讀本》等諸說，同時也有筆者個人的釋讀見解，在解讀上有問題的地方都有所標注。「？」是釋文中未釋的字，「□」是竹簡上所缺之字，「【　】」內的文字是根據文意對缺字所做的補充。「■」表示墨釘。此外在引用諸家見解之時，沒明確標明出處的均爲《讀本》所介紹之說。詳情還請參照《讀本》。

①01 聞之曰：昔三代之明王之有天下者，莫之餘也，[6] 而□取之，[7] 民皆以為義，夫是則守之以信，教 02 之以義，行之以禮也。其亂，[8] 王餘人邦家土地，而民有弗義，□……03 禮則寡而為仁，教之以刑則遂■。

此節對比了三代時期王者的「治世」與「亂世」。竹簡的拼接雖非絕對明確，但基本上可以看作是對比政治狀況之優劣的一節。與其他各節從「從政」者談起不同，這一節是從「三代之明王」說起的，論述的視角稍有差異。若將這一節當作〈從政〉全文的開篇，那麼它應當是在講述〈從政〉的前提或大原則。

在關於「明王」之治世的描述中有「守之以信、教之以義、行之以禮」的說法，在這裡「信」、「義」、「禮」被當成「守」、「教」、「行」的手段。在傳世的儒家文獻中我們也能見到類似的

---

[6] 釋文所釋讀的「餘」字含義不詳（不知是否是統治之外的其餘地方之意）。《讀本》讀為「予」，解釋為三代的明王是因自身的才能與德行而得到天下的，並非由他人給予天下。但從原文中讀不出「因自身的才能與德行」之意。其他可能的釋讀還有「舍」（丟棄、除去）。

[7] 「而□取之」的缺字，周鳳五先生認為其殘筆與第 14 簡的「盡」字相似，但從照片上無法確認。與此句類似的是《墨子・魯問》中「昔者，三代之聖王禹湯文武，百里之諸侯也，說忠行義，取天下。」一句。因此缺字很有可能是修飾「取」字的副詞。

[8] 《讀本》在解讀「其亂、王予人邦家土地」時認為「人」並非一般的人民，而是特定的「親信之人」，由於只將土地給予他們，因此人民將這種行為視為不義。而且《讀本》認為這是與具體的歷史事件（燕王噲的禪讓）相關的記述，並由此推斷出上博楚簡的成書時期是在前 318 年（燕王噲禪讓事件）～前 278 年（楚遷都）之間。另一方面，周鳳五先生、陳偉先生則認為當在「亂王」處句讀，作為與「明王」相對之詞。《墨子・天志下》及〈魯問〉中均有「三代之聖王」與「三代之暴王」相對使用的例子，但「亂王」的詞例在傳世文獻中尚未見到。此外，如果將「餘」讀為「舍」，那麼此句就可以解釋為亂世之王並沒掌握全部天下，而是將一部分邦家土地丟棄了。

說法。例如，《禮記・文王世子》有「是故聖人之記事也，慮之以大，愛之以敬，行之以禮。」《左傳・隱公三年》有「石碏諫曰：『臣聞愛子、教之以義方。』」《左傳・昭公六年》有「昔先王議事以制，不為刑闢，懼民之有爭心也，猶不可禁御，是故閑之以義，糾之以政，行之以禮，守之以信，奉之以仁。」等等。

02與03的連接雖然只是假定，但如果兩簡相連，那麼它記述的應該是與前面相反的「亂」的狀態，也就是使用錯誤手段時的情況。文末的「教之以刑則遂」[9] 是說如果用「刑」作爲「教」化的手段，人民就會千方百計逃脫刑法。釋文認爲《論語・爲政》的「子曰：道之以政，齊之以刑，民免而無恥。」與簡文「教之以刑」相近。另外《禮記・緇衣》中也有類似的說法：「子曰：『夫民教之以德，齊之以禮，則民有格心；教之以政，齊之以刑，則民有遯心。』」

②03 聞之曰：善人，善人也，是以得賢士一人，一人舉……04 四鄰。失賢士一人，謗亦反是。是故君子慎言而不慎事。

此節敘述了「善人」起用「賢者」的重要性。首先簡文作出了「善人，善人也」的定義。也就是說「善人」是能夠看到他人的能力、給予很高評價並起用他人的人。於是「善人」的這種行爲最終會影響到「四鄰」。竹簡在這裡殘損了約十公分，缺六～七個字，我們推測這裡記述的是有關「善人→賢士」與「四鄰」之間相聯繫的理論。相反，當「失賢士一人」之時則「謗亦反是」[10]，就是說如果

[9] 釋文將隸定為「述」的字解釋為「遂」，但陳偉先生及《讀本》都讀為「逐」，解釋為利用法律的漏洞追逐利益。本文從釋文說法。

[10] 釋文讀為「防亦反是」。《讀本》讀為「謗亦反是」，解釋為誹謗也會返諸

沒有起用或是罷免了有才能的賢者，非難之聲就會返諸己身。因此「君子慎言而不慎事」，意爲君子在評價賢者時非常慎重，而在起用賢者時則毫不猶豫。

這裡需要特別注意的是「善人」的定義。釋文指出《論語·子路》有「子曰：『善人為邦百年，亦可以勝殘去殺矣。』誠哉是言也！」、「子曰：『善人教民七年，亦可以即戎矣。』」等詞例。《論語》中除這兩處之外，〈述而〉：「子曰：『聖人，吾不得而見之矣；得見君子者，斯可矣。』子曰：『善人，吾不得而見之矣。得見有恆者，斯可矣。亡而為有，虛而為盈，約而為泰，難乎有恆矣。』」〈先進〉：「子張問善人之道。子曰：『不踐跡，亦不入於室。』」亦有此詞彙。

雖然在《論語》中幾見「善人」，但本節做出的「善人」定義卻很獨特。〈子路〉的「善人」從內容上看是指爲政者，但沒有提到與起用賢人相關的內容。[11] 〈述而〉的「善人」是與「聖人」相對出現的，且均謂「吾不得而見之矣」，就是說「善人」也是難以得見的，在這一點上它與「聖人」是相同的。〈先進〉雖然沒有提及聖人，但認爲「善人」並非單純重蹈前人足跡之人。[12]

③05 聞之曰：從政，敦五德■、固三誓■、除十怨■。五德：一曰寬■，二曰恭■，三曰惠■，四曰仁■，五曰敬■。君子不寬則無

自身。劉樂賢先生讀為「謗亦隨是」，解釋為誹謗也會隨之而來。本文從《讀本》說法。

[11] 關於〈子路〉的「善人為邦」，皇侃《義疏》將「善人」理解為「賢人」，並提出參與「為邦」的是「諸侯」。關於「善人教民七年」，邢昺疏曰：「此章言善人為政之法也。善人，謂君子也。即，就也。戎，兵也。」雖然將善人當作為政者，但也沒有體現出本節中那樣的理解。

[12] 劉寶楠《正義》謂〈述而〉與〈先進〉的「善人」都是「諸侯」之意。

06 以容百姓■，不恭則無以除辱■，不惠則無以聚民■，不仁
07 則無以行政■，不敬則事無成■。三誓持行，見上卒食。

此節的「從政，敦五德、固三誓、除十怨」指出了「從政」時應該注意的事項有「五德」、「三誓」、「十怨」。「五德」指「寬」、「恭」、「惠」、「仁」、「敬」。「三誓」、「十怨」因爲竹簡的殘缺而無法確認。[13]

「五德」的內容像是折衷了《論語．堯曰》與〈陽貨〉中的相關內容。《論語．堯曰》謂：「子張問於孔子曰：『何如斯可以從政矣？』子曰：『尊五美，屏四惡，斯可以從政矣。』子張曰：『何謂五美？』子曰：『君子惠而不費，勞而不怨，欲而不貪，泰而不驕，威而不猛。』子張曰：『何謂惠而不費？』子曰：『因民之所利而利之，斯不亦惠而不費乎！擇可勞而勞之，又誰怨？欲仁而得仁，又焉貪？君子無眾寡，無小大，無敢慢，斯不亦泰而不驕乎！君子正其衣冠，尊其瞻視，儼然人望而畏之，斯不亦威而不猛乎！』」就是說《論語》的「五美」是「惠而不費」、「勞而不怨」、「欲而不貪」、「泰而不驕」、「威而不猛」，雖然這與〈從政〉的「五德」不同，但卻非常相似。

《論語．陽貨》謂：「子張問仁於孔子。孔子曰：『能行五者於天下，為仁矣。』請問之。曰：『恭、寬、信、敏、惠。恭則不侮，寬則得眾，信則人任焉，敏則有功，惠則足以使人。』」其中提到「五者」是「恭」、「寬」、「信」、「敏」、「惠」，與〈從政〉不同的只有「信」、「敏」。但在〈陽貨〉中，「仁」是能夠實踐五者於天下者，而〈從政〉中的「仁」正如張光裕先生所說的那樣，與其他德目是並列關

[13] 此簡後面應該接續與「十怨」相關的內容。正如《讀本》所說，乙 01 簡「曰犯人之務，十曰口惠而不系……」很有可能是「十怨」的一部分。也就是說在 07 與乙 01 之間應該有「十怨：一曰……，九」這樣的內容。

係，因此這兩處「仁」的地位是不同的。

無論如何，《論語》中以「孔子曰」的形式記述的內容，在〈從政〉中被以「聞之曰」的形式敘述了出來。這一點值得我們大書特書，因爲它是我們討論〈從政〉性質時的重要依據。

④08 聞之曰：從政有七幾：獄則興，威則民不道■，鹵則失眾■，[14] 猛[15] 則亡親■，罰則民逃■，好【刑】09……則民作亂■，凡此七者，政之所殆也。[16]

此節列舉了「從政」之際應該注意的事項——「七幾」。與「從政」的正面要素「五德」、「三誓」相對，「十怨」、「七幾」被當作「從政」的負面因素。「七幾」之中「獄」、「威」、「鹵」、「猛」、「罰」、「好【刑】」可以確認或是推定，[17] 但與 09 編連後由於 09 的上端殘損，第七項內容尚不清楚。

釋文認爲「七幾」是「事物的關鍵」、「事物變化之所由生」，周鳳五先生認爲是「爲政者的七種不當措施」。《讀本》支持釋文的說法，認爲是「七種容易引起危殆的事」。根據《說文解字》中「幾，微也，

[14] 「鹵」字從《讀本》釋讀。「鹵莽」（粗暴、疏忽、粗心）之意。《莊子．則陽》謂：「君為政焉勿鹵莽，治民焉勿滅裂。」關於「失眾」，釋文舉出的詞例是《禮記．大學》：「道得眾則得國，失眾則失國。」

[15] 「猛」字從《讀本》釋讀。

[16] 釋文解釋為「政之所治也。」《讀本》認為「七幾」是影響政治的負面因素，解釋為「所治」則文意不通，故釋讀為「政之所怠也。」周鳳五先生讀為「政之所殆也」。《論語．微子》有「已而！已而！今之從政者殆而！」故本文從周先生之說。

[17] 「好」字後缺字，釋文補「勇」字，陳偉及《讀本》補「型（刑）」字。

殆也。」的解釋，《讀本》認爲此處的解讀取「幾」字原意較好。[18]

⑤09 聞之曰：志氣不至，其事不……

此節記述的可能是作爲「從政」者做事原則的「志氣」的相關內容，但由於竹簡缺損，內容不詳。

⑥【聞之】10 曰：從政所務三■，敬、謙、信，信則得眾■，謙則遠戾，遠戾所以……

此節列舉了「從政」者的義務「敬」、「謙」、「信」。10 的開頭始於「曰」字，「聞之」二字雖不能確認，但我們推測它的前一枚簡（不詳）的末尾當有「聞之」二字。關於「誂」字，釋文指出《說文》云：「誂，相呼誘也。」段注云：「後人多用挑字。」因此認爲其意接近「擇言」、「擇善」。《讀本》認爲如此釋讀會破壞該字與「敬」、「信」的搭配，故讀爲「謙」。本文從《讀本》說法。

⑦11 聞之曰：可言而不可行，君子不言。可行而不可言，君子不行。

此節敘述的是與「君子」的言行相關的內容。「可言而不可行，君子不言。可行而不可言，君子不行。」是說對言行要極爲慎重。類似的語句還見於郭店楚簡〈緇衣〉、上博楚簡〈緇衣〉、《禮記．緇衣》，

---

[18] 釋文還介紹了上博楚簡〈曾子〉（未公開）云：「是故耳目者，心之門也，好惡之幾（機）也。」

且這三處均稱其爲孔子之言。如果照此考慮，〈從政〉中以「聞之曰」的形式記述的內容很有可能也是從孔子處口耳相傳得來的。

⑧13 聞之曰：君子之相就也，不必在近暱樂……

由於竹簡殘損，文意難以理解。但我們推測此節敘述的是「君子」之間不必很親密。此句的釋讀暫且從《讀本》說法，即「君子不必親近狎暱爲樂」。

⑨16 聞之曰：君子樂則治正■，憂則【……】乙 03 復■；小人樂則疑■，憂則昏■，怒則勝■，懼則背■，恥則犯■。

此節敘述的是「君子」及「小人」的「樂」、「憂」等狀況與「治」、「亂」之間的關係。如前所述，《讀本》將 16 與乙 03 直接拼接的做法是有問題的。16 所存文字是「君子樂則治正■、憂則」，後面文字殘缺。而乙 03 爲「復■。小人樂則疑■、憂則昏■、怒則勝■、懼則背■、恥則犯」，共敘述了「小人」的「樂」、「憂」、「怒」、「懼」、「恥」五種狀況。「君子」與「小人」的這些狀況是否一一對應我們尚不清楚，但從文章結構上看很有可能 16 末尾殘缺的就是「樂」、「憂」之外與「怒」、「懼」、「恥」相對應的「君子」的其他三種狀況。陳劍的《上博簡〈子羔〉〈從政〉篇的竹簡拼合與編連問題小議》（《文物》第 5 期，2003 年）已經注意到了這種對應關係，並嘗試將殘缺部分復原爲「君子樂則治政、憂則【□、怒則□、懼則□、恥則】復」。無論如何，16 有十字左右的殘缺，應該在缺文之後再連讀乙 03 的簡文。

⑩18 聞之曰：行在己而名在人，名難爭也。

此節敘述了行爲與伴隨而來的名聲之間的關係。「行在己而名在人，名難爭也。」是說做出任何「行」動其責任都在自「己」，而伴隨「行」動而來的「名」聲、評價則與他「人」有關。因此下一句謂「名難爭」，表達了作者認爲身外的名聲、評價應視爲本與自己無關。

釋文指出郭店楚簡《老子》甲本 05 有「以其不靜（爭）也，古（故）天下莫能與之靜（爭）。」可以作爲「靜」釋讀爲「爭」的根據。筆者贊同這一說法，但需要注意的是本節中「名難爭」的觀點與上述《老子》中的觀點是不同的。

此外，釋文認爲 18（完簡）前後皆無所承，而《讀本》將 12 的「敦行不倦，持善不厭，雖世不識，必有知之」拼接在 18 之後。筆者也認爲這樣拼接的可能性很高，拼接後兩簡可以完整理解爲君子負責任地行動且不求功名，雖然世人不知君子用心，但定有真正理解君子之人存在。由此還可以聯想到《論語・學而》的「人不知而不慍，不亦君子乎？」

⑪19 聞之曰：行險致命，飢滄而毋會，從事而毋訟，君子不以流言傷人■。〔以下留白〕

此節敘述了與「君子」的行動相關的內容。「聞之曰」後面的四句中，中間兩句連續出現釋讀困難的字，難以理解其意。第一句是說君子即便冒險也要完成使命，或者是爲了真正有意義的事物甘願付出生命。第四句意爲君子不會以流言傷害他人。如前所述，第四句末尾打有墨釘，之後有留白，可以推斷這是〈從政〉全文的最後一節。

⑫乙20 聞之曰：……

雖然可以確認「聞之曰」，但下文殘缺，內容不詳。

⑬乙03 聞之曰：從政，不治則亂■，治也至則□……

同樣因爲缺文，內容不詳。

⑭乙04 聞之曰：？誨而恭遜，教之勸也。溫良而忠敬，仁之宗【也】。……

此節有難讀字，文意較難理解，但大概是說恭遜的態度是「教之勸」，而「溫良」和「忠敬」則是「仁之宗」。部分內容與《禮記》的〈內則〉、〈祭統〉、〈緇衣〉三篇以及《論語‧爲政》相似。「教之勸」參考《論語‧爲政》：「季康子問：『使民敬忠以勸，如之何？』子曰：『臨之以莊，則敬；孝慈，則忠；舉善而教不能，則勸。』」可以理解爲是一種勸獎人民的教化方式。此外，「溫良」語見《禮記‧內則》：「必求其寬裕、慈惠、溫良、恭敬、慎而寡言者，使為子師。」《禮記‧儒行》：「溫良者，仁之本也。」《論語‧學而》：「子貢曰：『夫子溫、良、恭、儉、讓以得之。夫子之求之也，其諸異乎人之求之與！』」

以上是以「聞之曰」爲依據劃分的十四節及各節內容的概要。不過〈從政〉中還有其他一些可以在內容上歸納成節的部分，我們推測是因爲竹簡的殘損使得這些部分的「聞之曰」無法辨識所致，原本它們也應該是與上述各節一樣獨立成節的。

第四節　其他各節

下面我們就依序列出無法辨識「聞之曰」的各節內容。

⑮14 有所有餘而不敢盡之，有所不足而不敢弗【勉】。

此節敘述了應對過與不足時的心理態度。「有所有餘而不敢盡之、有所不足而不敢弗勉」是說富餘時亦不能大意，不足時則必須要努力。釋文認爲該簡的前後接續不詳，並指出釋讀可以參考《左傳．成公九年》：「君子曰：『恃陋而不備，罪之大者也；備豫不虞，善之大者也。莒恃其陋，而不修城郭、浹辰之間，而楚克其三都，無備也夫！詩曰：『雖有絲麻，無棄菅蒯；雖有姬姜，無棄蕉萃。凡百君子，莫不代匱。』言備之不可以已也。』」《讀本》認爲該段簡文即陳偉先生所引用的《禮記．中庸》：「庸德之行，庸言之謹，有所不足，不敢不勉，有餘不敢盡。言顧行，行顧言。」至於簡末的缺字，筆者認爲根據與前句的對應關係以及〈中庸〉的用例，很可能是「勉」字。

⑯15 毋暴、毋虐、毋賊、毋貪。不修不武，謂之必成則暴。不教而殺則虐■。命無時，事必有期則賊■。為利枉 05 事則貪■。

此節敘述的是作爲「從政」者應該避免的行爲。「毋暴、毋虐、毋賊、毋貪」列舉了「暴」、「虐」、「賊」、「貪」四者，並加以「不修不武，謂之必成則暴。不教而殺則虐。命無時，事必有期則賊。為利枉事則貪。」的說明。

由此我們聯想到《論語・堯曰》的「四惡」。〈堯曰〉透過與子張問答的形式，提出了：「子張曰：『何謂四惡？』子曰：『不教而殺，謂之虐；不戒視成，謂之暴；慢令致期，謂之賊；猶之與人也，出納之吝，謂之有司。」但〈從政〉與〈堯曰〉的「暴」、「虐」順序相反。而且〈從政〉沒有〈堯曰〉中的「有司」一詞，而是與前幾句一樣，以一個「貪」字結句。可以說〈從政〉與〈堯曰〉之間是有一些微妙的差異存在。語法上，〈堯曰〉在說明「四惡」的內容時，前三句採用統一句式「～謂之○」，只有第四句使用「有司」一詞打破了這一句式。另一方面，〈從政〉中四句均採用統一句式「～則○」，但第一句「不修不武，謂之必成則暴」卻在「～則○」的句式中插入了「～謂之○」的句式。

⑰【先】17 人則啟道之，後人則奉相之，是以曰君子難得而易使也。其使人器之■。小人先之，則絆敔之。【後人】18 則暴毀之，是以曰小人易得而難使也。其使人必求備焉■。

此節對比了「君子」與「小人」。此處以「是以曰」形式記述的內容同樣見於《論語・子路》，但二者之間有一個很重要的不同點，它關係到〈從政〉的編纂目的，筆者將在下一章集中討論這個問題。

⑱乙 05 君子強行，以待名之至也。君子聞善言，以改其 11 言，見善行，納其身焉，可謂學矣■。

此節敘述的是「君子」的「名」與「學」。「君子強行，以待名之至」與前面第⑩節表達了相同的主旨。「君子聞善言，以改其言，見善行，納其身焉，可謂學矣。」[19] 表達了吸取他人善言、善行從而改變自身的重要性。此節的特色在於定義了「學」是指向他人學習的既有彈性又謙虛的態度。

結語

以上我們討論了上博楚簡的竹簡編連與分節問題。在編連方面，我們對《讀本》的成果稍做調整，並提出了關於 19 簡的不同處理意見。關於在戰國楚簡中出現的各種符號的意義雖尚有許多不明之處，但符號與留白的組合，其意義基本上是明確的。在〈從政〉中有墨釘與留白的 19 簡應該作爲全文的最終簡更爲妥當。

在分節方面，我們以「聞之曰」爲依據明確劃分了十四節，此外還可以判斷出因竹簡殘損而無法辨識「聞之曰」，但從內容上可以獨立歸納成節的四段簡文。據此，〈從政〉應該是一篇至少由十八節內容構成的文獻。然而這些節並非是圍繞一個嚴密的思路展開的，而是在「從政」的主題下保持著平緩的關係。

此外，由於竹簡的殘損，各節的長度尚不能準確確定，但大概爲數十字左右。也就是說〈從政〉雖然是由多節構成，但並非郭店楚簡〈語叢〉那樣的短文集合體。然而它也不是那種展開長篇大論，在各節內部再以問答形式插入議論的文獻。這

[19] 釋文認為 11 開頭部分的句讀為「言見善行，納其……」，但並未將乙 05 與 11 編連。考慮到與乙 05 的編連，筆者認為應該在「言」的後面句讀。

是因爲「聞之曰」這種貫穿全文的聽寫體裁適度的限制了各節的質與量。

而在內容方面需要我們關注的是什麼呢？那就是文獻所表達的，要求理想的「從政」者應該表現得像個「君子」這一觀念，以及文獻中出現的與《論語》、《禮記》等儒家傳世文獻中所見孔子言論相似的語句。當然，所謂「君子」、「從政」，其內涵都是非常廣泛的，而且與孔子言論的相似性也需要慎重討論。關於這些問題，筆者將在下一章繼續討論。

第五章

〈從政〉與儒家的「從政」

序言

上博楚簡〈從政〉因礙於分篇及竹簡編連等問題，有關其內容方面的討論幾乎毫無進展。筆者在前章中重新討論了這些問題。根據前章的探討，〈從政〉是由至少十八節內容構成、沒有劃分成甲、乙兩篇的必然性；釋文編作甲 19 的簡很可能是〈從政〉全文的末簡；以及各節中引用了與《論語》、《禮記》等傳世儒家文獻中孔子言論相近的內容。

本文將在上述研究結果的基礎上進一步探討〈從政〉的編纂目的及其於思想史上的意義。其中特別需要注意的是，文獻的作者將理想的「從政」者以「君子」這個辭彙來稱呼。若是如此，〈從政〉所認爲的理想的「君子」、「從政」者究竟是怎樣的人物呢？此外，〈從政〉與同樣記述了官員應銘記的原則的睡虎地秦墓竹簡〈爲吏之道〉之間有相似的地方，因此有必要對二者進行對比討論。

以下爲了方便討論，〈從政〉的竹簡編號遵從《上海博物館藏戰國楚竹書（二）》（馬承源主編，上海古籍出版社，2002 年）所收之張光裕先生釋文（以下簡稱《釋文》），但稍做省略，如甲第一簡略作 01，乙第一簡略作乙 01。對原文的釋讀參考了釋文及《〈上海博物館藏戰國楚竹書（二）〉讀本》（季旭昇主編，萬卷樓，2003 年。以下簡稱《讀本》。其中，〈從政〉是由陳美蘭先生釋讀）等諸說，同時也加入了筆者個人的意見。釋讀有問題之處均有所標注。「？」是釋文中未釋之字，「□」是竹簡上的缺字，「【 】」內的文字是針對缺字所做的補字。墨釘、重文符等符號省略。

第一節 「君子」與「從政」

首先我們要探討文獻中出現的「君子」、「從政」者主要是指什麼樣的人。文獻中有以下八處出現了「君子」。

①03 聞之曰：善人，善人也，是以得賢士一人，一人舉……04 四鄰。失賢士一人，謗亦反是。是故君子慎言而不慎事。

②05 君子不寬則無 06 以容百姓。

③11 聞之曰：可言而不可行，君子不言。可行而不可言，君子不行。

④乙 05 君子強行，以待名之至也。君子聞善言，以改其 11 言，見善行，納其身焉，可謂學矣。

⑤13 聞之曰：君子之相就也，不必在近暱樂……

⑥16 聞之曰：君子樂則治正，憂則【……】乙 03 復。

⑦17 是以曰君子難得而易使也。

⑧19 君子不以流言傷人。

其中①是從「善人、善人也」的「善人」定義說起，而終止於「是故君子慎言而不慎事」，因此可以認爲「善人」與「君子」基本上爲同義。該句的意思是說「善人」、「君子」對評價他人之「言」非常慎重，而在起用賢者時又非常果斷。可見這一說法的前提是「善人」、「君子」必須處於能參與國政、起用「賢者」的地位。筆者在上一篇文章中列舉的《論語》中的詞例也表明「善人」並非單純指善良之人，而是可以理解爲把持國政的爲政者。

「君子」的性質也可以由②的「君子不寬則無以容百姓」窺見一斑。這裡的「君子」並非單純指人格高尙之人，而是被描述成與統治百姓有很大關係的人。⑥由於竹簡殘損難以得知簡文完整的含義，但從「君子樂則治正」依然可以看出君子「樂」的精神狀態與恰當的統治之間直接相關。

文獻中出現「從政」一詞的有以下四處。

- 05 聞之曰：從政，敦五德、固三誓、除十怨。五德：一曰寬，二曰恭，三曰惠，四曰仁，五曰敬。君子不寬則無 06 以容百姓，不恭則無以除辱，不惠則無以聚民，不仁 07 則無以行政，不敬則事無成。三誓持行，見上卒食。
- 08 聞之曰：從政有七幾：獄則興，威則民不道，鹵則失眾，猛則亡親，罰則民逃，好【勇】09……則民作亂。凡此七者，政之所殆也。
- 【聞之】10 曰：從政所務三，敬、謙、信。信則得眾，謙則遠戾，遠戾所以……
- 乙 03 聞之曰：從政，不治則亂，治也至則□……

這四處的共同點是，將「從政」的要點概括爲「五德」、「七幾」、「三」等進行論述，並且認爲這些對人民的支持與國政之是非都有重大的影響。也就是說與上面的「君子」一樣，這些要點並非是單純敘述「從政」者的內在德性，而是同時告訴我們如果「從政」者能夠實踐這些要點就可以「容百姓」、「聚民」、確實地進行行政、成就一番事業等等。這些例子暗示：這種「君子」、「從政」者絕非行政系統中屬於最基層的吏，而必然是處於能左右國政之地位上的人。由此可見，當時用語上所謂「從政」一詞是帶有相當重大的意義的。

爲了確認這樣理解「從政」是否有問題，我們再來看看傳世儒家文獻中是如何論述「從政」的。首先列舉除《論語》之外的相關資料如下。

①御史掌邦國都鄙及萬民之治令，以贊冢宰。凡治者受法令焉，掌贊書。凡數從政者。(《周禮・春官・宗伯・御史》)

②凡三王養老，皆引年。八十者，一子不從政。九十者，其家不從政。廢疾非人不養者，一人不從政。父母之喪，三年不從政。齊衰大功之喪，三月不從政。將徙（徒）於諸侯，三月不從政。自諸侯來徙家，期不從政。(《禮記・王制》，〈內則〉也有與此相近的內容。)

③三年之喪，祥而從政。期之喪，卒哭而從政。九月之喪，既葬而從政。小功緦之喪，既殯而從政。(《禮記・雜記下》)

④伍參言於王曰：「晉之從政者新，未能行令。」(《左傳・宣公十二年》)

⑤從政一年。(《左傳・襄公三十年》)

⑥子產之從政也，擇能而使之。馮簡子能斷大事。(《左傳・襄公三十一年》)

⑦我先君穆公之冑，子良之孫，子耳之子，敝邑之卿，從政三世矣。(《左傳・昭公七年》)

⑧王曰：「歸，從政如他日。」(《左傳・昭公二十年》)

⑨季孫曰：「子家子亟言於我，未嘗不中吾志也。吾欲與之政，子必止之，且聽命焉。」(《左傳・定西元年》)

⑩天王使仍叔之子來聘。仍叔之子者何？天子之大夫也。其稱仍叔之子何？譏。何譏爾？譏父老，子代從政也。(《公羊傳・桓公五年》)

⑪冬、曹伯使其世子射姑來朝。諸侯來曰朝。此世子也，其言朝何？春秋有譏父老，子代從政者，則未知其在齊與？曹與？(《公羊傳・桓公五年》)

①是《周禮》的用例，敘述了官僚從「公卿」以下直至「胥徒」均爲「從政者」。鄭注云：「自公卿以下至胥徒凡數，及其見在空缺者。鄭司農讀言掌贊書數。書數者經禮三百、曲禮三千，法度皆在。玄以為不辭，故改之云。」可以說「從政者」包括的範圍相當廣泛。

②是《禮記》的用例，敘述了從卿大夫到庶人凡遇「養老」、「喪」、「徙遷」的情況均「不從政」。孔穎達疏云：「此一節明養致仕老及庶人老給賜之事，各依文解之。」；「將徙至從政，此謂大夫采地之民，徙於諸侯為民。以其新徙，當須復除。但諸侯地寬役少，為人所欲，故惟三月不從政。」；「自諸侯來徙於家，謂諸侯之民，來徙於大夫之邑。以大夫役多地狹，欲令人貪之，故期不從政。」而在③中也同樣敘述了士大夫在喪中「不從政」。

從④到⑨是《左傳》中的用例。首先④講述的是楚王寵臣伍參在向楚王的進言中提到敵國（晉）的「從政者」是新人，下達的命令得不到徹底的執行。這一情景中的「從政者」實際上是指晉中軍將領荀林父。

⑤是與鄭國子產相關的內容，講述的是子產執政一年。⑥同樣是講述子產從政的內容。並且將起用能人作爲「從政」的具體內容而給予了很高的評價。⑦是子產講述良霄（伯有）家世，說明了良霄是鄭國三代世「卿」的「從政」世家出身。

⑧講述的是楚平王命令奮揚的城父司馬返回城父之地，像往日一樣執政。⑨是舉魯國季孫（季平子）之言，意謂與子家子（子家羈）共同參政。

⑩是《公羊傳》的用例，批判「仍叔之子」代「父老」「從政」，因爲他是「天子的大夫」。⑪也表達了相同的思想。

如上所列，在傳世儒家文獻中能見到很多「從政」之語。它們的意思主要是指從事政務，但卻涉及到多種等級的「從政」者。其特點則是，對這些文獻的作者而言，「從政」者主要是國家重臣和處於世襲地位的人。具體來說，像鄭的子產、鄭的良霄（伯有）（世卿門第）、楚的城父司馬奮揚、魯的子家子（子家羈）等人，他們並非王或君主，但卻被描述成直接參與國政、對國家發展有巨大影響力的從政者。

當然，也不是說沒有與這些用例含義不同的情況。例如《詩經．國風．召南．殷其雷》的詩序中有：「殷其雷，勸以義也。召南之大夫遠行從政，不遑寧處，其室家能閔其勤勞，勸以義也。」在這首等待出門的丈夫歸來的婦人的詩中，「召南之大夫」是去「遠行從政」的。《集傳》云：「婦人思念其服役在外的丈夫。」也就是說「從政」

的意思是從事賦役，因此這個用例可以作爲例外。再如《禮記·哀公問》中有「公曰：『敢問何謂為政？』孔子對曰：『政者正也。君為正，則百姓從政矣。君之所為，百姓之所從也。君所不為，百姓何從？』」，「從政」之意爲「百姓」服從君主的政治統治，因此這個用例也應作爲例外，畢竟百姓是不可能執政的。

那麼與上博楚簡〈從政〉相似之處最多的《論語》，其中的「從政」又是以怎樣的面貌出現的呢？

①季康子問：「仲由可使從政也與？」子曰：「由也果，於從政乎何有？」曰：「賜也可使從政也與？」曰：「賜也達，於從政乎何有？」曰：「求也可使從政也與？」曰：「求也藝，於從政乎何有？」（〈雍也〉）

②子曰：「苟正其身矣，於從政乎何有？不能正其身，如正人何？」（〈子路〉）

③子貢問曰：「何如斯可謂之士矣？」子曰：「行己有恥，使於四方，不辱君命，可謂士矣。」曰：「敢問其次。」曰：「宗族稱孝焉、鄉黨稱弟焉。」曰：「敢問其次。」曰：「言必信，行必果，硜硜然小人哉（也）！抑亦可以為次矣。」曰：「今之從政者何如？」子曰：「噫！斗筲之人，何足算也。」（〈子路〉）

④楚狂接輿，歌而過孔子曰：「鳳兮！鳳兮！何德之衰？往者不可諫，來者猶可追。已而！已而！今之從政者殆而！」孔子下，欲與之言，趨而辟之，不得與之言。（〈微子〉）

⑤子張問於孔子曰:「何如斯可以從政矣?」子曰:「尊五美,屏四惡,斯可以從政矣。」子張曰:「何謂五美?」子曰:「君子惠而不費,勞而不怨,欲而不貪,泰而不驕,威而不猛。」子張曰:「何謂惠而不費?」子曰:「因民之所利而利之,斯不亦惠而不費乎!擇可勞而勞之,又誰怨?欲仁而得仁,又焉貪?君子無眾寡,無大小,無敢慢,斯不亦泰而不驕乎!君子正其衣冠,尊其瞻視,儼然人望而畏之,斯不亦威而不猛乎!」子張曰:「何謂四惡?」子曰:「不教而殺,謂之虐;不戒視成,謂之暴;慢令致期謂之賊;猶之與人也,出納之吝,謂之有司。」(〈堯曰〉)

①是魯之家老季康子向孔子詢問子路、子貢、冉求(子有)三人是否適合從政,孔子評價說三人均可「從政」,理由是子路「果(果斷)」、子貢「達(通達道理)」、子有「藝(才能豐富)」。其中,冉求與子路在「孔門十哲」的「政事」方面很有名,顯然政治能力很高。

關於這裡的「從政」一詞,朱子《集注》云:「從政,謂為大夫。」張自烈《四書大全辨》亦云:「為政者君,執政者卿,從政者大夫也。」這個問題我們將在討論「從政」的類緣概念「爲政」時,再加以分析。

②是孔子講述「從政」之際先正己身的重要性。正如邢昺疏所云:「正義曰:此章言政者正也。欲正他人,在先正其身也。苟誠也,誠能自正其身,則於從政乎何有?言不難也。」這是針對處於「正他人」立場上的執政者而言的。

在③中，子貢先以「何如斯可謂之士矣？」詢問有關「士」的情況，之後繼續詢問了「士」等級之下的「其次」者的情況，最後問到了「(今之) 從政者」的情況。孔子回答第一個問題時說「行己有恥，使於四方，不辱君命。」可見孔子認爲作爲「士」的「從政」者原本應該是能承擔重大責任之人。而被孔子評價爲「何足算也」的「今之從政者」，朱子《集注》謂：「蓋如魯三家之屬。」

④是楚狂人「接輿」對懷有執政意願的孔子提出「今之從政者殆而」的揶揄之詞。

⑤是〈堯曰〉中的一節，由子張與孔子的問答構成。針對子張「何如斯可以從政矣？」的問題，孔子答曰：「尊五美，屏四惡，斯可以從政矣。」孔子所設定的「從政」條件相當高，但正如前文所述，這正是我們所關注，與上博楚簡〈從政〉相似的一段內容。通過「五美」第一個要素的解說之詞「因民之所利而利之，斯不亦惠而不費乎？」可以看出，這裡的「從政」關注的仍然是統治人「民」。而《論語義疏》謂：「言為政之道，能令民下荷於潤惠，而我無所費損，故云惠而不費。」關於「四惡」的注解是：「為政之道必先施教。教若不從，然後乃殺。」這些都是將「從政」換言「爲政」後所做的注釋。

〈堯曰〉還使我們聯想起有關「古論語」篇次的舊說。在魯論語、齊論語、古論語之中，古論語據說是將原本〈堯曰〉後半部分「子張問」以下的內容獨立爲〈子張問〉而形成的共計二十一篇的論語。[1] 而邢昺疏云：「如淳曰：『分堯曰篇後子張問，何如可以從

[1] 《論語注疏》中，邢昺疏云：「正義曰：此辨三論篇章之異也。齊論有〈問王〉、〈知道〉，多於魯論二篇，所謂齊論語二十二篇也。古論亦無此〈問王〉、〈知道〉二篇，非但魯論無之，古論亦無也。古論亦無此二篇，而分〈堯曰下章〉

政以下為篇名，曰從政。其篇次又不與齊魯論同。』新論云：『文異者四百餘字。』」可見〈堯曰〉的後半部分也曾被稱作「從政」篇。「從政」對儒家來說是極爲重要的概念，其意義足以使其成爲《論語》中的一篇。

在這裡我們還要注意一下「從政」的類緣概念「爲政」。如前文所述，《論語義疏》在注釋中將「從政」換言爲「爲政」。在從事政治這一點上，可以說「從政」與「爲政」基本同義。

《論語．爲政》有孔子曰：「為政以德。」又有人以「子奚不為政？」嘲諷孔子。〈子路〉中子路問曰：「衛君待子而為政，子將奚先？」〈顏淵〉中孔子在回答季康子有關政治的提問時說：「子為政，焉用殺？」若將這幾處「爲政」換爲「從政」，文意也不會有太大的不同，因爲在表達參與國政的意思時，兩詞概念相似。

但如果硬要區分二者之不同，那麼其差異就在於「爲政」有時特別用於掌握國家實權的執政者。對於爲政篇的用例，荻生徂徠《論語徵》謂：「為政，秉政也。」基本將「爲政」作爲「執政」的同義詞。在〈子路〉的用例中，「爲政」的主體是衛國君主，在〈顏淵〉中則是掌握魯國實權的家老季康子。

此外，在前文有關〈雍也〉對「從政」的解說中，有一種看法認爲「爲政」與「從政」的不同在於執政者的身份差別，「爲政」者爲「君主」，「從政」者爲「大夫」。然而兩者的區別是否單純在於身份的差別，特別是「從政」者是否特指「大夫」，這些問題從前面《左傳》的用例來看多少讓人有些疑問。我們應該特別留意的是「爲政」者是指君主，或者說是事實上的執政者。

〈子張問〉以為一篇，有兩〈子張〉，凡二十一篇。」

從《左傳》中列舉這種「爲政」的用例的話，關於齊公有「不順懿公之為政也。」(〈文公十四年〉) 此外還有作爲「爲政」者的「范宣子」(〈襄公二十四年〉)、「趙文子」(〈襄公二十五年〉) 等例。而鄭之子產在前面已經作爲「從政」者被提及，但另一方面，他也有被當作「爲政」者的情況。在襄公三十年條中，鄭子皮將國政「授」與子產，子產一度推辭，後受之，《左傳》記作「爲政」。子產並非鄭之君主，但鄭子皮將國政委托給他，他就可以作爲事實上的最高責任者來執政。子產在臨終之前，對預想中的下任執政者子大叔說：「我死，子必為政。」(〈昭公二十年〉)。

在定公七年條中，有記述陽虎掌握齊國實權的「陽虎居之以為政。」陽虎是仕於魯季平子的大夫，叛亂後逃至齊國。他非君非卿，是個篡奪權力者，憑借武力一時掌握了政權，實現了對國政的實際操縱，因此謂之「爲政」。

綜上所述，身份是君主、卿、大夫還是篡權者都另當別論，「爲政」與「從政」的不同就在於它有時用來描述在事實上掌握國政的執政行爲。當然，也有像子產那樣既謂其「從政」又謂其「爲政」而無法明確區分二者的情況。然而，前面那些「爲政」的用例卻是我們在考察「從政」含義時的一條線索，進一步說，它們也是我們思考上博楚簡〈從政〉爲何不使用「爲政」而使用「從政」一詞時的重要指標。

關於這一點我們已經重新做出了綜合性的判斷，下面則要對與〈從政〉有關聯的睡虎地秦簡進行一番考察。

第二節　睡虎地秦墓竹簡中的「吏」

一九七五年發現的睡虎地秦墓竹簡是使秦統治的實際狀況得以公諸於世的重要資料，目前已經積累了大量的研究成果。筆者也曾根據秦律的內容分析了秦的法治理念，另一方面也曾通過對〈語書〉、〈爲吏之道〉的分析探討過秦的法治思想與其基層統治間的關係問題。[2]

其中，與〈從政〉具有類似性的〈爲吏之道〉是一篇基本以四字一句的形式總結爲吏心得的文書。文獻共計五十一枚簡，全文分爲五段書寫。讀者要從第一簡第一段開頭的「●凡爲吏之道」讀起，由此從右向左讀完第一段之後，再回到第一簡第二段的位置，再從右向左讀。[3] 以下同樣需要將視線依次移到第三段、第四段、第五段。文末位於第 37 簡的第五段。從這種書寫形態我們推測，〈爲吏之道〉可能是出於揭示或背誦等用途的考慮而撰寫的。

〈爲吏之道〉在內容方面稍爲複雜。與同時發現的〈語書〉相比，〈語書〉是南郡太守的布告之文，內容是針對貫徹秦之法治所做的指示，而〈爲吏之道〉的基本性質卻有屬於法家或屬於儒家等不同意見。在這種背景下，我們應該超越內容上的分歧，不能單純以屬於法家或屬於儒家的觀點來看待這篇文獻。

其中，被看作儒家性質的內容可以舉出以下幾例。[4]

---

[2] 參見本書第十章〈秦的法思想〉。

[3] 中途有幾處「●」符號，表示句的開頭。

[4] 以下引用睡虎地秦墓竹簡時遵照《睡虎地秦墓竹簡》（文物出版社，1990年），並參照《睡虎地秦墓竹簡》的釋文和注釋，同時也有筆者的釋讀意見。文末（ ）內的數字表示竹簡的段落與編號。例如（二 06～12）表示第二段第 6 簡到第 12 簡。

- 吏有五善：一曰忠信敬上，二曰清廉毋謗，三曰舉事審當，四曰喜為善行，五曰恭敬多讓。五者畢至，必有大賞。（二 06～12）
- 吏有五失：一曰誇以泄，二曰貴以泰，三曰擅裚割，〔……〕五曰非上，身及於死。（二 13～32）

這裡作爲吏之「五善」的「忠信」、「恭敬」等詞確實讓人聯想到儒家的德目，但其內容卻不能斷言屬於儒家性質。如果考慮與「五失」的對應關係，倒不如說它們是統一於法家中央集權思想之下的。理由是「五善」、「五失」最終被歸結爲「五者畢至、必有大賞」、「身及於死」等信賞必罰的思想。因而「忠信」、「恭敬」等也非作爲儒家德目而被標舉，而是作爲實現信賞必罰功能的指標被提出的。

涉及到儒家德目的還有下面這節。

> 君懷臣忠，父慈子孝，政之本也。志徹官治，上明下聽，治之紀也。（二 46～49）

然而，能否說這一段單純屬於儒家思想還是個問題。在這節中，看上去是儒家性質要素的作爲「政之本」的「君懷臣忠，父慈子孝」，與近似法家思想功能性要素的作爲「治之紀」的「志徹官治，上明下聽」統合在一起。也就是說，這一段並非是簡單地將各種思想拼湊在一起，而是有意識地把兩種要素折衷在同一個邏輯中。

如此看來，雖然在〈爲吏之道〉中也能見到乍看像是儒家言論的內容，但與〈從政〉相比，兩者的差異還是很明顯的。〈爲吏之道〉

中被看作屬於儒家思想的終究只有「忠信」、「恭敬」等一部分內容，何況它們還是被包含在信賞必罰的邏輯之中。與此相對，〈從政〉與《論語》、《禮記》等傳世儒家文獻在內容上卻極爲相似。其中酷似孔子言論的話語是以「聞之曰」的形式記述下來的，而且還提出了「從政」者的理想形態是「君子」。通過這些可以說明，〈從政〉與〈爲吏之道〉的編纂意圖明顯不同。

另一方面，〈爲吏之道〉中存在一些〈從政〉中所沒有的要素。

> 治則敬自賴之，施而息之，寧而牧之。聽其有矢，從而則之，因而征之，將而興之，雖有高山，鼓而乘之。（四 14～23）

這是〈爲吏之道〉中表現道家思想的部分。如果我們只取其中「施而息之，寧而牧之」的部分來看，可以說它反映了道家思想對人民的關懷及其柔軟性對策。然而還是有必要對上下文整體稍做考量。雖然前半部分敘述的確實是傾向人民的柔性對策，後半部分卻以「雖有高山，鼓而乘之」、「興之必疾，夜以接日」（四 32～33）表達了必須以嚴格的態度使役教化後的人民。就是說從這一段中，我們可以窺見基層統治由柔到剛階段性推進的思想。

除此以外，同樣被看作是道家思想的內容還有「除害興利，慈愛萬姓」（一 50～51）、「變民習俗」（三 40），這種對共同體習俗的關懷也並非單純是道家「柔弱」思想的表達，說到底它很可能是以貫徹法治爲最終目標的統治術的一種。

進一步看，〈爲吏之道〉中還有與人民、地域社會之間的關係以及對所轄地區周邊環境之注意點相關的部分。〈從政〉雖然也有從大局上談及「民」的情況，但〈爲吏之道〉給人的印象是其視野始終限定在統治者的立場上。例如「審知民能，善度民力。」（一18～19）是說要正確把握人民能力的實態，這雖然類似於〈從政〉中「善人」的態度，但性質有所不同。〈爲吏之道〉所要把握的終究是所轄之「民」的實態，而非應當起用的賢者隱士之才能。

再者，在所提到的應該留意的周邊環境中，雖說也有「城郭官府」（三08）等與中央政府機關相同性質的場所，但大部分是「門戶關鑰」（三09）、「阡陌津橋」（三14）、「倉庫禾粟」（三20）、「水火盜賊」（三25）、「衣食飢寒」（三31）、「畜產肥胔」（三35）等以基層統治現場爲前提的場所。總而言之，〈爲吏之道〉尋求的是在統治現場的爲吏方式，尤其是如何在占領地上緩和政策上的摩擦。而這些傾向在〈從政〉中是看不到的。

的確，正如張光裕先生所說，〈從政〉和〈爲吏之道〉中均能窺見官員應該慎言這一要素。釋文指出〈從政〉乙01「十曰口惠而不系（只在口頭上施以恩惠，但實際上沒有兌現）」與〈爲吏之道〉「戒之戒之，言不可追。」（四48）同義。另外，〈爲吏之道〉中還有其它表達這一主題的內容，如「慎之慎之，言不可追。」（二35）、「口，關也。舌，機也。一曙失言，四馬弗能追也。」（五29～31）等。然而，這些只不過是在慎言這一點上相同而已，而慎言是官員理所當然應該留意的事情，因此我們還不能憑這一點來說明兩者間有很強的相同性。

釋文所指出的〈從政〉與〈爲吏之道〉的具體相同點就是這一處。雖說同樣是記述官員心得的文獻，然而實際相似性並不是很高。這是因爲兩者設想的官員的級別以及文獻編纂的意圖原本就大不相同。

兩者這種性質上的差異，可以從與〈爲吏之道〉同時出土的〈語書〉中得到證實。〈語書〉是秦王政二十年（西元前227年）四月南郡守騰在轄區發布的文書，其中明確定義了「良吏」、「惡吏」。

- 凡良吏明法律令，事無不能也。又廉潔敦慤而好佐上，以一曹事不足獨治也。故有公心，又能自端也，而惡與人辨治，是以不爭署。
- 惡吏不明法律令，不知事，不廉潔，無以佐上，偷惰疾事，易口舌，不羞辱，輕惡言而易病人，無公端之心，而有冒抵之治。是以善訴事，喜爭署。

由此可知良吏、惡吏的劃分標準是，是否精通法律令、是否遵守吏的本分且沒有越權行爲等等，主要是按照法治主義下的工作態度和實幹能力來劃分。〈語書〉如此定義吏的良、惡，並強調了其重要性，是在表達即使是在統治現場也要確實重視「以吏爲師」（《韓非子．五蠹》）的思想。

然而這種吏終究只是活動於基層統治現場的小吏，而非中央政府機關的高官。〈語書〉在如此定義「吏」的同時，還記述了以下內容。

①今法律令已具矣，而吏民莫用，鄉俗淫泆之民不止。
②令吏民皆明知之，毋至於罪。
③今法律令已布，聞吏民犯法為閑私者不止，私好、鄉俗之心不變。

①認爲法律令雖完備，但統治仍不能貫徹的原因之一在於「吏民」。就是說吏沒有向人民明示秦的法律令，或者是由於吏與人民結爲一體而沒有改良鄉俗。這裡是將「吏民」合在一起當作非難對象的。

於是南郡守騰采取了②那樣的措施，要求吏民徹底地遵守法律令。但即使有這樣的措施，結果仍然像③那樣沒有改善。〈語書〉接下來就發表了掃除「惡吏」的具體指令。

- 今且令人案行之，舉劾不從令者，致以律，論及令、丞。又且課縣官，獨多犯令而令、丞弗得者，以令、丞聞。
- 其畫最多者，當居曹奏令、丞，令、丞以為不直，志千里使有籍書之，以為惡吏。

即由郡向縣派遣視察官以檢舉不正之吏，同時也要追究本應監督該官吏的縣之令、丞。此外，不正前科最多的官吏將作爲縣裡的「不直」之吏通報全郡，並打上「惡吏」的烙印。

由此可見，〈語書〉中的「吏」是會與民勾結甚至做出不正當舉動之人。吏本來是向人民明示秦之法律、並指導其貫徹執行之人，但從官看來，不如說他們和民一樣是應該接受教導的對象。「吏民」一詞正如實反映了這種觀念。這種吏在官民之間更偏向民一側的現象，其原因也在於他們是由當地選拔出來的。從心情上來講，吏是更接近民的存在。因此南郡守騰明確地將吏劃分爲「良」、「惡」兩種，排除「惡吏」本身對於貫徹法治來說是最重要的。

以上我們圍繞著與上博楚簡〈從政〉有關聯的睡虎地秦墓竹簡〈爲吏之道〉進行了討論。〈爲吏之道〉雖說是由諸多要素構成，但基本上是關於在統治現場，爲了讓吏在與「鄉俗」妥協的過程中如何貫徹秦之法治，而將應該留意的一些問題逐條歸納的文獻。所謂「吏」，應該是在現場工作的官員，但按照〈語書〉的觀念，倒不如說是與民勾結在一起的「吏民」。因此必須清楚與〈從政〉所關注的「從政」者之間有著相當的差距。

第三節　儒家的「從政」

那麼，下面我們再回到〈從政〉中的「從政」者以及〈從政〉的編纂目的之問題。

〈從政〉是以「聞之曰」的聽寫體裁進行記述，記述的對象是「從政」者所應銘記在心的原則。而這些內容在其他儒家文獻中，往往是孔子的言論。有時還在敘述「從政」者所應銘記的原則之後，以「是以曰」的方式，記述與《論語》類似的話語。由這些可以看出，〈從政〉基本是以孔子的言論爲主要素材，對儒家自身來說是一篇講述「從政」意義及心理準備的文獻。

但是那些類似的句子也並非完全相同，而是在語句構成或論點上稍有不同。下面我們就分三類討論〈從政〉中的文言與傳世儒家文獻中孔子之言之間的關係。

第一類是在表達上多少有些差異、但可以認定大體上是相同的言辭。

①01 教之以刑則遂。

②11 可言而不可行，君子不言。可行而不可言，君子不行。

③12 持善不厭。

④14 有所有餘而不敢盡之，有所不足而不敢弗【勉】。

⑤15 毋暴、毋虐、毋賊、毋貪。不修不武，謂之必成則暴，不教而殺則虐。命無時，事必有期則賊。為利枉 05 事則貪。

①是講用「刑」作爲「教」化手段是錯誤的。這與《論語．爲政》的「子曰：『道之以政，齊之以刑，民免而無恥；道之以德，齊之以禮，有恥且格。』」或《禮記．緇衣》的「子曰：『夫民教之以德，齊之以禮，則民有格心；教之以政，齊之以刑，則民有遯心。』」相近。

②是說明君子在言行上應該慎之又慎。郭店楚簡、上博楚簡中的〈緇衣〉、《禮記．緇衣》均可見到基本相同的內容。郭店楚簡、上博楚簡的〈緇衣〉寫作：「子曰：『可言不可行，君子弗言；可行不可言，君子弗行。』」《禮記．緇衣》寫作：「子曰：『王言如絲，其出如綸。王言如綸，其出如綍。故大人不倡游言。可言也，不可行，君子弗言也；可行也，不可言，君子弗行也。則民言不危行，而行不危言矣。』」

③是講君子不厭煩善行的持續，與《禮記．曲禮上》的「博聞強識而讓，敦善行而不怠，謂之君子。君子不盡人之歡，不竭人之忠，以全交也。」相似。④也可以視爲與《禮記．中庸》的「庸德之行，庸言之謹，有所不足，不敢不勉，有余不敢盡；言顧行，行顧言。」基本相同的內容。⑤與《論語．堯曰》的「四惡」雖然在表達上多少有些不同，但基本可以說是相同的內容。

第二類是在表達上有相當的差異，但論述的主旨大體相同。04 的「是故君子慎言而不慎事」論述的是言語與行動的關係，慎重言辭、果斷行動的主旨讓人聯想到《論語．里仁》的「子曰：『古者言之不出，恥躬之不逮也。』」和「子曰：『君子欲訥於言，而敏於行。』」

12的「敦行不倦，持善不厭，雖世不識，必有知之。」意思是說君子「敦行不倦，持善不厭」的舉止雖然得不到大眾的評價，但一定有能理解此舉之人。這一主旨與《論語·學而》的「人不知而不慍，不亦君子乎？」有關聯。

19的「聞之曰：行險致命」理解爲君子即使身處危險行動之中，也會不折不撓地完成使命。但如果將「命」理解爲生命，將全句理解爲君子爲了真正有價值的東西甘願冒險、舍棄生命，就會使人聯想到《論語·子張》的「子張曰：『士見危致命。』」

乙 04 的「聞之曰：？誨而恭遜，教之勸也。恩溫良而忠敬，仁之宗【也】。」是說反省與謙虛是「教」的模範，溫厚與忠敬是「仁」的根本。在其它文獻中見不到與此完全相同的內容，但《禮記》的〈儒行〉、〈內則〉、〈祭統〉、〈緇衣〉各篇和《論語·爲政》中可以見到部分內容。例如《禮記·儒行》的「溫良者，仁之本也。」以及《論語·爲政》的「子曰：『臨之以莊，則敬；孝慈，則忠；舉善而教不能，則勸。』」它們在表達上的相似性雖然較低，但主旨還是相似的。

上述第一類與第二類情況雖然在表達的相似性上有所差別，但在內容方面均顯示出〈從政〉與傳世儒家文獻之間具有相當的關聯。

與此相反，還存在著雖然在表達上很相似，但內容和論點稍有不同的情況。我們將這種情況歸納爲第三類。

首先如前文提到過的，《論語》中也能見到「善人」一詞，但它卻不是〈從政〉中的那種含義。〈從政〉中的「善人」是說「善人」、「得賢士一人」，即看穿他人能力、給予很高評價並起用之。這樣理解便形成了《論語》中所見不到的「善人」形象。〈從政〉硬要提出這種「善人」形像，是因爲它特別想引導出起用賢人這一要素。在此可以指出，起用在野賢人的觀點是〈從政〉的特色之一。

其次「05 五德：一曰寬，二曰恭，三曰惠，四曰仁，五曰敬。君子不寬則無 06 以容百姓，不恭則無以除辱，不惠則無以聚民，不仁 07 則無以行政，不敬則事無成。」是與《論語·陽貨》和〈堯曰〉相似的部分，但「五德」的內容是「寬」、「恭」、「惠」、「仁」、「敬」，這與〈堯曰〉的「五美」，即「惠而不費」、「勞而不怨」、「欲而不貪」、「泰而不驕」、「威而不猛」有些不同。另一方面，「五德」的內容與〈陽貨〉非常相似，單純從文字上看可以歸納爲第一類，但〈陽貨〉認爲這五者的實踐者是「仁」，而〈從政〉將「仁」置於與其它四者並列的地位，因此兩者還是有微妙的差異。

再者，根據筆者前一篇文章中復原的〈從政〉的竹簡編連順序，〈從政〉中「五德」的前面還存在敘述「四惡」的部分，也就是說敘述順序是「四惡」、「五德」。這與《論語·堯曰》的敘述順序正相反。在節的結構上，〈從政〉也是折衷〈陽貨〉與〈堯曰〉之後的形態，並非單純與《論語》的某個特定段落相似。也就是說〈從政〉有〈從政〉自己的理路。

最後讓我們以同樣的觀點來討論 17～18 簡。這是與〈從政〉的編纂目的相關的部分。

- 【先】17 人）則啟道之，後人則奉相之，是以曰君子難得而易使也。其使人器之。小人先之，則絆敔之。【後人】18 則暴毀之，是以曰小人易得而難使也。其使人必求備焉。

乍看很明確，以「是以曰」記述的內容與《論語‧子路》的「子曰：『君子易事而難說也。說之不以道，不說也。及其使人也，器之。小人難事而易說也。說之雖不以道，說也。及其使人也，求備焉。』」幾乎是同文。可以說這是表明〈從政〉與孔子之言密切相關的部分。

但是，如《論語》所說的「君子易事而難說也」、「小人難事而易說也」，「君子」（或者「小人」）與被使用的人形成了對比。從部下的角度來看，「君子」被當作容易侍奉的上司是因為君子「器之」，也就是決不施加無理要求，而是依據部下的才能來部署工作。而難以取悅君子是因為「說之不以道、不說也。」也就是阿諛奉承或賄賂對君子不起作用。[5]

與此相反，小人難以侍奉是因為小人將自己的事情置之不理，一味地向部下施加無理要求，要求部下具備一切能力並追求工作成果的完美。而容易取悅小人是因為輕易就能以不正當的方式取悅小人。

由此可見，〈子路〉在關於上位者與部下之關係的問題上，主要是從「事（侍奉）」、「說（取悅）」這種部下的角度對照性地說明了其難易。

那麼〈從政〉是否也是這樣呢？確實，〈從政〉也有對比「君子」與「小人」的相同的構思。但高度評價君子的理由卻是下述內容。首先，當君子自身的能力和業績優於他人時，他沒有輕視或放棄他人，而是為劣者開闢道路，指導其將落後的部分趕上。相反，當自身劣於他人時，君子不會拖他人後腿或嫉妒他人，而是努力尊重和

---

[5] 此處的孔子之言，將「說」與「悅」做同義理解可以通讀，本文雖然遵從這種理解，但也可以按照「說」（言論、勸導）之意做出其它理解。關於這個問題現在我們暫不做出結論。總之，〈從政〉中原本也看不出「說」的成份，這是非常讓人感興趣的現象。

支持他人。因爲君子在人際關係方面有這樣的美德，所以才會說（孔子亦云）：君子並非哪裡都有，而是難得的重要之人，一旦發現有這樣才能的人並起用之，對上司來說就是得力幹將。如果是君子來使用部下的話，也決不會將無理要求強加於人，而是會採用適合部下才能的使用方式。

另一方面，批判小人的理由如下所述。當小人發現自己勝於他人時，爲了保持優勢地位就會阻止他人接替這個地位，並且不讓他人過於接近自己。相反地，當落後於他人時，小人會爲了擊敗他人而做出誹謗中傷之事。小人就是這種很容易在上下人際關係方面發生問題的人。因此才會說（孔子亦云）：得到小人很容易，但實際起用之後卻極爲難使。而小人使役部下時也會一味地要求他人完美。

就這樣，〈從政〉先分別假定了「君子」、「小人」優於和劣於他人的兩種情況，然後說明君子是在任何情況下都能構築良好人際關係的人格高尚之人，而小人是無論如何都不適合社會的人。在此基礎上，〈從政〉設想了起用「君子」、「小人」的局面，並引用《論語・子路》中相似的話語，力圖說明起用他們的上司與他們之間的關係，以及被起用之人（君子）與侍奉君子的部下之間的關係。

也就是說這裡敘述的是發現「君子」之人（例如君主）與應該起用的「君子」以及侍奉君子的部下三者間的關係。這是與《論語・子路》之間結構性的差異。〈子路〉敘述的僅僅是君子（或者小人）與部下兩者間的關係。因此，在僅討論兩者關係的〈子路〉中，理所當然地不存在發現難得之君子並起用之的觀點，也當然不會說明起用君子的上司與被起用的君子之間的關係。

如果我們重視這一點並深入推測的話，在〈從政〉的資料性質和編纂目的方面就可以得出以下一些結論。

首先，〈從政〉是以孔子之言爲基礎而編纂的儒家文獻，這一點基本上是肯定的。雖然我們指出了上述若干不同點，但〈從政〉中以「聞之曰」記述的內容基本上與傳世儒家文獻中以「子曰」或「孔子曰」記述的孔子言論重復。

其次，〈從政〉中敘述的「從政」者雖非王或君主，但也不是睡虎地秦簡〈爲吏之道〉、〈語書〉中所見的「吏」。而且，如果重視所謂起用君子、賢人的觀點的話，〈從政〉設想的「從政」者與其說是因世襲等原因已經位於一定地位的高級官僚，還不如說很可能是因才能被發現而被起用的在野的人格高尚者。〈從政〉不使用「爲政」而硬要使用「從政」一詞，應該就是這種意識的反映。

如此看來，這篇文獻與其說是一般性地討論了「爲政」者或「從政」者所應具有的姿態，倒不如說是在引用孔子言論的過程中，把對儒家集團自身非常必要的「從政」心得編集了起來。這樣理解的話，這篇文獻與其說是面向世界、被廣泛傳播的資料，倒不如說具備了不是別人、正是儒家集團自身所希望了解的內容，可以說它帶有很強的內部資料的性質。

然而這並不是說〈從政〉會始終作爲內部資料被隱匿起來。即使當初它帶有這種性質，也依然有可能在後來被當作政治理論而被廣泛宣傳。尤其是所謂起用在野「從政」者的觀點，有可能被儒家拿來當作理應起用他們自己爲「從政」者的主張，而向爲政者大肆強調。

孔子本人則如「子曰：『苟有用我者，期月而已可。三年有成。』」（《論語・子路》）所說懷有「從政」的意願，但最終未能得到左右一國命運的「從政」者的地位。然而對於孔子集團來說，實現他們理想的最重要的方法之一，就是他們自身成爲「從政」者，參與國政。

而孔子的弟子之中，子路從事過魯和衛的行政，仲弓作爲季氏之宰，子夏作爲莒父之宰，也都參與過行政，實際上是出現過他們這樣活躍的「從政」者的。[6] 然而從「子路問政」(《論語・子路》)、「仲弓為季氏宰，問政。」(同上)、「子夏為莒父宰，問政。」(同上)、「子張問政。」(《禮記・仲尼燕居》、《論語・顏淵》) 等內容來看，這些人是自己主動向孔子「問政」(意即詢問政治的真諦) 的。上博楚簡〈從政〉可以說就是應儒家集團強烈的要求而誕生的文獻。

結語

本文通過與傳世儒家文獻及睡虎地秦墓竹簡的對比，深入探討了上博楚簡〈從政〉的思想特性和編纂意圖。〈從政〉是解說「從政」時所應銘記的原則，對儒家自身而言是十分必要的文獻。

那麼關於其成立時期及學派性質，我們能夠做多大程度的推測呢？如第一章所述，〈從政〉最晚也應該是在戰國中期以前編纂而成。對照儒家的譜系，所對應的是孟子以前的孔子之弟子門人。

孔子死後，儒家集團分裂爲「子張」、「子思」、「顏氏」、「孟氏」、「漆雕氏」、「仲良氏」、「孫氏」、「樂正氏」八派。[7] 如果說〈從政〉是由這八派中的某一派寫成，那麼最有可能的是子張派。因爲〈從

---

[6] 《史記・儒林列傳》在描述這一狀況時寫到「自孔子卒後，七十子之徒散游諸侯。大者為師傅卿相，小者友教士大夫，或隱而不見。故子路居衛，子張居陳，澹台子羽居楚，子夏居西河，子貢終於齊。如田子方、段干木、吳起、禽滑厘之屬，皆受業於子夏之倫，為王者師。」

[7] 《韓非子・顯學》有「自孔子之死也，有子張之儒，有子思之儒，有顏氏之儒，有孟氏之儒，有漆雕氏之儒，有仲良氏之儒，有孫氏之儒，有樂正氏之儒。」

政〉與傳世儒家文獻重複的部分很多都是與子張有關的。

在《論語》中向孔子詢問〈從政〉之主題「從政」的是子張，且有說法認爲該內容古時被稱作「子張問」。而關於〈從政〉特徵性的詞彙「善人」，在《論語》中子張也以「善人之道」多次向孔子提問（〈先進〉）。此外，〈從政〉中存在賢者之起用，即從被起用的立場上談做官的觀點，而在《論語》中提出學「干祿」的還是子張（〈爲政〉）。但終究〈從政〉是由包括這些在內的多種要素構成的，因此現在暫不做出其單純爲子張學派著作的結論。然而有必要確認的事實是，〈從政〉中有很多與子張相關的要素。

最後，筆者對於與上述問題相關的，孔子歿後儒家集團的活動，主要是「孔子言」的形成問題做若干展望。

如本文討論後所確定的那樣，近年來陸續公開的戰國楚簡屢次被發現有與《論語》、《禮記》等傳世儒家文獻中之孔子言論相近的內容。郭店楚簡及上博楚簡的〈緇衣〉與篇名相同的《禮記·緇衣》、上博楚簡的〈民之父母〉與《禮記·孔子閑居》等篇分別爲基本重複的內容。郭店楚簡〈語叢〉中也有多處與《論語》的孔子言論相近的內容。

而〈從政〉中也有以「聞之曰」的聽寫體裁所記述，類似於《禮記·緇衣》、《論語·陽貨》、〈堯曰〉等篇中孔子之言的內容。而且，以「是以曰」記述的語句還有與《論語》中的孔子之言幾乎完全相同的情況。

綜合考慮這些現象，我們推測很可能在這些戰國楚簡形成的時期，孔子的言論已經有了相當的積累並爲儒家集團所共有。從重複的程度來看，也很難說這些類似現象全都是偶然。不過我們尚不清楚作爲孔子言行錄的《論語》在當時是否已經出現了像現行本這樣的形態。而亦如本文所討論的那樣，〈從政〉中與《論語》類似的部分，無論在表達還是內容上都有若干不一致的狀況。

然而可以推測的是，對於〈從政〉的編者和讀者來說，關於「聞之曰」及「是以曰」代表的是誰的言論這一點，他們是有相同的理解的。而形成這種相同理解的前提，就是孔子言論已經實現某種程度的文本化、共有化。如果以郭店楚墓的營造時期及上博楚簡的書寫年代爲基準的話，[8] 可以推測這種文本化是在孔子歿後沒過多久便開始了，最晚至戰國前半期就已經實現一定程度的共有化了。

因此可以說，關於孔子的弟子門人們在孔子歿後如何進行思想活動這一問題，戰國楚簡與傳世儒家文獻間的重複現象給予了我們重要的線索。

---

[8] 根據對墓葬形態及眾多陪葬品的考古學分析，郭店楚墓的營造時期定論為西元前 300 年前後。上博楚簡的書寫年代則如前文分析的那樣，最終認為上博楚簡與郭店楚簡是陪葬於戰國中期楚墓中的幾乎同時代的資料。

第六章

〈彭祖〉中的「長生」思想

序言

上海博物館藏戰國楚竹書（上博楚簡）〈彭祖〉，是由八枚竹簡集結而成的小篇。相對於其他楚簡多被推定爲儒家文獻，本書所擁有的最大特色是在於傳世的道家系文獻中或道教傳承中登場的「彭祖」爲對話者的這一點上。彭祖是爲帝顓頊的曾孫或玄孫，傳說是爲保有七百歲或八百歲長壽的人物。

本章，針對此新出土資料〈彭祖〉一篇探討其內容，並且分析此篇思想在彭祖傳承中的意義。

又，據收錄本篇的《上海博物館藏戰國楚竹書（三）》（馬承源主編，上海古籍出版社，2003年12月），其有關書誌的事項如下：竹簡共八枚。幾乎可認同爲完簡的有三枚，簡長約五十三公分。其他五簡則爲殘簡。簡端平齊，三道編線。總字數二百九十一字。無篇題，「彭祖」是根據其內容命名的暫定性名稱。

關於竹簡的配列，第一簡自其內容判斷可推測是爲全體開頭的部分，又，由於第八簡的文末有墨鉤而以下空白，故第八簡很明顯地是爲全體的末尾。[1] 關於竹簡的接續，《上海博物館藏戰國楚竹書（三）》的釋文（李零先生所釋讀），是將第一簡與第二簡、第七簡與第八簡視爲連續的，其他四簡則視爲前後接續不明。即，自第三簡至第六簡全爲暫時配置的排序。

第一節　上博楚簡〈彭祖〉

本章首先將沿著李零先生的釋文進行內容的解讀。01、02是爲竹簡編號，「⁼」是爲重文號，「■」是爲墨釘，「ㄥ」是墨鉤，「□」是欠損字，「【 】」內的文字表示欠損字的補文。至於原文，雖然筆者參考了李零先生的釋文，但以下所載是個人的釋讀，而解讀有問題的地方，將再另行注解。

> 01耇老問于彭祖曰：「耇氏祉心不忘，受命永長。臣何藝何行，而舉於朕身，而脊于帝常。」彭祖曰：「休哉，乃將多問因由，乃不失度。彼天之道，唯亙……02言，天地與人，若經與緯，若表與裏。」問：「三去丌二，豈若己。」彭祖曰：「吁，汝孳⁼布問，余告汝人倫，曰：戒之毋驕，慎終保勞。大匡之蔞，難易身欲。[2] 余〔告汝〕……[3]

---

[1] 第八簡雖然上下端稍有欠損，簡長為五三・一公分，幾近乎完簡。然而，文字數由於墨鉤之後留白，因此只有四十字。本來，其實是尚可記入十餘字程度的竹簡。但此墨鉤與留白的意味，應該理解為顯示出本書的末尾。關於戰國楚簡的墨節、墨鉤、墨釘與留白的關係，請參閱本書第四章〈《從政》的竹簡連接與分節〉。

[2] 文義未詳。釋文指出《管子》中有〈大匡〉（「以大事匡君」之意）。又指出，「身」字於〈性自命出〉第六十二簡中有「身欲靜而毋身，慮欲淵而毋僞」。這裡的意思是「動」。李銳，〈《彭祖》補釋〉（簡帛研究網）在「存

首先針對本書基本的結構，我們所能指出的是：「耇老」與「彭祖」之間的問答這一點上。且，從耇老稱自己爲「臣」，彭祖稱呼耇老爲「女（汝）」來看，很明顯的兩者是爲臣下與君主的關係設定。又，這一點如後所將述及，從第四簡中耇老稱彭祖爲「君」，而第七簡中耇老更對彭祖「二拜稽首」之情況，更可見一斑。

在此耇老首先詢問的是：「耇氏」的「永長」。「耇氏」，即耇老一族，是窮盡真心亦不忘懷，[4] 因而受命而得以永續。吾耇老是以什麼爲才能，又以什麼爲行動加諸身上，[5] 而能安於帝王之常道？[6]

這樣的詢問約略表示其有如下的前提：耇氏一族曾自帝王受命作爲封建領主，並從那之後經過長期的時間仍保有其領地。而在如此前提下，耇老想詢問的正是爲了不讓自己的一代斷絕，究竟須要學會什麼樣的才能，又該採取什麼樣的行動？

針對這一點，彭祖則是先以「多問因由，乃不失度」一句，說明只要追究事物的本質或原因，即不會逸脫常軌，來稱讚耇老謙虛

疑」之餘，亦讀為「大暑之逝難，易滯欲，舒……。」

[3] 釋文自簡文的文例，補入了「告汝」二字。雖此二字有以〔　〕符號標示，但也指出其與第三簡的接續不明。

[4] 所謂「至心」，由於其後緊接著「受命永長」，我們可以推測為：意即相對於封建的制度應不忘恩澤，努力做到其保持、永續之意。

[5] 「朕身」的「朕」是古代的第一人稱代名詞。然在釋文中，據第三簡以及第八簡將「耇老」之名視為「朕孳」，此處「朕」即「朕孳」的略稱。不論哪一者皆是指耇老之意。又、有關於「藝」與「行」，在《周禮．地官司徒．州長》中有「州長各掌其州之教治政令之法，正月之吉，各屬其州之民而讀法，以攷其德行道藝而勸之」一句，《論語．述而》中有「子曰：『志於道，據於德，依於仁，遊於藝。』」一句，而〈雍也〉中亦提及「曰：『求也藝，於從政乎何有。』」李零先生的釋文亦說「藝」係指才能，「行」係指德行。

[6] 在這裡「帝」字應非指含糊廣義的天帝之意，而是分封彭祖或耇氏一族的帝。在彭祖傳承中，亦有將彭祖視為堯的臣下的說法。

的姿態爲「休哉」。而後，彭祖開始有關「天之道」的解說作爲其回答，然而很可惜地，第一簡在此便斷絕了。接著第二簡，據推測是記錄了其回答最後的部分，敘述著「天地」與「人」之間表裡一體的關係之總括。從而，此第二簡與前簡之間，可能包含彭祖的「天之道」與「地之道」的言論，亦或是有關「天之道」、「地之道」與「人之道」的言論。[7]

針對此回答，耇老再提問，若自「三」去「二」如何。從文句的脈絡來判斷，「三」即天、地、人，去「二」則意指從中去掉天、地，剩下的，便是有關「人」的詢問。

彭祖將耇老繼續認真詢問的姿態評價爲「吁、汝孳〓布問」之後，[8] 宣稱他將教導耇老有關「人倫」之事。這一點便足以證明，「自『三』去『二』」意味著其詢問乃有關「人」之事。而彭祖將教導耇老的「人倫」之事，其內容即接下來的「戒之毋驕，慎終保勞」。

接著，讓我們的討論轉向被視爲前後接續不明的第三簡。

> 03……□，不知所終■」。耇老曰：「眊〓余朕孳，未則于天，敢問爲人。」彭祖曰……

---

[7] 〈彭祖〉的狀況是，由於每片完簡記有約五十三字，假設兩簡之間尚有一簡，則我們可以推測有關天地人尚有五十餘字之解說。又，如後所述，第三簡（即上下端欠損之簡，字數二十）有排在末尾的可能性。

[8]「孳孳」為勤勉不怠之意。《書經·泰誓》中有「孳孳無怠，天將有立父母，民之有政有居。」《孟子·盡心上》中有「雞鳴而起，孳孳為善者。舜之徒也。」

若我們考量到本書是以問答體構成，緊接在「耇老曰」前面的「不知所終」應爲彭祖之言，但由於竹簡上端欠損，故內容未詳。不過，從「不知所終」一句來看，其爲有關「天道」的可能性極高。這一點，從下面的耇老之言亦可得到證實。耇老謙遜地稱自己爲「眊=余朕孳」，[9] 並以「未則于天」，訴說自己的能力不夠準據「天」的規範，因此「敢問爲人」，意即，相較於天，他想詢問的是較爲卑近的「人」。在此，〈彭祖〉的作者所做的內容設計是，對耇老而言，將「天」作爲目標太高了，無法成爲適切的指標。

若然如此，我們可以說本簡或許殘留著是爲有關於天地人，並且也有由彭祖所敘述的第一簡與第二簡之間的位置的竹簡的可能性。又，從這件事可以進一步做推測的是，從欠損的第一簡下端可能沒有直接連結至第二簡，而是兩簡之間，實存在著有關於天地人之說的複數別簡。

接著的第四簡同樣前後接續不明。

> 04既躋於天，又墜於淵。夫子之悳登矣，何丌崇。故君之愿，良……

先前已敘述過，彭祖與耇老是爲君臣關係的事實。此簡中雖然沒有標明對話者，不過從其內容與使用「君」的表現上看來，可推斷爲身爲臣下的耇老對身爲「君」的彭祖的稱讚的部分。（彭祖之德）至天滿地。主上之德是何等之高呀。耇老是如此地稱讚彭祖。這應當解爲至少也要在聽聞有關於天地一定的解說之後才能發出的感嘆

---

[9] 釋文因「眊=」為重文而視為「昏憒」之意，此處係耇老的「謙詞」。

之言。又，耇老之所以給予此般最大級的稱讚辭，應該反應出彭祖是爲帝王一族的意識。亦或，也可能是對於經過長期仍永續存在的彭祖一族的實績，表示敬意的表現。

與此相對地，接下來的第五簡，其發言者可能是彭祖。

> 05……父子兄弟。五紀畢周，雖貧必修。五紀不工，雖富必失。余告汝禍【福】……

本簡雖然同樣未標明發言者，但由於後半有「余告汝」，故很明顯是彭祖的言論。內容則是有關於人道、人倫的言論。

「父子兄弟」一句之前，由於竹簡殘缺而不明，但從其緊接在後的「五紀」看來，此部分應該是關於「父子兄弟」、君臣、夫婦、朋友等，作爲人類社會最主要的基幹的道德秩序的論述。[10] 又，其亦言及道德秩序與貧富之間的關係：若其「五紀」完備，就算現在貧窮也必定可恢復，[11] 反之，「五紀」若不完備，就算現在富裕，也必定失墜。就某種意義上而言，亦可說是因果報應的言論，但不是介於宿命或命運之中，而是在重視「五

---

[10] 關於「五紀」，雖然釋文說其「含義待考」，但李銳在其〈《彭祖》補釋〉（簡帛研究網）中則認為其並非為《尚書．洪範》的「五紀」（五紀：一曰歲，二曰月，三曰日，四曰星辰，五曰歷數），而是《莊子．盜跖》中子張所說的「五紀」，即「子不為行，即將疏戚无倫，貴賤无義，長幼无序。五紀六位，將何以為別乎？」更具體而言，即是指「君臣、父子、兄弟、夫婦、朋友」的五倫。

[11] 關於原文的「周」、「修」二字，趙炳清在其〈上博簡三《彭祖》補釈〉（簡帛研究網）中，將「周」釋讀為「調」或「合」，視為「和諧」之意，而「修」則是視為「美」、「善」之意。在此，筆者判斷其意義上不會有太大差距，於是以「周」、「修」二字的原意做解釋。

紀」人倫這一點上具有其特色。

可與第五簡做出相同推測的是接下來的第六簡。

> 06……⊠心[=]之謀不可行，怵惕之心不可長，遠慮用素心白身澤，[12] 余告汝咎

此簡亦是同樣未標明發言者，但由於末尾有「余告汝」，故可得知此簡記有彭祖的言倫。竹簡上下皆有欠缺，僅些微的部分可供解讀。然，「……之謀」不可行及「怵惕之心」不可長，兩者皆爲否定的語氣。這裡，「……之謀」與「怵惕之心」兩句，都是意謂人的進一步作爲。因此，此後接續之文，乃主張「素心白身」，即不做裝飾的素樸身心所帶來的惠澤。

最後的第七簡與第八簡是本篇結尾的部分。

> 07□者不以，多務者多憂，賊者自賊■。」彭祖曰：「一命一修，是謂益愈。一命三修，[13] 是謂自厚。三命四修，是謂百姓之主。一命一腹，是謂遭殃。一命三【腹】，[14] 08是謂不

---

[12] 在此，筆者的理解是，「慮」為動詞，「素心」和「白身」為「慮」的受詞，然注 11 前揭趙炳清的〈補釋〉中，以「遠慮用素，心白身釋」為句讀，並釋以「長遠的思慮要出自本性，心地純潔，身體放鬆」，可謂另一種解釋。然而，如此解釋將使「用素」的意思變得不清楚。

[13] 釋文的[illegible]定為「𢻫」。釋文是以「待考」或疑為「修」。從前後的對應關係看來，「修[illegible]的可能性應當較高。

[14] 關於「腹[illegible]，釋文是以其為「𢻫（修）」字的反義，進而補入「一命三【腹】」。腹為肥沃、旺盛之意。在此，是指受命之後越分，採取驕慢的態度之意。

長。三命四䐢，是謂絶紏。毋抽富，毋阿賢，毋向梪」。[15] 耇老二拜稽首曰：「朕孳不敏，既得聞道，恐弗能守ᒻ」。

首先，由於第七簡的墨釘之後有「彭祖曰」，故可推測緊接在前的是耇老的言論。於前簡，耇老的言論多是對彭祖的詢問或對彭祖的贊辭，在此簡卻有「多務者多憂，賊者自賊」一句，似乎是耇老基於彭祖有關於人道、人倫的教誨，而闡述耇老本人所理解的地方。

對此，彭祖展開如下的論述。「一命一修」則「益愈」，「一命三修」則「自厚」，「三命四修」則「百姓之主」。反之，「一命一䐢」則「遭殃」，「一命三䐢」則「不長」，「三命四䐢」則「絶紏」。此等關係以圖示則如下。

一命一修……益愈	一命一䐢……遭殃
一命三修……自厚	一命三䐢……不長
三命四修……百姓之主	三命四䐢……絶紏

在此，關於「命」，如果我們重視第一簡中的「受命永長」，則可推測爲自帝王受（封建）命作爲領主之意。又，以「一命」、「一命」、「三命」這樣不規則增加的數字看來，第二順位的「一命」可視爲再一次的命，即「再命」之意。而「三」與其說是具體

[15] 釋文的隸定為「毋畋富，毋叻賢，毋向梪」。這裡是以「毋抽富，毋阿賢，毋向梪」釋讀，而筆者嘗試以「若不越度浪費便能富有，不扼殺他人而能確立自己者可成為賢者，而不向他人刀刃相向，慎修自己，便可樹立基盤」來做解釋。又，注 11 前揭趙炳清的〈補釋〉是以「毋抽富，毋抲賢，毋向梪」釋讀，而以「不要炫耀自己的富有，不要扼殺賢能之人，不尚美食享樂」做解釋。雖然三句的平衡上仍有些微問題，但可提供另一種解釋。

的三回之數目，不如說是幾回之意。既已涉及這些，其餘應可作如下理解：

一旦接受作爲封建領主之「命」後，若能一邊注意迴避喪失此命，一邊慎修自己，則勢力可逐步上升；進而再一次受「命」，然後若再繼續慎修自己，則可整治自己盤石的體制；不知重複多少回受「命」，而若每回皆同樣重操復返慎修，則可永繼作爲「百姓之主」。

反之，即使接受了作爲封建領主之「命」，如果過分採取傲慢的態度，必會遭殃；即使再次受「命」，如果還是一樣高傲，邦國的繼續必難；而後不管重複多少回受「命」，若每回皆同樣高傲，屆時邦國必定斷絕。

意即，前半的「命」與「修」的狀況，是「一命一修」、「一命三修」、「三命四修」，依次往更好的程度提升；反之，「命」與「䐢」的狀況，則是「一命一䐢」、「一命三䐢」、「三命四䐢」，依次往更糟的程度增進。

如此，我們可以說，彭祖一方面提出依據「三命四修」則可持續而爲「百姓之主」的理想，一方面也嚴戒與之相反的態度，進而導致災禍，無法延續邦國，或甚至斷絕邦運。本篇即是在耇老面對彭祖如此言論，帶著恐懼地「二拜稽首」之下，畫下句點。

第二節 彭祖傳承的展開

那麼，這樣的內容，在中國古代思想史上，究竟擁有什麼樣的意義？作爲爲了思考這一點的重要觀點，我們所能舉出的，即是有關於彭祖的傳承吧。本章將整理出至今有關彭祖傳承的諸研究，並嘗試探索其考察的觀點。

首先，在音韻上言及有關彭祖的實際情況的，是御手洗勝的《古代中國諸神》（創文社，1984年）。他在其論述的第二部第五章〈有關堯、丹朱、驩兜、傲、長琴〉的注解中，注意到有關《國語》鄭語的記述。《國語・鄭語》中記有「彭姓彭祖、豕韋、諸稽，則商滅之矣。」而其韋昭注中尚有「大彭，陸終第三子，曰籛，為彭姓，封於大彭，請之彭祖，彭城是也。」以及「彭祖，大彭也。豕韋、諸稽，其後別封也。」的記載。

據此，御手洗先生推論說，彭祖爲祝融八姓中之一姓，即隸屬於彭姓的一氏族。此外，「彭姓」的彭音近鼓音，其來源是由「祝融」的祝音而來，他並且主張，祝融的八姓號全部，以及國名（氏族名）加起來的大半，全是由其始祖神之名的祝融，或作爲祝融的本體的火而來。

御手洗先生的分析是以其音爲線索，指出彭祖的「彭」與祝融的關係。相對於此，坂出祥伸的〈彭祖傳說與《彭祖經》〉（山田慶兒編，《新發現中國科學史資料的研究　論考編》，京都大學人文科學研究所，1985年）則將彭祖流傳全部納爲分析的對象。

他在縱觀諸文獻中所見的彭祖傳說之外，在結論中尚提出了自原始彭祖傳說往彭祖長生傳說轉化的發展的見解。所謂原始彭祖傳說，是說「彭祖」並非人物名，而是侍奉了夏、殷二王朝的彭姓，或代表其侯國的名詞。在這樣的情形下，所謂的「八百年」，便成爲標示彭祖（國）存續期間的年數。[16]

---

[16] 這是根據孔廣森、嚴可均之說的看法。有關《列子・力命篇》的「彭祖之智不出堯舜之上，而壽八百。」若參考《列子集釋》，便可見「孔廣森曰：『彭祖者，彭姓之祖也。彭姓諸國，大彭、豕韋、諸稽。大彭歷事虞夏，於商為伯，武丁之世滅之，故曰彭祖八百歲，謂彭國八百年而亡，非實籛不死也。』」又「嚴可均曰：『《鄭語》：「史伯曰：『祝融之後八姓，大彭豕韋為商伯，

然而，此原始彭祖傳說卻產生了變化。他接著闡述了自西周至春秋戰國時代之間，原始彭祖傳說轉移成彭祖長生傳說的變化。彭祖長生傳說所說的彭祖，是指保有八百歲如此令人驚訝的長壽之人物的流傳。而且時代越往下降，此長生傳說更與神仙思想結合，形成神仙家、房中家的彭祖形象，並形成《彭祖經》一書。坂出先生的觀察是，原爲國名的彭祖朝向長生不老的神仙人物大幅地展開流傳。

與其見解幾乎相同的是袁珂的〈彭祖長壽的神話和仙話〉（《袁珂神話論集》，四川大學出版社，1996年）。他所把握的要點是，根據《國語》中彭祖爲祝融後裔八姓之一的線索，進而舉出「彭祖」與「蚩尤」或「夸父」等相同，是國族或部族的名稱。而彭祖在堯的時代興起，於商之末滅亡，後人誤以其爲人名而傳爲彭祖擁有七百歲或八百歲的長壽傳說。

如此，關於彭祖流傳的發展，其由國名亦或部族名成爲人名的變化，以及後世長生不老的流傳的追加，在這一點上，上述三位的觀點是相同的。但，正如坂出先生所言：「自國名轉而爲人物名的變化，又轉而爲長生者或神仙的傳說是如何產生的？我們全然沒有

彭姓、彭祖、豕韋、諸稽，商滅之。』」韋昭解：「大彭，陸終弟三子曰籛，為彭姓，封於大彭，謂之彭祖。」又解：「彭祖，大彭也。」《史記．楚世家》：「陸終生子六，三曰彭祖。」《集解》引虞翻曰：「名翦，為彭姓，封於大彭，謂之彭祖。」《索隱》引《世本》：「三曰籛鏗，是為彭祖。」《周書．嘗麥解》曰：「皇天哀禹，賜以彭壽，思正夏略。」《竹書紀年》：「帝啟十五年武觀以西河叛，彭伯壽率師征西河，合而斷之。」知彭祖國名，即大彭，夏商為方伯，古五霸之一，唐虞封國，傳數十世，八百歲，而滅於商，此其事實也。彭祖八百歲猶言夏四百歲，商六百歲，周八百歲也。』」有關於此，馬叙倫亦以「孔嚴之說是也。」支持兩說，並進而說：「《莊子．逍遙遊》云：『而彭祖乃今以久特聞。』似莊子亦誤信彭壽有七八百歲之久。蓋俗有此說，莊子從而言之，荀子亦然。顏淵之才不出衆人之下，而壽十八。」

能夠闡明這些疑問的資料。」其發展的理由與情況尚未明確。關於彭祖的資料於《列仙傳》、《神仙傳》等漢代以後的書籍爲數頗多，思考其最重要的「變化」、「發展」期的相關資料卻很貧乏，這一點成爲考察上的障礙。關於這一點，袁先生的研究亦僅止於闡述彭祖之所以會被視爲「神話人物」，除其長壽之外，可能是其異常的誕生故事等理由而已，並未說明關於長壽的流傳或誕生故事形成以前的情況，或何以國名會變成人名。

此外，彭祖於後世常以「老彭」、「彭老」與老子連稱，以似可與老子相匹的體「道」者般被重視，亦或可以發現兩者被混同的現象。對此，我們可以設想，此應與彭祖被視爲保有令人驚訝的長壽，或概念上被理解爲神仙家、房中家有關係。只不過，彭祖以外尚有許多傳說中保有長生的人物，老子何以會與彭祖相連結合的要因，尚有待進一步的探討。

第三節　國家的長生與個人的長生

基於如上對過去研究的了解，現在讓我們再度對上博楚簡〈彭祖〉進行內容的分析。

首先，關於「彭祖」是國名或人名這一點，從本篇的基本結構看來，應該很明顯。在本篇中，作者以彭祖爲「君」、耇老爲「臣」這樣的角色轉換，展開其君臣問答。而且，其會話內容是關於天、地、人的存在規範，特別是後半，更涉及人倫、人道的重要性。由此可知，作者的確將彭祖當作人物來設定。

那麼，如同其他有關彭祖的流傳，這裡的彭祖是否也被描寫成保有令人驚訝的長壽的人物？的確，在開頭耇老的質問中，有「受命永長」一句，乍看之下，作者似乎是在談論「長生」。然而，這完全是「耇氏」一族的「永長」，並非敘述耇老或彭祖個人的長生不老。耇老是在詢問該怎麼做才能使「耇氏」一族的「永長」不斷絕。又，彭祖的回答，由於竹簡有欠損因而無法確切地斷言，但大約可推測是針對天、地、人的存在規範而回答，絕非談論有關長生不老或房中養生之術。特別是後半部，大概是從「君」的立場論述有關「人倫」的重要性。

讓我們更具體地指出這一點。第二簡中提到：「彭祖曰，吁，汝孳=布問，余告汝人倫，曰，戒之毋驕，慎終保勞。」這裡，很明顯地，「人倫」是主題，而且其內容所言是「戒之毋驕」之類，極為常識性的發言。從中我們找不到任何關於長生不老術或房中術的隻字片語。

又，第五簡的「……父子兄弟。五紀畢周，雖貧必修。五紀不工，雖富必失。」亦是談到有關人倫基本的「五紀」。而且還同時指出，此「五紀」的完備與不備皆連結著「富」[illegible]「貧」。這是極為現實的富貴論。

到了第七簡，更將成為「百姓之主」定位為最高的位階。又，被視為「一命三膿」的「不長」，考量其前後的對應，可得知並非個人的「不長」，而是氏族或邦國的「不長」。彭祖從「君」的立場，將政治世界中持續擔任「百姓之主」的情形視為理想，並嚴加否定無法持續邦國，甚至以致斷絕之事。

繼而第八簡亦說：「毋抽富，毋阿賢，毋向柆。」肯定稱為「富（貴）」、「賢（知）」、「柆（立）」的一般人類社會價值觀。總體而言，可說全然沒有個人的長生不老或房中養生等要素。

其實，同樣有「彭祖」與「耇老」登場的新出土資料，尚有馬王堆漢墓竹簡的《十問》。在這一點上，爲了更明確地闡明上述〈彭祖〉的性質，筆者將就〈彭祖〉與《十問》進行比較。

《十問》是自長沙馬王堆三號墓出土的簡牘之一，由一百零一枚竹簡構成。裹成一束的竹簡群內側是《十問》，而配置於外側的是《合陰陽》三十二枚。由此，可指出兩書原爲同冊之可能性。所謂《十問》是依據其內容中十項問答的結構而命名的暫定性名稱，而《合陰陽》亦是依據其開頭的「凡將合陰陽之方」而命名的暫定性名稱。

此《十問》的十項問答內，有彭祖與耇老登場的，分別是第六問與第七問。爲了分析此二者思想上的性質，筆者試著將十項問答的全部內容以下頁圖表標示出來。

該表所列項目自左邊起，依序爲①～⑩的整理序號、發問者、回答者、問答以及主題或關鍵字。如同此表所顯示，《十問》的主題是長生，具體而言，即對天地之道的體會、飲食、睡眠、呼吸、房中術等問題的重視。彭祖在第六項問答中對王子巧父（王子喬、周太子晉）的提問如此回答：「朘（縮）精」、「壽盡在朘」、「慎守勿失，長生累世」、「上察於天，下播於地」等，皆言及人類的精氣或長壽。又，第七項中登場的耇老亦對帝盤庚如此答道：「接陰食神氣之道」，即言及房中術。

這個傾向同樣見於其他問答中。例如，在③的黃帝與曹熬的問答中，「死生」成爲主題，而「接陰治神氣之道」則極爲受重視。接著④的黃帝與容成的問答中，亦主張「死生」、「天壽」的關鍵在於呼吸和房中。更進一步，⑨主張睡眠，⑩則主張「翕氣」的重要性。

	發問者	回答者	主題、關鍵字
①	黃帝	天師	萬物、草木、日月的生長、運行；「食神氣之道」
②	黃帝	大成	民之特質；顏色；「起死食鳥精之道」
③	黃帝	曹熬	民之死生；壯者之久榮；老者之長生；「接陰治神氣之道」
④	黃帝	容成	死生；夭壽；呼吸；房室生活；「順察天地之道」
⑤	堯	舜	生；「察夫陰陽」；「行歲百年」；「接陰治神氣之道」
⑥	王子巧父（王子喬、周太子晉）	彭祖	「朘（縮）精」；「壽盡在朘」；「慎守勿失，長生累世」；「上察於天，下播於地」　言及天地的這一點雖與〈彭祖〉類似，然有關個人的「朘精」，養生、長生等論點則與〈彭祖〉相異。
⑦	帝盤庚	耇老	接陰；壽長；「接陰食神氣之道」　這裡主張的是有關於房中術之說。與〈彭祖〉的主題全然相異。
⑧	禹	師癸	要怎麼樣由「明耳目之智，以治天下」統治「四肢不用，家大亂」？；「凡治政之紀，必自身始。血氣宜行而不行，此謂款殃，六極之宗也」；「禹於是飲乳，以安后姚，家乃復寧」；「治神氣之道」
⑨	齊威王	文摯（宋國名醫）	睡眠；「道」；「爲道三百編，而臥最爲首」
⑩	秦昭王	王期	食陰；翕氣；「寡人何處而壽可長」；「精氣稜建久長」

由於涉及如此的內容，如《馬王堆漢墓出土房中養生著作釋譯》（羅淵祥等審校，海峰出版社・今日中國出版社，1990年）便將《十問》等定位為「房中養生著作」，而將《十問》的主題視為「預防疾病」、「健康長壽」。又，《馬王堆醫學文化》（周一謀等著，文匯出版社，1994年）亦是將《十問》等定位為「醫書」，並與上述的《釋譯》相同，將《十問》的主題視為「預防疾病」、「健康長壽」，且特別重視「順察天地之道」、飲食、睡眠。又同書中，雖指出《十問》等與古代房中著作的關係，但在關於《十問》與《彭祖經》等的關係上，則認為《十問》中反映出《彭祖經》或《彭祖養生經》的部分內容，並推測《彭祖經》或《彭祖養生經》在前漢初期即有其祖本的形成。

如此，出現在馬王堆漢墓竹簡《十問》中的「彭祖」、「耇老」，不論何者，均為王或帝下問有關長生之事時，以回答其發問的人物身份登場。在君臣問答的結構面上，雖然可以說類似上博楚簡〈彭祖〉，但其主題卻全然不同。又，《十問》中具特色的「神氣」、「精氣」、「壽」、「接陰」等用語全然不見於〈彭祖〉之中。若考量《十問》的出土狀況中，其與《合陰陽》的房中書或為同冊的可能性，則其思想的傾向更為明顯。

這點正給予我們關於上博楚簡〈彭祖〉的思想特質的重要線索。〈彭祖〉是彭祖與耇老的君臣問答。只不過，他們所談論的並非個人的長生，而是國家的長生。彭祖是自「君」的立場闡述了有關邦國的「永長」。若是如此，那麼〈彭祖〉在由國名轉化為人名的彭祖流傳的發展上，可說具有非常耐人尋味的地位。一方面我們可以掌握到「彭祖」很明顯是作為「君」的個人概念，然而那裡所談論的卻是國家的長生。我們可以推測這即是由國名轉化為人名的彭祖流傳的轉捩點。

與此相關並受到矚目的是《莊子·逍遙遊》中郭慶藩的疏。〈逍遙遊〉中以「彭祖乃今以久特聞」描繪作爲長生者的彭祖形象，而郭慶藩在此則以「彭祖者，姓籛，名鏗，帝顓頊之玄孫也。善養性，能調鼎，進雉羹於堯，堯封於彭城，其道可祖，故謂之彭祖。」作爲注解。意即，其自彭祖中找出了「養性」與「調鼎（爲政）」兩個要素。的確，上博楚簡〈彭祖〉的主題基本上也是國家的長生，然而，爲達成此目的進而被視爲重點提出的君主應有之心態，含有在個人養生或處世術上可供應用的因素。再者，對話者是「君」、「臣」個人，主題爲國家的永續，這點是其基本特色。從基於國家或個人的標準看來，〈彭祖〉的思想可說是兩者的中間點，或包含了往兩方面發展的可能性。

假設上博楚簡〈彭祖〉中所見的彭祖形象，當時某種程度上成爲了一種類型，那麼我們可以推測其即是促成由國名轉爲人名的彭祖的流傳展開的原動力。將國家的長生設定成作爲「人君」的彭祖所談的內容，對於我們所遇到「全然沒有能夠闡明的資料」此一迄今爲止的研究史之困境而言，提供了重要的資料。

第四節　彭祖與老子

最後，筆者想附帶一提的是，關於老子與彭祖的關係。上文舉出的《莊子·逍遙遊》的《經典釋文》中，記有「彭祖，李云：名鏗。堯臣，封於彭城。歷虞夏至商，年七百歲，故以久壽見聞。《世本》云：姓籛，名鏗，在商為守藏史，在周為柱下史，年八百歲。籛，音翦。一云：即老子也。」。此段文字顯示出彭祖與老子被視爲同一人或混同爲一的情況。這個現象，與彭祖被視爲不老長生術或房中養生術的精通者，進而被神仙化的趨勢，正是在漢代之後同時並進。只是，具有這樣長生傳說的尙有其他人物，因此彭祖之所以會與老子的產生關連想必還有其他理由。

現在，讓我們試著從這樣的觀點探討上博楚簡〈彭祖〉。〈彭祖〉中的彭祖言論，由於竹簡有殘缺，以致我們無法把握其全體脈絡，但從殘存部分即可看出有重視人倫，甚至可說是儒家的傾向。

雖然只有文句中的片段可作依據，但確實可指出其中存在著與《老子》的相似性。首先是第二簡的「慎終保勞」。這裡，「慎終」曾出現在《論語‧學而》中的「曾子曰：『慎終追遠，民德歸厚矣。』」一句。只不過，這裡的意思是說，對父母的葬儀要盡心去執行，[17] 放入〈彭祖〉的文句脈絡中會顯得唐突。另一方面，《老子‧第六十四章》中有「民之從事，常於幾成而敗之，慎終如始，則無敗事。」一句。這是說對事物的最後要慎重，徹底完成，在〈彭祖〉的文句脈絡中是較爲適切的理解。雖然我們無法判斷「慎終」在當時是具有何種程度重要性的語詞，但作爲能聯想到《老子》的語詞，我們有必要去注意它。

接下來，第六簡的「……之謀不可行，怵惕之心不可長，遠慮用素心白身澤」也是很重要的地方。這裡，「謀」或「怵惕之心」是被否定的不可持續之作爲。「怵惕」曾出現在《孟子‧公孫丑上》中的「人乍見孺子將入於井，皆有怵惕惻隱之心。」一句，在《孟子》中無疑是受到重視的語詞。然而在〈彭祖〉中，這一點是作爲特意的人爲而被否定的事實，讓我們聯想到《老子》。而重視所謂

---

[17] 《論語集解》引孔安國注：「孔曰，慎終者，喪盡其哀，追遠者，祭盡其敬，君能行此二者。」

「素心白身」的保持樸素的身心的方式，亦可說與《老子》的思想傾向一致。尤其，關於〈彭祖〉與《老子》，我們很難估計其明確的前後關係，但在關於「人爲」上，我們可以承認兩者有類似的思想傾向。

不但如此，如「天長地久」一句提倡有關事物的永長是《老子》思想上的最大特質。[18] 無論是國家或個人，〈彭祖〉包含提倡「長生」、「長久」的思想體系，此即註定了兩者的相近。

如果這樣的推測是妥當的，那麼彭祖被附加長生、房中傳說以前，與《老子》思想的關係，可能有一定的相似性。由此我們可以推測，兩者思想上的共通點，亦是後來老子與彭祖被同一化或混同的主要原因之一。

結語

以上，本章分析了上博楚簡〈彭祖〉的內容，並且探討了其於彭祖流傳上所佔有的地位。

彭祖在古代流傳中原本被視爲氏族或邦國之名，而後卻被傳爲保有七百歲或八百歲的長壽人物。隨時間流逝，更被描繪爲不老長生術、房中養生術的精通者，如神仙般的存在。

在如此的彭祖流傳的發展上，上博楚簡〈彭祖〉中的彭祖形象

---

[18]《老子·第七章》中有「天長地久。天地所以能長久者，以其不自生。故能長生」。又，重視「長」、「久」之言，尚有「揣而銳之，不可長保。」（〈第九章〉）、「自矜不長」（〈第二十四章〉）、「脩之鄉，其德乃長。」（〈第五十四章〉）、「莫知其極，可以有國。有國之母，可以長久，是謂深根固蔕，長生久視之道。」（同前）、「不失其所者久，死而不亡者壽。」（〈第三十三章〉）、「知足不辱，知止不殆，可以長久。」（〈第四十四章〉）等。

佔有極爲重要的位置。彭祖並非邦國之名，很明確地是作爲一個個人的「君」而登場，並與身爲「臣」的耇老做君臣的問答。其主題爲天地之道或人倫，以及國家的永續。另一方面，雖然彭祖作爲個人而被描寫，但個人的長生從未成爲對話的主題。況且，文中全然不見超越世俗的「術」之要素等。從國家或個人的彭祖流傳的指標來看，〈彭祖〉可以說是處於其中間點的位置。

這點在下面的孔子言詞中，亦提供了新的觀點。《論語．述而》中有「子曰：『述而不作，信而好古，竊比於我老彭。』」一句。這裡有關「老彭」的理解雖然有諸多說法，但其中比較令人注意的是，此「彭」乃是彭祖，而「老」則被理解爲冠於彭字之上的尊稱。[19]

在此情況下，則孔子以親暱的口吻所描述的「我可比老彭」，究竟是什麼樣的老彭呢？那斷然不是作爲邦國的彭祖，也不是善於不老長生或房中養生而被視爲神仙的彭祖。孔子的心中，應當是我們在〈彭祖〉中所見到的彭祖形象。戒己不過分，慎修自我，歷經長時間使邦國存續的保守的彭祖之姿，深深捉住了孔子的心吧。將「述而不作，信而好古」作爲理想的孔子，對於那樣的彭祖之姿應當感到強烈的親近感。

如此，上博楚簡〈彭祖〉給予了我們至今被視爲不詳的有關彭祖流傳的發展中極爲重要的線索。同時，在有關老子與彭祖，以及孔子與彭祖的關係的進一步的理解上，亦提示了我們新的可能性。

---

[19] 皇侃《論語義疏》中說：「老彭，彭祖也。年八百歲，故曰老彭也。」

第七章

〈昭王毀室〉中的父母合葬

序言

據說孔子在母親亡故之後，辛苦探訪到曾經不明所在的父親的墓地，並在此處（防）將母親的亡骸與父親合葬在一起（《禮記・檀弓上》、《史記・孔子世家》）。孔子的這種行為，是以家族，特別是父母的遺骸應葬在同一墓地的意識為前提的吧。

如果這是個關於廣義上的生死觀、宗教意識的事例的話，那麼近年來出現了一部探索這個課題的寶貴資料。這就是上海博物館藏戰國楚竹書（上博楚簡）的〈昭王毀室〉。在〈昭王毀室〉中，祈願父母親合葬（文獻中為合「骨」）的「君子」登場，並向楚昭王（西元前515～前489年）直訴其事。

本章首先從這一新的出土資料〈昭王毀室〉開始解讀，指出其結構上的特色。其次，通過與可以見到類似事例的《禮記》、《晏子春秋》等的比較，來釐清登場人物君子對於合葬的意識，以及召見君子的昭王的應對特色等。

另外，作為本文獻的背景，楚國地區關於合葬的實際狀況也成為一個須討論的問題。對此，將以近年來考古學的成果為基礎，確認楚國地區有代表性的墓地、墓葬的形態，來探討〈昭王毀室〉的描述有多少實際反映當時楚國的墓葬制度的問題。

並且，根據以上的分析結果，最終，在與其他戰國楚簡進行對比的基礎上，進一步考察關於本資料的成立情況以及文獻的性質等問題。

第一節　上博楚簡〈昭王毀室〉

首先，介紹一下本文獻的書誌情況。據登載有相片和釋文的《上海博物館藏戰國楚竹書（四）》（馬承源主編，上海古籍出版社，2004年12月，其中，〈昭王毀室〉是由陳佩芬先生釋讀）所述，〈昭王毀室〉與其後面的〈昭王與龔之脽〉合起來一共由十支竹簡構成。完簡簡長四三·三～四四·二公分。竹簡的上下端平齊，有三道編線。右契口。[1]

第五簡下段有墨節，很明顯是被分節爲兩部分。在釋文中，分節的前半部被分在〈昭王毀室〉，後半部被分在〈昭王與龔之脽〉中。其名稱均爲基於內容而取的暫定性名稱。〈昭王毀室〉爲一百九十六字，〈昭王與龔之脽〉爲一百九十二字。十簡合計三百八十八字。

另外，關於書寫年代的問題，〈昭王毀室〉最遲也應該是在戰國中期成立的文獻。本章將立足於這個前提展開論述。

接下來就內容進行探討。以下爲方便說明，把內容分爲四段，另附原文、[2] 現代文翻譯和解說部分。01、02 等是竹簡編號，「■」

[1] 契口是為了使編線不發生偏斜，而在竹簡上刻下的小口。

[2] 這裡所說的原文，是以《上海博物館藏戰國楚竹書（四）》中登載的陳佩芬先生的譯文為底本，筆者最終的釋讀的譯文。因此，個別地方與陳先生的譯

是墨釘，「▮」是墨節，「／」是表示把竹簡的斷裂處輟合的地方。

〈昭王毀室〉首先是以昭王落成了他的宮室（離宮）作爲開始的場面設定。

> 01 昭王爲室於死湑滸，室既成，將落之。[3] 王誡邦大夫以飲飲酒。

楚昭王在「死湑」之畔建立宮室，即將舉行落成儀式典禮。於是請來了大夫們準備開始酒宴。[4]「死湑」可以推測到是個地名。可是如後文所述，這個宮室其實是建立在墓地的旁邊，所謂「死湑」就好像是在暗示著這一事態。

> 既釁落之，[5] 王入將落，有一君子喪服蹣廷，將跖閨。稚人止之，[6] 曰：02「君王始入室、君之服不可以進。」不止，曰：／「小人之告窆將專於今日，[7] 尔必止小人，小人將招寇。」

文在文字的認定上有差異。包含這一點，筆者將在有必要的地方施加注記。

[3] 袼字，釋文讀作「格」（至），但董珊，〈讀《上博館藏楚竹書（四）》雜記〉（「簡帛研究」網站，2005 年 2 月 20 日）中讀作「落」，為落成之意。

[4] 此外，〈昭王毀室〉的故事在《戰國策》、《史記》等傳世文獻中沒有記載。

[5] 釋文中讀為「飲既。啚条之」，啚条尚待考，但董珊先生讀為「飲酒。既釁落之」說釁是修飾落（落成的祭祀）的詞語。

[6] 釋文為侏人，讀解為宮中的御侍。其他還有「寺人」（孟蓬生〈上博竹書（四）間詁〉（「簡帛研究」網站，2005 年 3 月 6 日））、「閽人」（魏宜輝〈讀上博楚簡（四）劄記〉（「簡帛研究」網站，2005 年 3 月 10 日））、「雉人」（鄭玉姍〈《上博四・昭王毀室》劄記〉（「簡帛研究」網站，2005 年 3 月 31 日））、「宗人」（董珊前揭論文）等見解。總之是作為下級差役的門衛的意思。另外〈昔者君老〉中作為類似表現的，有「至命於閤門，以告寺人，寺人入告于君，君曰：『召之。』」

[7] 繸字，釋文待考，但楊澤生，〈《上博四》札記〉（「簡帛研究」網站，2005

[8] 稚人弗敢止。

「釁」的儀式結束後，終於該昭王臨席，舉行落成典禮了。正在這時，一個身裹孝服的「君子」越過宮室的中庭準備進入内門。門衛制止住他，說道：「今天是大王初次進入宮室的吉日，你穿這樣不吉利的喪服是不可以入内的」。但「君子」威脅道：「我有事必須在今天直接拜見大王，如果你阻止我的話，將會招致災禍。」所以門衛便不敢制止。

「釁」是指洒酒以求清潔，或塗血以祭神的意思。本來是指祭祀時用的銅器制成之際，塗以犧牲的血來填埋縫隙之事。[9] 在此被解釋爲對後面的「落」進行詳細說明的詞語。在此，「落」字連續出現兩次，但前者是以建築物或器具爲對象的「落」，而「王入將落」的「落」則可以推測是昭王自己在室内進行的最後儀式。

君子對於門衛制止的言語，強硬地反駁說必須是在今天。而且，如果門衛還要繼續阻攔的話，甚至說將會「招寇」。其意思是說，如果阻攔自己的話將會引起暴亂。但「寇」原本是表示從外部來的災禍（外寇）的用語，[10] 如果重視這個含意的話，可以設想此時其部下正在外邊全副武裝待機而動。

那麼，君子如此強調的「必須在今天辦的事」是什麼事呢？在

年3月24日）中，把該句讀為「小人之告窆將斷於今日。」解釋「告窆」為告知下葬之日的意思。

[8] 「訋」字，釋文根據《玉篇》釋讀為「挈」，取其「牽引」之意，但俞志慧〈讀上博四《昭王毀室》小札〉（「簡帛研究」網站，2005年3月24日）中隸定為「詔」，並解釋為「召（招）」的意思，指出「召寇」在其他的傳世文獻（《左傳》、《荀子》等）中也有用例。

[9] 「將以釁鐘。」（《孟子・梁惠王上》）

[10] 《左傳・文公七年》有「兵作於內為亂，於外為寇。」

接下來的段落裡進行了說明。

> 至03閨，卜令尹陳省[11]爲視日。[12]告：「僕之母辱／君王不逆，[13]僕之父之骨在於此室之階下。僕將殮亡老□□□04以僕之不得，并僕之父母之骨私自敷。」[14]卜／令尹不爲之告。「君不爲僕告，僕將招寇。」

「君子」擺脫了門衛的阻攔進入了內門，此處有向君王轉達上奏的官員「卜令尹陳省」。

「君子」對卜令尹說：「我的母親在這樣的吉日里亡故，辱沒了有德的君王。其實，我父親的遺駭埋葬在這個宮室的地下。我是來

---

[11] 釋文中讀為「卜令」，解釋為楚官名（掌占卜），但范常喜，〈讀《上博四》札記四則〉（「簡帛研究」網站，2005年3月31日）中讀為「辻令尹」，解釋為楚的司法部門的長官，為向楚王報告案件的官職。

[12] 釋文隸定為「見日」，並解釋為「日中」，但陳偉，〈關于楚簡「視日」的新推測〉（「簡帛研究」網站，2005年3月6日）中釋讀為「視日」，並指出「視日」之語在包山楚簡、江陵楚簡中可見，意思是①代稱或尊稱、②官名，有兩種說法。另外，陳先生也指出「視日」原本為「巫」的一種，意味著楚人的原始神判時代的「主審官」，在此，與在傳世文獻中可見的「當日」、「直日」同樣，為轉達向君主的上奏的官職。

[13] 關於「不逆」，釋文指出為君子的謙稱，「不逆之君」為有道之君的意思，如《晏子春秋・內篇問下》：「君子懷不逆之君。」（〈晏子使吳吳王問可處可去晏子對以視國治亂第十〉）。另外，釋文將「母」改讀為「毋」，釋讀為「僕之毋辱君王不逆，僕之父之骨在於此室之階下。」但文意未詳。在此文獻中，「母」、「父」有對應關係，因而可認定為「母」。「母」、「辱君王不逆」，即可解釋成如下的意思：在這樣的落成典禮的吉日裡，進行母親的葬禮是對有德之君王的侮辱。

[14] 釋文釋讀為「并僕之父母之骨私自敷」但文意未詳。董珊前述論文中讀為「并僕之父母之骨屍自宅。」釋文讀為「自塼（敷）」，「塼」為只用于人名的特殊字。「敷」為「數」的同字，「自數」似係指自家的宅地。

進行弔唁的，……。如果不允許的話，我想把雙親的遺骨合葬在自己家的土地上。」[15] 卜令尹沒有向王上奏。於是君子說，如果不把我的話上奏的話，我就引起騷亂。」至此，「君子」急切的願望是什麼已經很明確了，那就是合葬的問題。昭王所建的宮室是在「死湑」之畔。其實，那裡是墓地，是君子的父親被埋葬的場所。恐怕是根據禮的規定，母親的下葬日期迫在眉睫的這樣一個設定吧。「君子」不忍心看著父母的遺骸分離，於是提出了將已經亡故的父親的亡骸與剛亡故的母親的亡駭在此地合葬的請求。

因爲竹簡的第三簡末尾有缺損，缺掉約三個字左右。因此文章的意思不好理解。但是根據前後文來判斷，可以推測到這裡應該有「君子」想把母親與亡故的父親一起弔唁的言語。

然而，宮室已經竣工。於是「君子」說如果不允許把母親的亡駭合葬一處的話，想掘開父親的墳墓，與母親的亡駭一起合葬他處。對君子的言語深感困惑的卜令尹拒絕轉達他的請求。於是「君子」表明了如果不轉達他的請求，他將引起暴亂的決心。

> 卜令尹爲之告。【王】[16] 05 曰：「吾不知其尔墓■。尔何待既落焉？從事。」[17] 王徙居於平漫，卒以大夫飲酒於平漫■。因令至俑毀室▌。

---

[15] 這個部份，因為竹簡有殘缺，意思有不清楚的地方，因此本文中筆者的解釋是暫時的。再者，此處的「骨」字如果按字面解釋，就是改葬（二次葬）的意思，而根據下述的《晏子春秋》，則是合葬的意思。因此，筆者是以廣義的「合葬」義來理解。

[16] 第四簡末尾有一字左右欠損，「王」的可能性很高。

[17] 釋文釋讀為「尔古鬚既格，安從事」，但文意未詳。董珊前述論文釋讀為「爾胡（何）待既落焉從事。」此處的「從事」為合葬父母之事。而且，由「尔何待落」可知，本篇的作者所設想的落成典禮應該持續一定時間或數日。

畏於君子的言語，卜令尹終於向昭王上奏。聞知此事的昭王說：「我原本不知道這裡是墓地，你爲何要等到落成典禮結束呢？現在馬上將父母的亡駭進行合葬。」於是答應了君子的請求。並且王還將場所移到平漫之地，招待了參加落成典禮的大夫們。然後命令至俑拆毀了剛落成的宮室。

在這個場面里，昭王終於登場了。被卜令尹告知事情原委的昭王立刻准許了君子的請求。其原因在於原本不知道這裡是墓地。即昭王並非心懷惡意地故意在此地建立宮室，並且昭王還中止了落成典禮，一面讓結集的大夫們轉移地點召開宴會，一面命令拆毀建好的宮室。從這樣的描述中，我們可以發現，昭王的決斷作得非常迅速，並且他向死者表示了敬意。

以上是〈昭王毀室〉的全文。在此再來看一下其結構上的特色。

第一個特色是，包含導入部分在內，共由四個場面構成。文章較短，場面的轉換迅速而有節奏感。文章的結構容易喚起讀者的興趣。另外，關於君子的迫切願望的內容，到了後半部才終於真象大白，還有以「死滑」之畔這樣一個地名作爲開頭，也爲以後的故事情節埋下了伏線。由以上特點均可看出本文作爲讀物，是在相當程度上意識到讀者的一篇作品。此外，登場人物也呈現多樣化。伴隨著場面的轉換，「君子」與「稚人」、「卜令尹陳省」與「君子」、「卜令尹」與「王」、「王」與「君子」、「王」與「至俑」等，登場人物不斷變換。這幾點，讓人聯想起後世的通俗小說和說唱文學的風格。

第二節　合葬的思想

接下來，探討一下〈昭王毀室〉在內容方面的特徵。實際上，請求合葬的類似故事，在其他傳世文獻中也可以找到。本章通過與這些事例的比較來探討〈昭王毀室〉的特徵。

首先，《禮記・檀弓上》中可以見到如下記載。

> 季武子成寢，杜氏之葬在西階之下，請合葬焉，許之，入宮而不敢哭，武子曰：「合葬，非古也，自周公以來，未之有改也，吾許其大而不許其細，何居？」命之哭。（《禮記・檀弓上》）

這是一個關於季武子（魯公子季友的曾孫季孫夙）在城外建造房屋時，正好杜氏的墓地在這片土地之內，在杜氏的請求下，季武子允許了他進行合葬的故事。得到合葬許可的杜氏，卻顧忌季武子而不敢「哭」，季武子認爲，既然已經允許了合葬這樣的大事，就不必拘泥於那些瑣碎的小事了。於是命令其進行「哭」禮。

引人注意的是，「合葬，非古也，自周公以來，未之有改也。」這段話中所指出的是，合葬並非古代的習俗，是在周代從周公旦以來的傳統禮制。這是在〈昭王毀室〉中沒有被明確提及的一個要素。但《禮記》的文章過於簡短，缺少像〈昭王毀室〉一樣的戲劇性。

對此，《晏子春秋》中所記敘的兩個故事與〈昭王毀室〉一樣，多少具有精心製作的痕跡。

景公成路寢之臺，逢于何遭喪，遇晏子于途，再拜乎馬前。晏子下車挹之，曰：「子何以命嬰也。」對曰：「于何之母死，兆在路寢之臺牖（墉）下，願請命合骨。」晏子曰：「嘻，難哉。雖然，嬰將為子復之，適為不得，子將若何？」對曰：「夫君子則有以，如我者儕小人，吾將左手擁格，右手梱心，立餓枯槁而死，以告四方之士曰：『于何不能葬其母者也。』」晏子曰：「諾。」遂入見公，曰：「有逢于何者，母死，兆在路寢，當如之何〔當牖下〕。願請合骨。」公作色不說，曰：「古之及今，子亦嘗聞請葬人主之宮者乎？」晏子對曰：「古之人君，其宮室節，不侵生民之居，臺榭儉，不殘死人之墓，故未嘗聞諸請葬人主之宮者也。今君侈為宮室，奪人之居，廣為臺榭，殘人之墓，是生者愁憂，不得安處，死者離易，不得合骨。豐樂侈遊，兼傲生死，非人君之行也。遂欲滿求，不顧細民，非存之道。且嬰聞之，生者不得安，命之曰蓄憂。死者不得葬，命之曰蓄哀。蓄憂者怨，蓄哀者危，君不如許之。」公曰：「諾。」晏子出，梁丘據曰：「自昔及今，未嘗聞求葬公宮者也，若何許之？」公曰：「削人之居，殘人之墓，凌人之喪，而禁其葬，是于生者無施，于死者無禮。詩云：『穀則異室，死則同穴。』吾敢不許乎？」逢于何遂葬其母路寢之牖下，解衰去絰，布衣縢履，元冠茈武，踊而不哭。躃而不拜，已乃涕洟而去。（《晏子春秋．內篇諫下第二．景公路寢臺成逢于何願合葬晏子諫而許第二十》）

齊景公在建造正殿的樓臺時，逢于何正好亡故了母親。因爲墓地在景公的樓臺土壁之下，而逢于何又想把新喪的母親和已葬父親的亡駭合葬在一處，就去向晏嬰請求幫助。晏嬰向景公轉達了此事，但聽到此事的景公認爲，從古至今從未曾聽說過，想在君主的宮殿舉行葬禮的事，所以拒絕了這個請求。於是晏嬰向景公進諫說道：「古之人君，其宮室節，不侵生民之居，臺榭儉，不殘死人之墓，故未嘗聞諸請葬人主之宮者也。今君侈爲宮室，奪人之居，廣爲臺榭，殘人之墓，是生者愁憂，不得安處，死者離易，不得合骨。(古代的君王，他的宮室節儉，不侵占人民的居室，他的臺榭樸素，不破壞死人的墳墓，因此從未聽說過請求在君王的宮殿里舉行葬禮的事。現在君王建造宮室講究奢華，掠奪了別人的居所，建造樓臺追求廣大，破壞了別人的墳墓，所以活著的人憂慮不堪，不能安心靜處，死去的人離異分散，無法聚合骨骸。)最後景公接受了諫言，逢于何也終於能夠埋葬了他的母親。之後逢于何脫去喪服，沒有哭，只是流淚而去。

此處，齊景公建造的樓臺，恰好在逢于何的墓地之上，與〈昭王毀室〉的情景設定相類似。而且，最終在允許合葬的結局上也相同。並且，逢于何與晏子的問答在反復進行之後，故事進一步展開，晏子把這件事向景公進行了轉達，以及最終景公引用「詩」來表達自己的想法，答應了合葬的請求等點上，可以說是被賦予了一種故事性。

然而，在〈昭公毀室〉裡，楚昭王在聽到君子的請求後，立刻意識到自己的錯誤，不惜折毀剛完工的宮室來成全合葬。相比之下，齊景公最初拒絕了逢于何的請求，被晏子進諫後才勉強答應。當然，在《晏子春秋》裡，主要是強調了晏子的智慧和能力。而景公則被描繪成在晏子強烈的諫言下，才終於領悟到自己的過失。

以下的資料可以看出與此相同的性質。

景公脊于路寢之宮，夜分，聞西方有男子哭者，公悲之。明日朝，問于晏子曰：「寡人夜者聞西方有男子哭者，聲甚哀，氣甚悲，是奚為者也。寡人哀之。」晏子對曰：「西郭徒居布衣之士盆成适也。父之孝子，兄之順弟也。又嘗為孔子門人。今其母不幸而死，祔柩未葬，家貧，身老，子省，恐力不能合祔，是以悲也。」公曰：「子為寡人弔之，因問其偏柎何所在。」晏子奉命往弔，而問偏之所在。盆成适再拜，稽首而不起，曰：「偏柎寄于路寢，得為地下之臣，擁札摻筆，給事宮殿中右陛之下，願以某日送，未得君之意也。窮困無以圖之，布唇枯舌，焦心熱中，今君不辱而臨之，願君圖之。」晏子曰：「然。此人之甚重者也，而恐君不許也。」盆成适蹶然曰：「凡在君耳。且臣聞之，越王好勇，其民輕死。楚靈王好細腰，其朝多餓死人。子胥忠其君，故天下皆願得以為子。今為人子臣，而離散其親戚，孝乎哉？足以為臣乎？若此而得祔，是生臣而安死母也。若此而不得，則臣請輓尸車而寄之于國門外宇溜之下，身不敢飲食，擁轅執輅，木乾鳥栖，袒肉暴骸，以望君愍之。賤臣雖愚，竊意明君哀而不忍也。」晏子入，復乎公，公忿然作色而怒曰：「子何必患若言而教寡人乎？」晏子對曰：「嬰聞之，忠不避危，愛無惡言。且嬰固以難之矣。今君營處為游觀，既奪人有，又禁其葬，非仁也。肆心傲聽，不恤民憂，非義也。若何勿聽？」因道盆成适之辭。公喟然太息曰：「悲乎哉，子勿復言。」迺使男子袒免，女子髽者以百數，為開凶門，以迎盆成适。适脫衰絰，冠條纓，墨緣，以見乎公。公曰：「吾聞之，五子不滿隅，一子可滿朝，非迺子耶？」盆成适於是臨事不敢哭，奉事以禮，畢，

> 出門，然後舉聲焉。」(《晏子春秋・外篇第七・景公臺成盆成适願合葬其母晏子諫而許第十一》)

齊景公建造樓臺時，一個名爲盆成适的人向晏嬰請求說：「父親的墳墓就在宮殿的跟前，請讓我把已經埋葬在那裡的父親和剛亡故的母親進行合葬。」雖然聽說此事的景公很生氣，但在晏嬰的進諫下，景公才一邊嘆惜，一邊答應此事。盆成适在舉行合葬之際沒有哭，只是在出了門後才開始哭泣。

這篇的內容酷似前篇。文章的開頭也是，一天晚上，景公聽到西邊有男子的哭聲。次日早晨，景公將此事告訴了晏子，於是晏子進行了解釋。以及在聽到合葬請求的景公「忿然作色而怒」的描寫，也具有強烈意識到讀者存在的故事性。這點與前者相同。而且在被允許進行合葬後，盆成适顧忌景公而沒有哭的一點上，也與前篇《禮記》和《晏子春秋》相同。

只是，在這裡需要注意的一點是，請求合葬的盆成适這一人物被設定成「父之孝子，兄之順弟」，又曾經是「孔子門人」。而且還強調「今為人子臣，而離散其親戚，孝乎哉？足以為臣乎？」這裡很明顯可以看出「孝」、「悌」的思想要素。

另外，在晏子的諫諍中，如「忠不避危，愛無惡言。」及「今君營處為游觀，既奪人有，又禁其葬，非仁也。肆心傲聽，不恤民憂，非義也。」等，列舉了「忠」、「愛」、「仁」、「義」等德目。也就是說，作爲說服景公的理由，可以說是儒家性質的德目被強調出來。景公迫於這樣的思想性言論，終於接受了合葬的請求。可以說這與〈昭王毀室〉中，楚昭王出于對死者的敬意而立刻答應了合葬的故事情節的開展，存在著相當的差異。

如此，〈昭王毀室〉與《晏子春秋》的兩篇故事，同樣是合葬的話題，在內容方面卻具備不同性質的側面。〈昭王毀室〉中，焦點集中在提出合葬請求的「君子」與迅速表示理解的「昭王」身上。而《晏子春秋》則突出表現了晏子如何大顯身手，雄辯地說服了景公。在「孝」、「悌」、「忠」、「愛」、「仁」、「義」等德目的有無一點上，兩者也顯示了相反的性質。

而且，從這點上就可以看出〈昭王毀室〉的特色。〈昭王毀室〉在展開合葬的話題時，並沒有使「忠」、「孝」、「仁」、「義」等思想性的要素介入其中。「君子」坦率地懇求父母的合葬，昭王也立即表示理解，准許了合葬。而且，在登場人物眾多的《晏子春秋》中，沒有與晏子所起作用一樣的人物登場。只有下定悲壯的決心、請求合葬的「君子」以及將好不容易建造的宮室「毀室」以促成合葬，這樣的「昭王」集中在讀者的視線之中。

如上所述，可以看出這兩篇故事具有性質不同的要素。然而究竟其先後關係該如何理解呢？在這裡，雖然受資料制約而無法斷言，然而，卻可以設想到如下的一種可能性。合葬的類似故事在《晏子春秋》中有兩篇，《禮記》中有一篇，如果重視這樣的情形的話，就可以認可以下所述的可能性。即這種故事的大致框架，作爲北方的一個故事類型在較早期成立，並且也傳到了南方的楚。如果設想是這樣的一個先後關係，這個故事類型在被容受之際，在〈昭王毀室〉中被施以可說是脫胎換骨的改造。從宣揚像晏嬰一樣特定的思想家或特定思想的內容，劇變爲表彰開明的楚昭王的內容。大框架雖然被保留了下來，但實際上卻發生了很大的變化。

第三節　合葬的實際狀況

那麼，在〈昭王毀室〉中，本來作為北方的故事類型中先行的「合葬」，被如此改造而流傳下來，然而對於讀者來說，能否把它當作一個富有真實感的故事來接受呢？

在前面的《禮記．檀弓上》中，因為合葬是自周公旦以來的傳統禮制，所以季武子同意了合葬。而且，在《晏子春秋》中，也因為景公在墓地的上方建造了樓臺和宮室，所以請求在此地合葬父母的君子登場。最終在晏子的進諫下景公同意了他的請求。在《禮記》和《晏子春秋》中可以看出，「合葬」被描述成為具有一定現實感的行為。在這一點上，前面所述的孔子尋找到父親的墓地所在的防，將母親合葬在那裡的傳承，也可以說是理所當然地以此為前提吧。那麼，對於春秋時期以楚地為舞臺的〈昭王毀室〉，是否也是與此相同呢？

關於合葬（合骨）這一墓葬形態的事例，以下以近年來考古學的見解為基礎，探討一下〈昭王毀室〉中關於合葬的真實性問題。

首先，從合葬這個詞能聯想到的是古代的公共墓地。例如，新**時期時代**晚期的仰韶文化中，在陝西省華陰橫陣村的墓地中被確認的計有二十四座墓葬，其中一號墓是由五個長方形小坑組成，一個坑裡最多十二具，最少四具，埋葬的數量共計四十四具人骨。[18] 另外，在與此相連的龍山文化的墓葬內，被定位為龍山晚期的甘肅省永靖秦魏家的齊家文化墓葬裡，也被確認有九行排列的一百三十二座墓群。在長方形的豎穴墓中，被認為有單身墓、合葬墓等兩種。

---

[18] 中國社會科學院考古研究所編，《新中國的考古發現和研究》（文物出版社，1984 年）。

其中的合葬墓，被分類爲兒童的合葬、成人的合葬、兒童成人的合葬等三類。[19] 而且，同樣在甘肅省武威皇娘娘台 M48 中，也可以見到一男二女的合葬墓。

總之，這些古代文化的事例都是在共同的墓地中埋葬有多具的屍體。而且收殮各具屍體的棺椁沒有得到確認，照字義爲合骨的狀態。

對此，進入周代後，開始見到以本室爲主的墓葬形態。據《周禮》，如「以本俗六，安萬民，一曰孍宮室，二曰族墳墓。」(〈大司徒〉)、「五比為閭，使之相受，四閭為族，使之相葬，五族為黨，使之相救。」(同前) 所述一樣，同族墳墓的制度及管理開始被歌頌起來。而且，在《禮記》中，像「天子之棺四重。」(〈檀弓上〉，鄭注：「諸公三重，諸侯再重，大夫一重，士不重。」) 一樣，棺椁的數量也受規定。在考古學上，河北省中山王墓地、河南省淅川下寺墓地，及湖北省荆門包山墓地、紀山古墓群、江陵天星觀墓地、葛陂寺楚墓、雨台山楚墓等，在同一墓地内散布有複數的墓坑，不論墓主身分的上下尊卑，均可認爲是具有墓室、棺椁的典型家族墓。據郭德維，《楚系墓葬研究》(湖北教育出版社，1995 年) 所述，在葛陂寺楚墓縱長一百三十公尺，横長十八公尺的範圍內，有四十四座墓得到確認。在雨台山楚墓縱長一千零五十公尺，横長八十公尺的範圍內，也有七百餘座墓得到確認。所以，《周禮》、《禮記》中所見的規定實際上應該存在過。

其中特別受到矚目的是湖北省江陵的陂寺楚墓和雨台山楚墓。因爲從其墓葬形態可以認爲是春秋戰國時期的家族墓，其中前者是

[19] 葉驍軍，《中國墓葬研究系列中國墓葬歷史圖鑑（上卷）》(甘肅文化出版社，1994 年)。

一九六二～一九六四年間被發掘出土，以其 M41 是一穴双棺墓而受到矚目，即一個墓坑內收有豎排的同樣形狀的兩個木棺。後者雨台山楚墓是一九七五～一九七六年間被發掘出土，其中的 M463、M483 則是採取了一椁兩棺墓的頗有意思的形態。即，同一墓坑中埋葬有一個大的外椁，其中豎排並列兩個同樣形狀的內棺。遺憾的是墓主的身分尚未明確，總之，葛陂寺 M41 和雨台山 M463 及 M483 雖存在著有無外郭的區別，但均被推測爲夫婦的合葬墓。[20]

而且這些墓全是位於湖北省，即舊楚地的墓葬實例。據論述有關湖北地區的古墓問題的《湖北考古發現與研究》（楊寶成主編，武漢大學出版社，1995 年）所述，春秋戰國時代的楚墓以墓主的身分分類爲以下五種：即，楚王墓，封君、上大夫墓，下大夫、中等貴族墓，士墓，庶民墓。這些墓，根據身分不同，棺椁的數目，墓坑、墓道、封土的規模，副葬品的多寡及陪葬墓的有無等也各不相同，但基本上，各個墓群是由家族墓、同族墓構成的這一點上是相似的。

總結這樣的考古學上的成果，合葬至少可以概括爲三種類型。第一種是在古代文化墓中可見到公共墓地的合葬，不伴棺椁，複數的屍體埋葬在同一墓坑內。第二種是多數的楚墓中可見到的例子，在同一墓地內密集地挖掘墓坑，分別在各個墓室中各埋葬一具屍體的家族墓、同族墓的形態。第三，是在葛陂寺楚墓或雨台山楚墓中所見到的一樣，於同一墓坑內或同一外郭內並置兩個內棺的形態。

那麼，以這樣考古學上的成果爲基礎的話，〈昭王毀室〉的合葬該如何理解呢？首先可以推測的是，在春秋時代的楚昭王治世時，父母的合葬也是反映了一定現實的行爲。在舊楚地的出土例子中，

---

[20] 前述郭德維，《楚系墓葬研究》，及湖北省荊州地區博物館，《江陵雨台山楚墓》（文物出版社，1984 年）。

多數的墓群被認定爲家族墓、同族墓。

只是,〈昭王毀室〉裡請求合葬的人物被表現爲「君子」這一點上須要注意。既然被稱爲「君子」,就應該可以想像到是具備一定身分的人。[21] 如果是這樣,「君子」想要進行的合葬就應該不是前述的第一個類型的合葬,在公共墓地裡不伴棺椁來埋葬屍體。在這裡可以想像得到的,恐怕是第二個或第三個類型。一方面,昭王不知道這裡是墓地而修建了宮室,既然是這樣一個設定的話,就可以想像到那個墓地應該不會有很大的規模,封土也變得與自然地形無法分辨。[22]

結語

以上,本稿分析了上博楚簡〈昭王毀室〉的結構和內容,同時參考了記載有類似事例的其他傳世文獻和近年來考古學的成果,考察了其中談到的合葬的特色。最後,在這裡依據這些考察結果,總結一下〈昭王毀室〉的文獻性質。

首先,〈昭王毀室〉中作爲主題的合葬這一行爲,通過以上考古學的成果, 顯然可以確定爲具有一定現實感的行爲了。可以推測的是,〈昭王毀室〉的編者沒有把它完全當成一個虛構的故事來進行創作,而是把它當成實際存在的真事或是可能發生的事例而舉出來的。

---

[21] 這個「君子」是否被描寫為如傳世儒家文獻中所見的,具有道德性的人格高尚者還不明確。在此,不如理解為表示「君子」的原義,即「貴族」身分的詞。

[22] 關於封土、墳丘,引人注目的是《禮記·檀弓上》中,孔子將要合葬母親之際,將以下的狀況作為不知道父親的墓地的理由,即:「孔子既得合葬於防,曰:吾聞之,古也墓而不墳。」

其次，通過《禮記》和《晏子春秋》的比較，關於〈昭王毀室〉中故事類型的變化和它那應該說是脫離思想性的特色也顯而易見了。不過，子女請求父母的合葬，廣義上而言，可以說是相當於「孝」的行爲。然而，相對於晏子從「孝」、「仁」、「義」等明快的觀點出發以進諫景公，並得到了合葬的許可，〈昭王毀室〉中的「君子」並沒有提出「孝」、「仁」或「義」等，而且，楚昭王也沒有被別人進諫，而是立刻自覺地意識到建造宮室的錯誤，因而允許了合葬，並下令拆毀宮室。在此，與《禮記》或《晏子春秋》相比，於思想性方面可以感覺到很明顯的差異。

另外，在〈昭王毀室〉較短的篇幅裡，擁有具體官名、人名的數名人物登場，並且在場面也頻繁轉換等方面，均採用了與後世的通俗小說或說唱故事的風格相似的結構。這是編撰者強烈意識到當地讀者的結果吧。

關於這點，在與〈昭王毀室〉的末尾用墨節區分開來的後半部，即〈昭王與龔之脽〉裡，也可以說是相同的。雖然〈昭王與龔之脽〉有殘損部分，文意也有不清之處，但依然是由楚昭王和叫龔之脽的人物，以及楚「大尹」登場，全體由幾個不同的場面構成。甚至還有如「天加禍於楚邦，霸君吳王，廷至郢，楚邦之良臣所暴骨」，講述從楚的立場到吳楚兩國的敵對關係的一段。

假設這兩個故事，都設想到廣泛的讀者，而且，是以宣揚明確的思想爲目的的話，那麼，楚特有的地方性要素倒是應該被抽象掉。可是，這兩個故事卻像如實筆錄了一個真實的故事一樣，帶有地方性、具體性等特色。

另外，雖然在同爲戰國楚簡的〈魯穆公問子思〉及〈魯邦大旱〉裡，有穆公和子思、哀公和孔子、子貢等人物登場，也都是具體性很高的文獻。但其爲宣揚孔子和子思等特定思想家的執筆目的很明顯，在以魯爲中心的，作爲孔子學生集團活動區域的產物一點上更是不言自明。這與〈昭王毀室〉相比，還是可以感到文獻性質的差異。

因此，可以說〈昭王毀室〉不是那種爲宣揚特定的思想家或「孝」、「悌」、「仁」、「義」等倫理要素，而面向世界廣泛傳播信息的思想性文獻。而只是以楚王，太子，或貴族等爲主要讀者，而編撰成冊的楚地鄉土性文獻。[23] 楚王的才智和果斷，首次被歌頌就是在楚地。

---

[23] 在此引人注目的是，郭店一号楚墓的墓主曾為楚王太子之師的見解。這是因副葬品中有記錄「東宮之師」的耳杯而得出的假說，如果是事實，一同随葬的楚簡中，含有用來教育太子的文獻的可能性很高。同樣，作為這篇上博楚簡〈昭王毀室〉的讀者，最合適的可以說是昭王以後的楚國的君王或太子吧。學習昭王的事蹟，而且通過讀這個故事可以自然精通楚的官職名和職責，〈昭王毀室〉正是作為這樣一種文獻而具有其存在的意義吧。

第八章

代代相傳的先王故事
——〈昭王與龔之脽〉的文獻性質

序言

關於春秋時代的第二十八代楚昭王（在位西元前 515 年～前 489 年），只有在《史記》楚世家中有少許以與「吳」敵對關係爲中心的記述，至於詳細的事蹟與故事等，則幾乎沒有傳承。

然而，《上海博物館藏戰國楚竹書（四）》（馬承源主編，上海古籍出版社，2004 年 12 月）中，卻收有二篇關於這位「昭王」的文獻。而這兩篇文獻是由竹簡十枚所構成，以第五簡的墨節爲分段，前半爲〈昭王毀室〉，後半爲〈昭王與龔之脽〉。

筆者在前章中針對其中的〈昭王毀室〉，且注目於作爲其主題的「合葬」詳加分析。本章則將承繼以後半部的〈昭王與龔之脽〉進行分析。

在此之際，應特別留意以下兩點。第一點，〈昭王與龔之脽〉的全體文意與結構。關於此資料，雖然在如「簡帛研究」網站等之網路上有若干札記類的發表，卻尚未有貫通全體、清楚明瞭地揭示其文意，解明其文獻性格的論文。唯一例外的只有陳劍的〈上博竹書《昭王與龔之脽》和《柬大王泊旱》讀後記〉(「簡帛研究」網站，2005 年 2 月 15 日) 嘗試挑戰其全體的現代語譯。然而，其尚留有難以了解其文意的地方。又，《上海博物館藏戰國楚竹書（四）》的釋文（陳佩芬所釋讀），亦多爲文意未詳而「待考」。因此，首先我們必須將此資料全讀過一遍，以解明其全體的結構與文意。

第二點，其與前半〈昭王毀室〉的關係。依據先前的探討，在〈昭王毀室〉中的楚昭王被描寫成一位由於對死者的敬意而立即許諾「合葬」的王。即，此文獻中所描述的王是悟性高且容易溝通的人物。那麼，在後半的〈昭王與龔之脽〉中，昭王又是作爲怎麼樣的人物登場的呢？依據這個探討，我們便可闡明這兩篇的共通性亦或相異處。又，有關第五簡的墨節究竟表明了何種程度的區分意識，亦將得到正確的理解。通過以上的考察，筆者認爲最終將能闡明這兩篇文獻的性質。

第一節　〈昭王與龔之脽〉釋讀

首先，筆者將先記述本文獻的書誌。依據附有照片、釋文的《上海博物館藏戰國楚竹書（四）》，〈昭王與龔之脽〉是與緊接在其之前的〈昭王毀室〉合併，由竹簡全十枚所構成。簡長在完整的狀況下是四三・三～四四・二公分。竹簡上下端平齊，共三道編線，右契口。[1]

---

[1] 所謂契口，是為了使編線不脫落而施於竹簡上的小切口。

如前所述，第五簡的中間有墨節，很明顯地是將其分爲二節。釋文中，將至分節點的前半部視爲〈昭王毀室〉，而將其後則視爲〈昭王與龔之脽〉。名稱不論何者皆是基於內容而給的暫定性名稱。字數方面，〈昭王毀室〉是一百九十六字，〈昭王與龔之脽〉一百九十二字。十簡合計三百八十八字。

以下，爲了方便起見，筆者將內容分成兩個段落，以揭載其原文、[2] 現代語譯以及解說。05、06 等爲竹簡編號，「▀」爲墨釘，「█」爲墨節，「／」爲竹簡的斷裂接合的地方，「【　】」爲欠損字補完的地方。

又，關於上博楚簡的筆寫年代，本稿姑且以其最晚爲戰國時代中期成立的文獻作爲前提，以進行考察。在內容的探討終了後，再針對此點重新加以分析。

---

[2] 這裡所說的「原文」，是以收錄在《上海博物館藏戰國楚竹書（四）》中陳佩芬先生的釋文為底本，筆者再做過最終釋讀後的釋文。從而，與其釋文在文字的認定上亦有不同的狀況。筆者認為有必要的地方便會注記。又，目前，並沒有關於本文獻的專論。筆者所參考的札記類，如下所示，全部是收錄在「簡帛研究」網站上的資料。本章在注記有諸位先生之說時，將收錄其姓名。相關題名、收錄日期等請參考下記。

- 陳劍，〈上博竹書《昭王與龔之脽》和《柬大王泊旱》讀後記〉（「簡帛研究」網站，2005 年 2 月 15 日）
- 孟蓬生，〈上博竹書（四）閒詁〉（「簡帛研究」網站，2005 年 3 月 6 日）
- 陳斯鵬，〈初讀上博竹書（四）文字小記〉（「簡帛研究」網站，2005 年 3 月 6 日）
- 侯乃鋒，〈《昭王與龔之脽》第九簡補說〉（2005 年 3 月 20 日）
- 楊澤生，〈《上博四》札記〉（「簡帛研究」網站，2005 年 3 月 24 日）

一、前半部

原文：05▋。昭王蹠06逃珤。龔之腓馭王，將取車。大尹遇之，披裀衣。大尹入告王：「僕遇腓將取車，披裀衣，腓介趣君王，不07獲引頸之罪。君王，至於正冬而披裀衣」。王召而與之衽褓。龔之腓披之，其衿見至逃珤。王命龔之腓08毋見。

譯文：昭王欲赴逃珤之地，而擔任御者的龔之腓正準備出動。正巧大尹目擊到此幕，見龔之腓穿上看來會很冷的衣著。於是大尹入昭王的屋內稟報：「我見到龔之腓正在做行車的準備，而他正穿上衣服。龔之腓擔任大王您的御者，並未犯什麼大罪。君王您在這即將入寒冬最冷的季節，忍心讓他穿那樣單薄的衣裳嗎？」於是，昭王召見龔之腓，給予他棉襖的上衣。龔之腓將其穿上，卻在露出其衣襟的模樣下，往赴逃珤。昭王因此禁止謁見龔之腓。

讓我們添加若干語注吧。關於「逃珤」，釋文讀爲「珧寶」，「珧」爲「江珧」之意，整體爲「〈昭王與龔之腓〉敍述昭王爲珧寶之事」，然則與後文的關係不明。相對於此，陳劍先生則是讀爲「逃珤」，並視之爲地名。筆者在此從陳先生之說。

「龔之腓」是人名。雖然陳劍先生寫爲「龔之脽」，但不論哪一者皆是傳世文獻中未見之人名。關於「大尹」，釋文視爲楚之官名的「大攻尹」。「裀衣」是重疊的襯衫（貼身汗衫）。陳劍先生認爲這是「複衣」或「夾衣」，是作爲冬服而言不十分禦寒的衣物。

關於「牌介趣君王」，釋文是將「介」做「孤獨」，「趣」做「騶」，「介騶」則爲「獨自駕御」之意。楊澤生則是讀爲「牌示趣君王」，將「示」作爲「語」之意，並更進一步解爲「牌叫大尹至君王之處」之意。然而，由於「介」含有救助之意，因此筆者在此是取「介騶」是爲擔任御者之意。

「引頸」指的是伸出頭顱赴死。大尹則是對楚王提出龔之牌並沒有犯下那麼大的罪過的辯護。對此，楚王的反應是「王召而與之衽裍」一句，釋文是做「王訋而余之衽裍」，陳劍則是讀爲「王召而舍之領袍」。關於「衽裍」（領袍），陳斯鵬認爲是《史記・范睢傳》中「須賈意哀之，留與坐飲食，曰：『范叔一寒如此哉。』乃取其一綈袍以賜之。」所見之「綈袍」（棉襖的上衣）。不管如何，即楚王採納了大尹的諫言，進而給予龔之牌禦寒用的厚衣之意。釋文釋讀爲「余」的文字，筆者在此是解爲「與」之意。

龔之牌接受禦寒用厚衣的行動，被描寫成「龔之牌披之，其衿見至逃珤」，釋文讀做「龔之牌披之其衣，見舉珧寶」，然而，陳劍先生釋讀爲「龔之牌披之，其衿視至逃珤」，孟蓬生先生亦讀爲「龔之牌披之，其裣見」。這裡雖然是難解的地方，但其關鍵應是「裣（衿）見」。所謂「裣（衿）見」，筆者推測應是沒有緊閉其衣襟，在暴露身體的情況下穿上的意思。類似之語有「披襟」，[3] 而衣襟敞開著絕不是好的意思。亦有用作降伏的比喻的例子。[4] 相反地，儀容正確的樣子稱做「正襟危坐」，[5] 整理衣襟顯示出恭敬的樣子則稱作「斂衽」。[6]

---

[3] 《文選・宋玉・風賦》中有「有風颯然而至，王乃披襟而當之。」一句。

[4] 《文選・沈約・應詔樂遊苑餞呂僧珍詩》中有「函轘方解帶，嶢武稍披襟。」一句。

[5] 《史記・日者列傳》中有「宋忠、賈誼瞿然而悟，獵纓正襟危坐。」一句。

[6] 《戰國策・楚策一》中有「一國之眾，見君莫不斂衽而拜，撫委而服。」一句。

如此一來，若考慮到衣襟含有的獨特的意義，筆者認爲在此，是由於龔之脽的著衣方式不適切，重視著衣態度的昭王遂給予龔之脽懲罰之意。承繼此事態，大尹與昭王接著展開的對話，便是後半部。

二、後半部

原文：08 大尹聞之，自訟於王：「老臣爲君王守視之臣，罪其容於死。或昧死言，僕見脽之寒也，以告君王。今君王有命 09 脽毋見。此則僕之罪。」王曰：「大尹之言脽，何訛有焉。天加禍於楚邦，霸君吳王廷至於郢，楚邦之良臣所暴 10 骨，吾未有以憂其子。脽既與吾同車，有／【衿】衣，思邦人皆見之。」三日焉，命龔之脽見。

譯文：大尹聽聞此事，自己向昭王提出陳訴。大尹說：「老臣身爲君王身邊的守視之臣，其罪値得一死。我知道這是不敬之言，然而見到了龔之脽寒冷的樣子，於是告知大王。然而現在，君王卻禁止謁見龔之脽。這說起來是老臣的罪過呀。」於是昭王說：「大尹稟報龔之脽之事，有何罪過？（爾所言甚是。只不過我禁止謁見龔之脽的理由如下。）天降禍於我國，身爲霸君的吳王闔閭之軍隊已殺到我都之郢。此時，我國良臣因敗戰而屍骨曝曬荒野。而我至今仍沒有施予其遺孤充分的慰勞。只是，給予龔之脽作爲我的御者同乘一車的優遇。可是他卻未能理解此意，在露出衣襟的模樣下乘

> 車。我因爲考慮到國人見到他的模樣（因此，作爲短期的警惕，而採取了謁見禁止的處置）。」三日後，昭王（解除處置）命龔之脽可恢復謁見。

有關此後半部，以陳佩芬先生的釋文或句讀，無法讀解的地方甚多。首先，關於「老臣爲君王守視之臣」，釋文是以「老臣爲君王守，見之，臣罪其容於死」釋讀，然文意未詳。陳劍則是以「老臣爲君王守視之臣，罪其容於死」做句讀，將「守視之臣」譯爲「守邦視政的執政大臣」。應是指經常視察君王的身邊的職分的臣下。

「罪其宊（容）於死」的「宊」字，釋文是讀作「容」，並注爲容貌，然文意未詳。這裡不是當於死罪之意嗎？有關「容於死」的用例，可參見《孟子‧離婁上》：「況於為之強戰，爭地以戰，殺人盈野，爭城以戰，殺人盈城。此所謂率土地而食人肉，罪不容於死。」

有關「昧死」，釋文是釋讀作「聞死」，然陳劍是讀作「昧死」，並認爲是「冒死」之意。「昧死」是「斗膽到不知該當死罪」之意，指不反省是爲失禮之事仍斗膽去做，是臣下向君主發言時的用語。可見於《韓非子‧初見秦》中的「臣昧死，願望見大王。」

關於「倉（寒）」字，釋文是解爲「倉卒」、「倉皇」（慌亂失措）之意，陳劍則是據「倉」、「蒼」、「滄」、「寒」字形類似，可予以轉換互用，進而讀爲「寒」。

關於「訴（訛）」字，釋文是釋讀爲「訓」，然文意未詳。陳劍則是將之視爲「訛」（過）的誤寫。

接著，是楚王訴說與吳的敵對關係的部分，以「天加禍於楚邦」，將自國的敗北視爲「天」所降之「禍」。這在考察有關中國古代的天的思想之際，會成爲重要的資料吧。同上博楚簡的〈魯邦大旱〉、〈柬大王泊旱〉中，我們可窺見到旱魃是爲天降之災禍的思想。這些皆反映出稱爲旱魃的大災害或國都被奪取的戰災等，皆爲天所降之懲罰的意識。

而這裡所說的楚的敗北，雖是依據吳王闔閭(闔盧)(？～前 496 年）之軍的侵攻，然被認爲是意指這一點的「霸君吳王廷至於郢」的部分，釋文在釋讀爲「怕君吳王廷，至於郢」之餘，又說「本句語意不明」。陳劍是視爲「快君吳王身至於郢」，然孟蓬生則認爲君主不太可能親自自「身」進入他國，因此讀爲「霸君吳王、廷至於郢」,「廷」爲「逞」(徑行、直行）之意。又，侯乃鋒先生以《風俗通義・五伯》的「仁不純，爲霸君也。」爲例，認爲「霸君」並不一定是稱讚，而只是楚方如此稱呼吳王而已。

被認爲是敘述楚敗北情形的「楚邦之良臣所暴 10 骨」一句，釋文是以「楚邦之良臣所慧。骨」做句讀，而「慧」(亦或「衛」) 則是指敏、智之意，然文意未詳。陳劍先生讀爲「暴骨」。這應該是依據吳的侵入郢造成許多戰亡者而做的解讀。

接下來的「吾未有以憂其子。脾既與吾同車」，意思是，「我（昭王）至今仍沒有施予其遺嗣充分的慰勞，而只是給予龔之脾作爲我的御者同乘一車的優遇。」而關於句讀的位置，雖然文意幾乎相同，然亦有讀爲「楚邦之良臣所暴骨，吾未有以憂，其子脾既與吾同車」的可能性。

述及對於這樣的特別待遇未能加以理解的龔之脾所採取的態度，我們可以認爲是接下來的「有【衿】衣」。對此，我們可以理解爲這樣的意思：對於戰亡的「楚邦之良臣」的遺孤之一的龔之脾，我（昭王）是以特別待遇給予他與我同乘的御者身份，而他卻未能理解此意，沒有以正確的著衣方式著衣（採取了不遜的態度)。由於釋文的「或□衣囟」欠缺一字，「衣囟」之義未詳，然陳劍補入二字，將「囟」讀爲「思」，進而視爲「或舍之衣，思」。陳劍認定爲「舍」的字，由於只有上部殘存，因而也可能隸定爲前出的「裣（衿）」字。在此，筆者則是考慮與前半部的整合性，如右所述補字嘗試予以解釋。

所謂「思邦人皆見之」，意思是我（昭王）想到國人注視著龔之脾不遜的態度。陳劍先生將此處前後的部分譯爲「現在有死難者之子龔之脾既跟我同車，我賜給他衣服，想讓國人都看見，以瞭解我存恤烈士之後的心意啊。」然若如此，則無法解釋昭王究竟爲什麼要禁止龔之脾謁見，以及此處置何以在三日間便解除。

最後的「三日焉，命龔之脾見」，是對於將對吳戰爭中的遺孤的弔慰（升爲御者的提拔以及厚衣的賞賜）視爲無所謂，並採取不遜的態度的龔之脾，採取了謁見禁止的處置，然而那並非是發自昭王個人的怒火，而是顧慮到其他的國民或遺孤們，然後給予輕度懲戒。因此，謁見禁止才會僅僅三天便被解除之意。

如此，〈昭王與龔之脾〉即是記載了有關楚昭王與龔之脾的故事的文獻，結構比起〈昭王毀室〉稍微複雜一些。核心部分亦有文字的欠損，全體的文意難解。只不過，龔之脾與昭王之間的關係明瞭。龔之脾是爲對吳戰爭的遺孤，雖然受提拔爲昭王的御者，卻表現出不適切的態度，於是被昭王給予輕度的懲罰。一方面，昭王是顧慮到龔之脾的態度會引起其他的遺孤或國民的反感，進而禁止謁見，然而同時也了解龔之脾並沒有那樣的惡意。從而，昭王在其他的遺孤或國民的面前，給予龔之脾懲罰，然而那是發自昭王深謀遠慮的輕度懲戒罷了。

第二節　與史實的對應

以上，筆者試著將〈昭王與龔之脽〉全文解釋了一遍。這個故事，全然不見於其他的傳世文獻中。只是，在後半部有可以被認定爲有關於吳楚戰爭的記述。我們可以假設這個故事有一定的史實作爲背景的可能性。針對這一點，本章將依據《史記．楚世家》的記述，就〈昭王與龔之脽〉與史實的關係加以探討。

根據《史記．楚世家》，楚遭受到吳的攻擊，國都郢被侵略是楚昭王十年（西元前 506 年）的事。吳軍來襲之際，雖然身爲將軍的子常予以迎擊，然而子常卻戰敗，逃亡至鄭。由於楚軍敗走，吳軍乘勝追擊，期間五次對戰攻擊郢都。昭王因此從郢逃走。此部分的記述如下：

> 十年冬，吳王闔閭、伍子胥、伯嚭與唐、蔡俱伐楚，楚大敗，吳兵遂入郢，辱平王之墓，以伍子胥故也。吳兵之來，楚使子常以兵迎之，夾漢水陣。吳伐敗子常，子常亡奔鄭。楚兵走，吳乘勝逐之，五戰及郢。己卯，昭王出奔。庚辰，吳人入郢。（《春秋》云十一月庚辰）

之後，昭王亡命至雲夢，後再逃到鄖（楚的一個村邑），更進一步又逃到隨（楚的屬國）。其艱難的過程，記述如下：

> 昭王亡也至雲夢。雲夢不知其王也，射傷王。王走鄖。鄖公之弟懷曰：「平王殺吾父，今我殺其子，不亦可乎。」鄖公止之，然恐其弒昭王，乃與王出奔隨。吳王聞昭王往，即進擊

> 隨，謂隨人曰：「周之子孫封於江漢之閒者，楚盡滅之。」欲殺昭王。王從臣子綦乃深匿王，自以為王，謂隨人曰：「以我予吳。」隨人卜予吳，不吉，乃謝吳王曰：「昭王亡，不在隨。」吳請入自索之，隨不聽，吳亦罷去。

但在昭王去郢之時，同時派遣大夫申包胥至秦請求救援。秦回應此求助，以兵車五百輛救援楚，楚亦將敗殘兵集合，與秦聯手共同伐吳。昭王十一年（西元前 505 年）六月，楚於稷（楚的一個村邑）破吳，吳王闔閭因吳國內亂而歸國。同年九月，昭王歸國入郢。〈楚世家〉記述如下：

> 昭王之出郢也，使申鮑胥請救於秦。秦以車五百乘救楚，楚亦收餘散兵，與秦擊吳。十一年六月，敗吳於稷。會吳王弟夫概見吳王兵傷敗，乃亡歸、自立為王。闔閭聞之，引兵去楚，歸擊夫概。夫概敗，奔楚，楚封之堂谿，號為堂谿氏。楚昭王滅唐。九月，歸入郢。

然而，昭王十二年（西元前 504 年），吳再次伐楚，並奪取了番（楚的一個村邑）。楚因恐懼而放棄郢，將北方的鄀作爲首都。這是第二次的危機。〈楚世家〉云：「十二年，吳復伐楚，取番。楚恐，去郢，北徙都鄀。」

然後，昭王二十一年（西元前 495 年），吳王闔閭伐越，越王句踐使吳王負傷，闔閭遂亡。吳因此將矛頭轉向越，不再伐楚。楚因爲這件事而脫離危機。〈楚世家〉云：「二十一年，吳王闔閭伐越。越王句踐射傷吳王，遂死。吳由此怨越而不西伐楚。」

昭王逝世是在二十七年（西元前 489 年）。那年春天，吳在伐陳之際，昭王因救援陳而布陣於城父（楚國的屬邑）。同年十月，昭王在陣中病故。

接下來，請先將如此的吳楚關係放在心上，讓我們回頭看看〈昭王與龔之脽〉整個故事的內容。在〈昭王與龔之脽〉中，昭王做了這麼一段敘述：「霸君吳王廷至於郢、楚邦之良臣所暴 10 骨」。筆者認爲，這應該是指昭王十年（西元前 506 年）郢遭陷落之事。一年後，昭王因爲秦的援助與吳的內亂而奪回了郢，然而戰敗的傷痕甚深，以致於國力的遲遲無法充分恢復。翌年，再度演變成放棄郢的狀況。

若然如此，昭王感嘆「吾未有以憂其子」之事，我們可以推測是反映出自昭王十一年至十二年間的狀況之事。此時，楚雖然成功奪回郢，但在救濟、體恤的政策上卻尚未達到充分的機能上的運作。

從而，得到作爲君王御者的厚遇，卻露出「衿見」此般不遜的態度來操車的龔之脽的姿態，在戰敗的傷痕尚未痊癒的國民或其他遺孤們的眼中，看起來是甚不適切的模樣吧。筆者認爲，昭王是因爲畏懼此事可能造成的後果，所以採取了作爲戒訓的謁見禁止的處置。

如此，〈昭王與龔之脽〉是在吳楚對立、郢的陷落以及奪還爲史實背景的篇章。龔之脽這個人物也是，雖然不見於其他的傳世文獻中，但據筆者推測，恐怕對當時的楚人而言，是作爲對吳戰爭的遺孤之一，眾所熟識的名字。

先前考察過的〈昭王毀室〉亦同，我們可以認爲「合葬」是作爲含有一定的真實的行爲而被接受的，然而直訴「合葬」的人物僅以「君子」表現，並沒有記入固有名。相對於此，本文獻中則是明確記載著龔之腓的具體的人名。從這點看來，本文獻並非是捏造出來的虛構對話，而是以一定的史實作爲基礎進而記載下來的篇章。

第三節　〈昭王與龔之腓〉的文獻性質

接下來，讓我們針對〈昭王與龔之腓〉的文獻性質加以探討。筆者在前章對〈昭王毀室〉的分析，已指出那並不是特定的思想家或爲了宣揚「孝」、「悌」、「仁」、「義」等的倫理要素廣泛地向世界發出的思想上的文獻，而是以楚王、太子或貴族等爲主要讀者，進而被編纂的楚的在地性文獻的可能性甚高。

與這點相關進而受到矚目的，是將上博楚簡〈昭王毀室〉、〈昭王與龔之腓〉及〈柬大王泊旱〉這三篇文獻視爲一同握在楚人手中的陳偉先生的見解。

陳偉於〈《昭王毀室》等三篇的幾個問題〉（2005 年，美國芝加哥大學東亞半月弧語言與文化學系「中國文字理論與實踐國際研討會」,《出土文獻研究》第 7 輯）中指出，這三篇是春秋時代所流行的「語」的形式的作品。所謂「語」，在如下《國語・楚語上》開頭的〈申叔時論傅太子之道〉中可見：

> 問於申叔時，叔時曰：「教之春秋，而為之聳善而抑惡焉，以戒勸其心。教之世，而為之昭明德而廢幽昏焉，以休懼其動。教之詩，而為之導廣顯德，以耀明其志。教之禮，使知上下之則。教之樂，以疏其穢而鎮其浮。教之令，使訪物官。<u>教之語，使明其德，而知先王之務用明德於民也</u>。教之故志，使知廢興者而戒懼焉。教之訓典，使知族類，行比義焉。」

這是楚的賢人申叔時作爲太子教育的內容，對楚莊王（在位西元前六一三～前五九一年）所論述的篇章。所謂「語」，作爲應教授予太子的文章，是與「春秋」、「世（先王的系譜）」、「詩」、「礼」等同樣受到重視的九科之一，且被定義爲「教之語，明其德，知先王之務用明德於民。」又，關於此「語」，韋昭以「語，治國之善語」解說。即，統治國家時可供參考的名言之意。更進一步，大野俊的〈解題〉(收於《國語》，明治書院、一九七五年)，則是重視含有「語」的「會話」的形式上的特色。

現在，讓我們暫且將〈柬大王泊旱〉放一邊，僅就有關於昭王的這兩個故事，看看其是否該當爲此「語」來進行分析。

首先，〈昭王毀室〉的內容所說的是昭王所建築的離宮在「君子」的父親的墓地之上，而正巧在其落成式之時，適逢母親逝世的君子提出將其父母合葬的願望，這樣一個故事。看門的人與呈上奏摺的官員等試圖制止君子，然而昭王卻聽取了這名君子的陳訴，立即許諾了合葬，且下令將剛建好的離宮拆毀。記載了同樣事例的《晏子春秋》則是寫著在遇到合葬的陳訴之時，齊景公面顯難色，待晏嬰諫言才勉勉強強地允諾。與此相較，昭王的行爲在對死者的敬意、知性、與決斷的速度上，皆可看出其可視爲出色的地方。我們可以說，許諾合葬、下令拆毀離宮的昭王的言行，簡直可加入「明其德」的「善語」的範疇。又，此故事是以會話爲中心所構成的，在這一點上，亦與「語」的性質一致。

那麼，在〈昭王與龔之脾〉中的昭王又是如何呢？一開始，對於龔之脾的薄衣裳感到於心不忍的大尹向昭王諫言。他誠懇地說：「就要進入寒冬了，讓御者穿那樣單薄的衣服，這樣好嗎？」昭王被大尹如此說，首次給予了龔之脾棉襖的服裝。至此，乍看之下，在敘述中有錯的是昭王，因而此內容與「善語」無關。

然而，昭王之所以沒有下賜予龔之腓厚衣，是由於對吳戰爭敗北的這樣一個背景。首都郢一度被吳所奪取，楚國已然疲憊不堪。在這樣的情況下，任用龔之腓爲御者，對昭王而言已經是相當優厚的待遇，昭王也尚未施予對吳戰爭中的遺孤們豐厚的救濟及體恤的政策。

對於昭王這樣的立場與心情無法充分理解的龔之腓，竟以「衿見」如此不遜的態度操車。昭王立即禁止龔之腓謁見。而感到驚訝的是大尹。因爲他萬萬沒想到自己的發言會招致這樣的事態。大尹於是立即進言，希望能撤回禁止謁見的處置。

然而昭王已大約衡量了大尹的心情，開始對於爲何會採取禁止謁見的處置進行說明。那是出自對於對吳戰爭中的遺孤們的顧慮。已經得到御者待遇的龔之腓顯示出那樣的態度，會給予其他的遺孤亦或國民不好的影響。如此思慮的昭王，因此才會以禁止謁見龔之腓作爲輕度的懲罰。因此，此項處置才僅僅三天便被解除。

如此，我們可以說，這個故事是以描寫對於對吳戰爭後的昭王的深謀遠慮爲主要著眼點之一。即，這個故事也是以彰顯昭王爲考量而撰寫。又，君王與臣子的對話佔有故事的中心這一點，亦與〈昭王毀室〉相同。

只不過，昭王甚至曾二度棄置國都郢，我們將他理解爲被彰顯的君王真的對嗎？或者，此〈昭王毀室〉、〈昭王與龔之腓〉中的昭王評價是異樣的例子？

在這一點上，受到注目的是見於《史記．楚世家》中的孔子之言。孔子所評論的故事如下：

> 二十七年春，吳伐陳，楚昭王救之，軍城父。十月，昭王病於軍中，有赤雲如鳥，夾日而蜚。昭王問周太史，太史曰：「是害於楚王，然可移於將相。」將相聞是言，乃請自以身禱於神。昭王曰：「將相，孤之股肱也，今移禍，庸去是身乎！」弗聽。卜而河為祟，大夫請禱河。昭王曰：「自吾先王受封，望不過江、漢，而河非所獲罪也。」止不許。

昭王於二十七年（西元前 489 年）十月，在城父（楚的一個村邑）的軍陣中因病倒下。當時，赤雲有如鳥般夾日而飛。周太史說：「是害於楚王，然可移於將相。」將相們亦自請願領受其害，然而昭王卻沒有予以允許。又，依據占卜，黃河的神正在作祟，因此大夫希望向黃河的神祈願，然而，昭王卻說「河非所獲罪也」，而未予以允許。在陳聽聞此事的孔子，做了如下的批評。「楚昭王貫通著大道。其不失國乃爲當然。」（孔子在陳，聞是言，曰：「楚昭王通大道矣。其不失國，宜哉。」）

即，昭王拒絕以求僥倖的態度仰賴於神，而孔子將其姿態視爲通於「大道」，而給予極高的評價。又，所謂「其不失國，宜哉。」的評語，亦是針對被吳奪去郢之後，短期內便又恢復其失地這一點上的評價。

更進一步，在《史記・吳太伯世家》中，有關吳侵攻楚之際，雖有記載其戰略，然被吳王闔閭問及戰略的伍子胥與孫武卻做了如下的回答。

> 九年，吳王闔廬請伍子胥、孫武曰：「始子之言郢未可入，今果如何？」子對曰：「楚將子常貪，而唐、蔡皆怨之，王必欲大伐，必得唐蔡乃可。」

即，作爲對楚侵攻的理由，伍子胥與孫武求諸於楚的將軍「子常」的「貪」欲。因此說，由於楚的隸屬國「唐」與「蔡」正怨恨楚，若能使此二國與我方合作則必能成功。此處強調了將軍子常的不是，但對於楚昭王卻沒有任何批判。可見從敵國軍師們的眼裡看來，楚昭王亦非是作爲一位能夠責難的對象。

如此，若將《史記》的記述也納入參考，則我們可以知道對昭王的評價並非〈昭王毀室〉、〈昭王與龔之脽〉所特有。由於這裡是排除關於〈柬大王泊旱〉的討論而進行的，因此，是否能將此三份文獻全部認定爲「語」的形式，筆者暫持保留的態度。但至少，我們可以說，不論〈昭王毀室〉或〈昭王與龔之脽〉，在作爲正面評價昭王言行的文獻這一點上，它們擁有共通的性質。[7]

若然如此，第五簡的墨節的意義亦自明瞭。那並不是爲了顯示出性格全然迥異的兩篇文獻的區分，而可以說是將同一文獻的內部分節的標號。〈昭王毀室〉與〈昭王與龔之脽〉一樣，是記載了「明其德」的「先王」的故事之文獻，而這份文獻最有可能的讀者，我們可以認定是昭王以後的楚王、太子、及貴族們。

---

[7] 假設，這些真的是「語」的形式的文獻，則我們可以說以《國語》為代表的「語」的形式的文獻，與此上博楚簡中所見的形式相比較，是為較早形成的文獻吧。

結語

以上，本章在有關上博竹簡〈昭王與龔之脽〉的內容及文獻的性質上詳加討論。〈昭王與龔之脽〉與〈昭王毀室〉都是記載昭王故事的文獻。

那麼，這些文獻的成立年代又是如何呢？昭王在位期間是西元前五一五～前四八九年，本文獻中以「昭王」稱呼其謚號。從這件事看來，這些文獻成立的年代上限是在春秋末期的西元前四八九年。另一方面，竹簡筆寫的下限應是西元前二七八年。即，此文獻於春秋末期至戰國中期的期間內成立的可能性很高。

只是，在昭王逝世那麼久之後，才突然有編纂這些文獻的必要性，這樣的說法未免稍嫌薄弱。這裡，雖然找不到確切的根據，然而筆者希望指出，〈昭王毀室〉與〈昭王與龔之脽〉等，在昭王歿後尚未經過一段很長的時間，便已被編纂成篇，這樣的可能性較高。

上博楚簡是一九九四年，在香港的古玩市場被發現的竹簡。亦是因盜掘而流出的竹簡，其出土地被推測爲是現今的湖北省（古時楚國的領地）。[8] 若是如此，則擁有這些竹簡作爲陪葬的墓主，這名楚人，有可能在生前是將這些記有昭王故事的竹簡慎重地保存著。

對楚人而言，昭王是一位應當代代相傳的偉大先王吧！

---

[8] 請參考《上海博物館藏戰國楚竹書（一）》（馬承源主編，上海古籍出版社，2001 年）的「前言」。又，關於上博楚簡與郭店楚簡同樣是自紀山古墓群盜出的盜掘品的可能性，請參考戰國楚簡研究會，〈中國湖北省 荊門·荊州 學術調查報告〉（《中國研究集刊》第 38 號，2005 年）。

第四部分

睡虎地秦墓竹簡研究

第九章

秦律的理念

序言

本章首先探討出土秦律的實際狀態。新獲得的睡虎地秦墓竹簡是提供關於秦的法律與當時社會情況最重要的第一手資料之一。雖然這些資料只不過是秦法律的一部分，甚至大部分的內容可以說是以南郡統治相關法律爲中心所抄錄下來的。然而，筆者認爲從中應能找出秦律基本的特質，並以此爲根據推測秦律的全貌。

下面，我們以〈秦律十八種〉、〈效律〉、〈秦律雜抄〉、〈法律答問〉、〈封診式〉爲線索，一方面整理出其中所包含的秦的政治理念，一方面探討出土秦律的特質。

第一節　中央集權化

在數量龐大的秦律中，貫串全體的最大特徵，是其強烈的中央集權化之理念。

一、農業生產的掌握

從商鞅的重農抑商政策以來，秦最重視的產業即爲農業。在農業相關法規中，中央集權化的理念首先顯著地表現出來。

> 雨為澍，[1] 及秀粟，輒以書言澍稼、秀粟及墾田暘無稼者頃數。稼已生後而雨，亦輒言雨少多、所利頃數。旱及暴風雨，水潦，螽，群它物傷稼者，亦輒言其頃數。近縣令輕足行其書，遠縣令郵行之，盡八月□□之。(〈田律〉，19)

此田律中，報告穀物的育成狀況、雨量以及暴風雨、水害、蟲害等狀況是義務性的。以八月底作爲期限，爲的是根據各縣送來的報告，概算出當年的收穫預定量。此外，也指定了其傳送方式，近縣以「輕足」，遠縣以「郵」，企圖使報告徹底化。在此，國家權力對於基層社會的強力介入也可見一斑。秦國試圖以直接掌握各地農業生產的實際情形來控制其版圖。

此外，如上的「墾田」或是如下內容中的「受田」等用語之出現，意味著農民的耕作地被記載於土地台帳中，且成爲租稅的對象。

---

[1] 以下，在釋讀睡虎地秦簡之際，將以睡虎地秦墓竹簡整理小組所編之《睡虎地秦墓竹簡》（文物出版社，1990 年）作為底本。釋文中有根據《睡虎地秦墓竹簡》的附註或是管見更改字句之處，但因避免繁雜不逐一註記。只是，關於《睡虎地秦墓竹簡》中補齊竹簡的欠落的字句以【】表示，重要的釋讀以（）表示，難解字句則以〔〕加以簡潔的補注。□則代表原簡的欠字無法判讀的狀況。此外，〈法律答問〉、〈秦律雜抄〉各略記以〈答問〉、〈雜抄〉。並且在引用文的末尾標記《睡虎地秦墓竹簡》中譯文的頁數。

入頃芻藁，以其受田之數，無墾不墾，頃入芻三石、藁二石。芻自黄魚禾〔乾葉〕及歷束〔亂草〕以上皆受之。入芻藁，相輸度〔換算〕，可也。(〈田律〉，21)

上文中的「芻藁」是一種附加稅的相關法律，揭示了每一單位面積，即每一公頃的納入量爲「芻三石、藁一石」。並且，無論「墾與不墾」都須要徵收，由此可見嚴格的稅制確實存在。[2]

而且，在「受田」工作的農民也仍受到國家的嚴格管理：

匿敖童〔成童〕，及占癃〔廢疾〕不審，典、老贖耐。百姓不當老，至老時不用請，敢為詐偽者，貲二甲。[3] 典、老弗告，貲各一甲。伍人，戶一盾，皆遷〔放逐〕之。傅律。(〈雜抄〉，87)

縣上食者籍及它費太倉，與計偕，都官以計時讎食者籍。(〈倉律〉，28)

有為故秦人出，削籍，上造以上為鬼薪，公士以下刑為城旦。游士律。(〈雜抄〉，80)

---

[2] 〈法律答問〉提示了稅制整備此事，其說：「部佐，匿諸民田，諸民弗知，當論不當？部佐為匿田，且何為？已租諸民，弗言，為匿田；未租，不論為匿田。」(〈答問〉，103)。

[3] 在秦律中頻繁出現的量刑「貲甲」、「貲盾」是以貲一盾、貲二盾、貲一甲、貲二甲、貲二甲一盾的順序由輕到重，從〈法律答問〉「當貲盾，沒錢五千而失之，何論，當誶。」的記載中，可以了解貲一盾相當於五千錢的罰金。在秦律中可見到的刑名，可參照堀毅，〈秦漢刑名考——以雲夢出土秦律為主——〉(《早稻田大學大學院文學研究科紀要》別冊 4，1977 年)、陳抗生，〈《睡簡》雜辨〉(《中國歷史文獻研究集刊》第 1 集，1980 年)、冨谷至，〈古代中國的刑罰——髑髏所言語的——〉(中公新書，1955 年)以及《秦漢刑罰制度之研究》(同朋社，1998 年)等書。

根據以上文句，在青年時期完成登錄手續的農民，到年老爲止，都根據此「籍」受到國家的控制。其戶籍在每年上計吏上京之時一齊被檢查。若有些人「削籍」成爲「游士」，或有「匿敖童」、「至老時」不申告等的「詐偽」發生，除了被處以嚴刑之外，其罪殃及伍人、里正、[4] 五老。這就是所謂的什伍制及連坐制。

二、上計制度

這樣的傾向不只限於農業，也表現在如下的一般上計制度中。

> 有米委賜〔賞賜〕，稟公稼公、盡九月；其人弗取之，勿予。(〈倉律〉，29)

> 小隸臣妾以八月傅為大隸臣妾，以十月益食。(同前，33〉

賞賜時的規定是，「稟禾稼公」的話，到九月底爲止，即使「小隸臣妾」升格爲「大隸臣妾」，按照規定其給食的受予是從十月開始。根據這些秦律，我們可以明白，秦國訂定的會計年度是從十月開始到翌年九月。[5]

但是，若會計年度過於固定，可能會因役所間距離的不同，而有延誤到下一年度的危險性。對於這樣的疑懼則準備了下面的秦律。

---

[4] 原文中作「典」之處，為避諱秦王政的「政（正）」。

[5] 葛劍雄，〈秦漢的上計和上計吏〉(《中華文史論叢》第 2 期，1982 年〉) 指出，原本以十二月為期限的秦的上計，隨著始皇帝的統一天下而改以九月為期限。然而，根據這些秦律可推測出，秦的上計從統一天下前開始，早已以十月為會計年度的開始。關於秦的上計制度，其他可參照郭道揚，《中國會計史稿》(中國財政經濟出版社，1982 年) 中的第四章第一節，以及高恒，〈秦簡中與職官有關的幾個問題〉(《雲夢秦簡研究》，中華書局，1981 年) 等研究。

> 官相輸者，以書告其出計之年，受者以入計之。八月九月中其有輸，計其輸所遠近，不能逮其輸所之計，□□□□□□□。移計其後年，計毋相繆。(〈金布律〉，37)

> 官作居貲贖債而遠其計所官者，[6] 盡八月各以其作日及衣數告其計所官，毋過九月而畢到其官。官相近者，盡九月而告其計所官，計之其作年。

接著，與其相關的有：

> 計校相謬也，自二百廿錢以下，誶官嗇夫。過兩百廿錢以到二千二百錢，貲一盾，過二千二百錢以上，貲一甲。人戶、馬牛一，貲一盾；自二以上，貲一甲。」(〈效律〉，76)

以上，我們可以知道各種報告都受到監督，並且，對於與實際情形的誤差，都將課以罰金。[7]

根據如此嚴密的上計制度，不論地方遠近，秦國試圖每年都能正確地掌握到地方的實際情形。

---

[6]「居」為結合了貲計、贖刑與勞役的勞役制度。可參考于豪亮，〈秦律叢考〉(《文物集刊》二，文物出版社，1980 年)、張銘新，〈關於「秦律中的居」——《睡虎地秦墓竹簡》注釋質疑〉(《考古》第 1 期，1981 年〉。

[7] 關於報告的誤差，在〈法律答問〉中有「何如為大誤，人戶、馬牛及諸貨財值過六百六十錢為大誤，其它為小。」的記載。

三、規格的統一

接著我們可從規格的統一，窺得秦國對中央集權化的理念。其實在第二次商鞅變法中，就有「平斗桶權衡丈尺」(《史記・商君列傳》) 一句，所以，商鞅變法也提倡度量衡的統一。這項商鞅變法以來的傳統，很明顯爲秦律所繼承，其曰：

> 縣及工室聽官為正衡石累、斗桶、升、毋過歲壹。(〈工律〉，43)

> 有實官縣料者，各有衡石累、斗桶，期踐〔足〕、計其官，毋假百姓。不用者，正之如用者。(〈內史雜〉，63)

在此，度量衡的統一、每年的定檢、借出度量衡器具、使用後的修正等項目成爲執政者的義務。此外，爲了保持計量器具的精準度，禁止借給人民。

甚至，不只是度量衡，關於錢、布的管理一元化也有如下嚴密的規定存在。

> □□【爰】書，某里士伍甲乙縛詣男子丙丁及新錢百一十錢、容〔鎔〕二合，告曰，「丙盜鑄此錢，丁佐鑄。甲乙捕索其室而得此錢、鎔，來詣之。」(〈封診式〉，151)

> 布袤〔長度〕八尺，幅廣二尺五寸。布惡，其廣袤不如式者，不行。(〈金布律〉，36)

如上的爰書（罪人的口述書）的寫法是，發現丙、丁私鑄的甲、乙，提出了密造所使用的「鎔」和私鑄的錢當成物證，作爲告發兩人非法行爲的形式。不用說，此內容的前提是國家控制鑄造貨幣和禁止民間私鑄。此外，布也明定了長八尺寬幅二尺五吋的規格，偏離了規格的物件是不允許被流通的。接下來，錢、布兩者的交換比率也被定爲「錢十一當一布。其出入錢以當金布，以律。」（〈金布律〉，36）

秦律對於其他手工業製品也有如下的規定。

為器同物者，其小大、短長、廣亦必等。（〈工律〉）

為計，不同程〔規格〕者，毋同其出。（同前）

器物「小大、短長、廣」等的「程」都受到嚴密的檢查，規格外的器物則會受到「毋同其出」的處置。

如此一來，秦國對中央集權化的理念，在提倡規格的統一的秦律中顯現出來。秦律一方面繼承了商鞅變法所指向的度量衡的統一化，一方面也嚴格監視貨幣、布、手工業產品等規格。

四、地方權力的抑制與秦律的徹底化

秦國所期望達成的中央集權體制的強化，也從抑制地方權力的方向進行。如前所述，秦國在各縣設置相當於國家直屬機關的「都官」，實施嚴格的上計制度，以把握地方的實際情形。這些不外乎是，使地方的實際狀態明朗化的同時，也抑止地方權力的擴張。例如，縣在修改其官舍之際，如次所述，也需要國家的認可：

> 縣毋敢擅壞更公舍官府及廷，其有欲壞更也，必灋之。(〈徭律〉，47)

並且，如此中央集權化的理念是否滲透到其基層社會，就依靠秦律的徹底化與否：

> 縣各告都官在其縣者，寫其官之用律。(〈內史雜律〉，61)

> 歲讎辟〔刑〕律於御史。(〈尉律〉，64)

在此，秦律藉著規定都官「寫律」，或每年一次「校對律於御史」，企圖達到徹底化。以及如「郡、縣除佐，事它郡、縣而不視其事者，何論。以小犯令論。」(〈答問〉，127) 中所述，我們可以知道，郡和縣在秦律中有相同的適用範圍。根據「縣、都官、十二郡免除吏及佐、群官屬，以十二月朔日免、除，盡三月而止之。」(〈置吏律〉，56) 此一規定中被列舉的對象區域是，在昭襄王二十九年（西元前278年）以作爲秦的第四郡而被設置的南郡爲首，至少可涵蓋上郡、蜀郡、漢中郡、黔中郡、南陽郡、三川郡、太原郡、巴郡、河東郡、上党郡、東郡的十二郡。此「十二郡」如前引《睡虎地秦墓竹簡》中所指出，反映的是秦王政五年之前的狀況。而且，隨著秦在軍事上的勝利，郡的數目也漸漸增加。如此，新的領土所適用的秦律，應與當初在原來的領土所適用的法律相同。

接下來，秦企圖在其基層社會做到秦律的徹底化，因而強迫住民相互監視。如「何謂四鄰。四鄰即伍人謂也。」(〈答問〉，116)、「律曰：『與盜同法』，又曰：『與同罪』。此二物〔類〕其同居、典、伍當坐之。」(同前，98)、「甲盜，臧值千錢，乙知其盜，受分臧不盈一錢，問乙何論。同論。」(同前，96〉等。這些關於伍人的組織、連坐制的適用、獎勵姦事密告等的法律，都是企圖使秦律徹底化的條文。

以上，我們討論了秦律的首要特質——中央集權化之理念。此理念在全面嚴格控制穀物、土地與農民的農業相關法規，確切把握地方實際情形的上計相關法規，度量衡、貨幣、手工業產品等的規格相關法規等可見到，是貫串整體秦律的特色。

第二節　官僚體制的整備

在秦律中可窺得的第二個理念特色，是確立且整備官僚體制的需求。在強固的官僚體制下，才能進行統治的中央集權化，及實行秦律的徹底化。

一、官吏的任免

首先，關於官吏的任免有如下的規定：

> 其有死、亡，及故有缺者，為補之，毋須時。(〈置吏律〉，56)

> 實官佐、史被免、徙，官嗇夫必與去者效代之。即官嗇夫免而效不備，代者【與】居吏坐之。故吏弗效，新吏居之未盈歲，去者與居吏坐之，新吏弗坐。其盈歲，雖弗效，新吏與居吏坐之，去者弗坐，它如律。(〈效律〉，57)

> 官嗇夫免，□□□□□□□□其官亟置嗇夫。過二月弗置嗇夫，令、丞為不從令。(〈內史雜〉，62)

在官吏交接期間容易發生貪污或事務的遺漏等情形。如前所述，秦律規定了官吏任免的期間限於十二月一日至三月的最後一天，補員之際則「毋須時」，要求迅速的人事更動。長期缺員的情況發生時，「過二月弗置嗇夫，令、丞為不從令」，追究縣令及丞的責任。[8] 甚至，管理穀物的官吏之「實官」，他們交接時有義務實行「效」，即由新、舊官吏進行的檢查。此外，如同「任法（廢）官者為吏，[9] 貲二甲。」(〈雜抄、七九〉) 所述，禁止「廢官者」的再任用。如此，在秦律中存在著許多關於官吏的任免、交接等的相關規定。

二、官吏的職責

對於官吏的職責、對於其他職分的干涉越權行爲等，有著如下的規定存在：

> 下吏能書者，毋敢從史之事。(〈內史雜〉，63)

> 求盜賊勿令送逆為它，令送逆為它事者，貲二甲。(〈雜抄，89)

8 「縣」府具有官吏人事權，看似與中央集權化的理念相背反，但是，縣被賦予的，只是關於縣令及丞之外的下級「吏」的權限，並且任職期間也受嚴格規定。而且，藉由都官及上計制度，制度上任免的狀況仍將逐一報告給中央。

9 根據前揭高恒論文，「廢」為廢官，即從官籍中被消除，並且再不得任官。「免」為免職，可復職。

> 郡縣除佐，事它郡縣而不視其事者，何論。以小犯令論。(〈答問〉，127)

根據這些秦律，追捕盜賊職務的「求盜」不得擔任「送逆」、「它事」的任務，因爲這些都是亭長的任務。在某一個郡和縣的「佐」也不得放棄自己的職務而「事它郡縣」。此外，一個「下吏」，即使他具備有「書」的能力，還是不得從事「史之事」。如此，秦律明確地規範了官吏的職分，並要求其在職分內精勤職務。如同《韓非子・二柄》所說，即使見到「君寒」，也不得「加衣」，侵犯典衣的職責。

除此之外，秦律在關於官吏個人的種種不正當行爲上，有「府中公金錢，私貣〔借〕用之，與盜同法。」(〈答問〉，101) 公家金錢的私自借用即被判斷爲「盜」，此外，還有「吏自佐、史以上，負從馬、守書私卒，令市取錢焉，皆遷。」(〈雜抄〉，82) 即禁止私財的獲得。這是因爲，從公務以外的地方積蓄私財，會動搖官僚體制的兩個根基，即公務與私生活的峻別，以及運作的階層性統合。

三、文書的重視

爲了達到官僚體制的強化，秦律所強調的第三點是文書的重視。「書契所以立公信也。」(《慎子・威德篇》) 秦律站在這樣的認知上，否定了缺乏正確性的口頭傳達，並且指示必須透過文書來傳達：

> 有事請也，必以書，毋口請，毋羈〔寄〕請。(〈內史雜〉，62)
>
> 入禾稼、芻稾，輒為廥籍，上內史。(〈倉律〉，28)

> 程禾、黍□□□□以書言年，別其數，以稟人。(〈倉律〉，27)

> 官相輸者，以書告其出計之年，受者以入計之。(〈金布律〉，37)

以上無論哪個法律，在報告及請願之際，都要求「必以書」。「毋口請，毋羈〔寄〕請」，口頭的請託或透過第三者的請託都是被禁止的。並且在前述的農業關係法規「以書言澍稼、秀粟及墾田暘無稼者頃數。」(〈田律〉，19）中也明白記載，其報告必須根據「書」。[10]

如此公文的傳達必須可靠且迅速。如前所述的「近縣令輕足行其書，遠縣令郵行之。」(〈田律〉，19）秦律除了揭示其傳達方式，也另外規定了所謂「行書」之律，企圖達到傳達方式的徹底化：

> 行命書及書署急者，輒行之。不急者，日畢，勿敢留。留者以律論之。(〈行書〉，61)

> 行傳書，受書，必書其起及到日月夙暮，以輒相報也。書有亡者，亟告官。隸臣妾老弱及不可誠仁者勿令。(同前，61)

秦王的「命書」以及有「署急」的重要文書，是要特別小心處理的文書。並且，正如「書其起及到日月夙暮」，要求了「書」的程序，即，要相互確認這些文書的發信和送達。從條文中，我們也可以知道秦律也顧到傳達者的人選。

---

[10] 在秦律中其他有著「令縣及都官取柳及木柔可用書者，方之以書，毋方者乃用版。其縣山之多荓（菅）者，以荓纏書，毋荓者以蒲、藺以枲萷之。各以其穫時多積之。」(〈司空〉) 文書用的「柳」、「木」以及作為綁繩的「蒲」、「藺」的採集也成為義務。

至於僞印和僞書，在法律問答中也有如下的記述：

> 矯丞令何也。為有稚偽寫其印為大嗇夫。(〈答問〉，106)

> 發偽書，弗知，貲二甲。今咸陽發偽傳，弗知，即復封傳他縣，它縣亦傳其縣次，到關而得。今當獨咸陽坐以貲，且它縣當盡貲。咸陽及它縣發弗知者當皆貲。(同前，106)

下級官吏僞造或模寫令、丞的官印等，「發偽書，弗知」的事情，將使其通信體制大爲混亂。因此僞書的發信，不論是作爲發信的咸陽，或因不知情而傳令的各縣，都將論罪。

以上我們分析了秦律中關於官僚體制的部分。爲了實現中央集權化的理念，確實地運用秦律，秦國對於官吏的任免以及交接設下了詳細的規定。並請嚴格取締以越權行爲爲首的種種官吏的不正當行爲。而且也要求在報告、請願之際，一定要有文書作爲根據，也進一步爲了公文傳達的迅速及正確，事先就做了防止僞書及僞印的設計。

第三節　生產力的提升

一、農業的保護

隨著中央集權化以及官僚體制的確立，秦律作爲國政支柱而重視的是農業生產的提升。秦自從商鞅變法以來，不停地推進重農抑商政策。在秦律中，首先存在著對於作爲基本產業——農業的保護政策。

居貲贖債者歸田農，種時、治苗時各二旬。(〈司空〉，53)

戍律曰，同居毋并行。縣嗇夫、尉及士吏行戍不以律，貲二甲。(〈雜抄〉，89)

隸臣田者，以二月月稟二石半石，到九月盡而止其半石。(〈倉律〉，32)

在「種時、治苗時」等農忙期，秦律允許了藉由勞役償還債務的人有「各二旬」可以歸田。並且，也有從同居的戍卒中不可同時徵用兩人的規定。這表示秦國與邊境守備相比，更重視國內的生產。在二月到九月的農忙期甚至有特別考量，國家將從平常的月二石增加到月二石半的食糧提供給「隸臣田者」。

另外，作爲收穫對象的動植物，也有如下的考量：

春二月，毋敢伐材木山林及雍隄水。不夏月，毋敢夜草為灰，取生荔、麛〔幼鹿〕、卵、鷇〔幼鳥〕，[11] 毋□□□□□□□毒魚鼈，置穽網。到七月而縱之。(〈田律〉，20)

此秦律中，在「春二月」禁止採伐木材和阻塞用水路等的行爲。因爲在農耕開始的時期阻塞用水路，或是在一年中最容易發生蟲害的時期採伐木材的話，會直接造成農業生產的降低。[12] 因爲同樣的理

[11] 「夜草為灰」以及「荔」的意義不詳。前揭《睡虎地秦墓竹簡》中，關於「夜草為灰」，將「夜」讀為「擇」，釋為取草以燒成灰之意。另外將「荔」讀為「甲」(發芽時的種皮)，釋為剛發芽的植物之意。

[12] 參照「仲春行秋令……蟲螟為害。」(《禮記・月令》)、「崔寔曰：自正月以終季夏，不可伐木，必生蠹蟲。」(《齊民要術・伐木》)。

由，也禁止「不夏月」時狩獵或採收未成熟的動植物，或是設置「穽網」、以及毒殺等亂獵行爲。而如「到七月而縱之」，則明示了解禁的時期。

除此之外，在秦律也考慮到經營禁苑，其說：

> 邑之近皂〔廐舍〕及它禁苑者，麛時毋敢將犬以之田〔田獵〕。百姓犬入禁苑中而不追獸及捕獸者，勿敢殺。其追獸及捕獸者，殺之。呵禁〔特別警戒區域〕所殺犬，皆完入公，其它禁苑殺者，食其肉而入皮。(〈田律〉，20)

在下引文中可以看到防止野性動物或牛馬侵害農業之政策：

> 其近田恐獸及馬牛出食稼者，縣嗇夫材興有田其旁者。無貴賤，以田少多出人，以垣繕之，不得為繇。(〈繇律〉，47)

然而，這些政策表面上是爲了保護農業，其實是以提高生產力爲目的的政策，絕非是「愛民」或是以愛護動物精神作爲基礎所制訂的。[13] 因此，秦律以嚴格的態度來面對妨礙其理念的所有行爲。

> 游士在，亡符，居縣貲一甲。卒歲，責之。(〈雜抄〉，80)

此秦律不接受「游士」及「亡符」的存在。商鞅也曾經說：

---

[13] 關於秦律中的農民保護並不是基於「愛民」的精神，我們可從「擅殺子，黥為城旦舂。其子新生而有怪物其身及不全而殺之，勿罪。」(〈答問〉，109) 此一規定中明白。秦律對於人的評價是寄於是否在耕戰中有所貢獻。

> 夫民之不可用也，見言談游士事君之可以尊身也，商賈之可以富家也，技藝之可以餬口也。(《商君書·農戰》)

如上所述，商鞅除「商賈」、「技藝」之外，還排斥「言談游士」。不必勞動而可以「尊身」的游士，其存在爲秦國所擔憂，因爲秦國期望人民專心一意於農業和戰鬥。

二、根據檢查、賞罰的推進

關於農業生產的提升，以下面的定期檢查以及賞罰來推行：

> 以四月、七月、十月、正月膚（臚）田牛。卒歲，以正月大課之，最，賜田嗇夫壺酒束脯，為皁者除一更，賜牛長日三旬。殿者，誶田嗇夫，罰冗〔群〕皁者二月。其以牛田，牛減絜，笞主者寸十。又里課之，最者，賜田典日旬殿，笞卅。(〈厩苑律〉，22)

> 膚吏乘馬，篤、胔，及不會膚期，貲各一盾。馬勞課殿，貲厩嗇夫一甲，令、丞、佐、史各一盾。馬勞課殿，貲皂嗇夫一盾。(〈雜抄〉，86)

> 牛大牝十，其六無子，貲嗇夫，佐各一盾。羊牝十，其四無子，貲嗇夫，佐各一盾。牛羊課。(〈雜抄〉，87)

秦律規定了一年四次的「田牛」品質比賽，對於「最」和「殿」的成績還準備了賞罰。並且，秦國還制訂了「牛羊課」，以圖牛羊生產率的向上。如此秦律，一方面保護農業，另一方面也提供了很仔細的賞罰規定，企圖使人民不得不往提升生產的方向努力。

三、農業技術的揭示

另外，秦律爲了保證更高的生產性，向人民明示的法律內容是基於當時農業技術的成果。如前所述，秦律不但十分注意耕作地的雨量，禁止春二月的材木採伐，設定對動植物的狩獵、採取的解禁期，並明示了牛羊的最低出生率。我們可以感受到，在這些律法的背後存在著從豐富經驗中開發出來的農業技術。在下面的秦律中，也可看到穀物的播種量之規定：

> 種，稻、麻畝用二斗大半斗，禾、麥畝一斗，黍、荅畝大半斗，菽畝半斗。利田疇，其有不盡此數者，可也。其有本者，稱議種之。（〈倉律〉，29）

此條文明示每單位面積的穀物播種量。此外，秦律也設定穀物間相互的換算率：

> 稻禾一石為粟廿斗，舂為米十斗。十斗粲，毀米六斗大半斗。麥十斗，為麵三斗。菽、荅、麻十五斗為一石。（〈倉律〉，30）

我們若考慮到前面所述的度量衡的相關規定，可推測秦國謀求生產效率的合理提升。

四、生產物的管理

接著，對於收穫的管理，秦律也設立了嚴格的規定：

> 出禾，非入者是出之，令度之，度之當題，令出之。其不備，出者負之其贏者，入之。雜出禾者勿更。（〈倉律〉，25）

> 倉漏朽禾粟，及積禾粟而敗之，其不可食者不盈萬石以下，誶官嗇夫。百石以上到千石，貲官嗇夫一甲。過千石以上，貲官嗇夫二甲。令官嗇夫，冗〔群〕吏共償敗禾粟。禾粟雖敗而尚可食也，程之，以其耗石數論負之。(〈效〉，57)

> 倉嗇夫及佐、史，其有免去者，新倉嗇夫、新佐、史主廥者，必以廥籍度之，其有所疑，謁縣嗇夫，縣嗇夫令人復度及與雜出之。禾贏入之，而以律論不備者。(同前，58)

正如「雜出禾者勿更」的條文所示，秦律重視穀物搬運出入時的人員的問題，並且揭示了對倉庫管理者的嚴格規定。並且，對於管理方法的缺陷，如漏雨或堆積方式的錯誤，而導致的「朽禾粟」的情況，按照其腐朽的石數準備了相應的嚴懲。而且在倉庫管理者輪換時，規定了「必以廥籍度之」，即定檢的義務，以企圖達到管理體制的強化。

包含以上所引的例子在內，在秦律中關於倉庫管理的規定多如牛毛。其共同特色可歸納成兩點如下：第一，秦律在監視穀物的搬運出入時通常要求「雜」，即由兩個人以上來管理。第二，在穀物的搬運出入以及管理者輪換之際，也要求檢查「題」和「廥籍」，即倉庫內容，以及儲備量、負責人姓名的記錄，以察看記錄內容與實際貯藏量是否相符。如上所見，秦律重視文書，並且規定發信和到達之間要相互確認，秦律所尊重的就是個人無法任意介入的客觀性，並且，總是要求由複數的人員進行確認作業。如此的尊重客觀性和確實性的精神，在此倉庫管理的規定中，亦可見其一斑。相當於秦律中穀物的搬入規定：「書入禾增積者之名事邑里於廥籍。」(〈倉律〉，25)、「入禾稼、芻藁，輒為廥籍，上內史。」(同前，27)、「入禾，……籍之曰：廥禾若干石，倉嗇夫某、佐某、史某、嗇人某。」(〈效〉，58) 在此其搬入量和責任者姓名的登記以及報告也成爲義務。

除此之外，秦律也規定在「禾」、「芻藁」之際的貯藏單位。即：

> 入禾倉，萬石一積。(〈倉律〉，25)
>
> 櫟陽二萬石一積，咸陽十萬石一積，其出入禾，增積如律令。(同前，25)
>
> 芻藁各萬石一積，咸陽二萬一積，其出入、增積及效如禾。(同前，27)。

並且關於穀物產年的記錄問題上規定：「程禾，黍□□□□以書言年，別其數，以稟人。」(同前，28)。在關於辨別品質的問題上也規定：「計禾，黃、白、青。」(同前，28)。[14]

五、官府手工業的重視

如此，秦國繼承了商鞅變法以來的重視農業的國策立場，謀求生產的提升。不過，如下所述，秦律也設定手工業產品的生產量或是勞動基準，如此表示它對工業領域的生產提升之關心：

---

[14] 關於秦律中倉庫管理的嚴密性，正可以用繁雜的程度來形容。我們可以列舉〈法律答問〉中的「倉鼠穴幾何而當論及誶。廷行事鼠穴三以上貲一盾，二以下誶。鼷穴三當一鼠穴。」(〈答問〉，128) 即可清楚明白。

> 冗隸妾二人當工一人，更隸妾四人當工【一】人，小隸臣妾可使者〔未滿七歲〕五人當工一人。(〈工人程〉，45)

> 新工初工事，一歲半功，其後歲賦功與故（工）等。工師善教之，故工一歲而成，新工二歲而成。能先期成學者謁上，上且有以賞之。盈期不成學者，籍書而上內史。(〈均工〉，46)

> 隸臣、下吏、城旦與工從事者冬作，為矢程，賦之三日而當夏二日。(〈工人程〉，45)

如引文所示，秦律按照官府勞動者的性別、年齡或是其熟練度、季節的差異等等因素，設定其勞動比率。並且規定了「工師」對「新工」提供教育的義務，企圖保證穩定的高度生產。甚至，對「能先期成學者」給予獎賞；對「盈期不成學者」則是適用刑罰。如同農業關係法規，在這裡，我們也可窺見秦律的慣用手法，即由賞罰來促進達成標準作業量的做法。而且，如同從農業關係法規中我們可以想像秦國應該設定了其目標生產量一樣，在工業領域中也有「非歲功及無命書，敢為它器，工師及丞貲各二甲。」(〈雜抄〉，84）的規定，從中可了解有年度總生產量的「歲功」的設定。

總之，秦國一方面提倡重農主義，而另一方面也設定手工業領域的勞動基準、預定生產量等，以期農工一體的生產提升。吳榮曾，〈秦的官府手工業〉(《雲夢秦簡研究》，中華書局，1981）一文，揭示了從中央到郡縣的官府手工業的管理機構存在的事實，並且指出其存在乃是強化秦國專制王權的一大支柱。至此，我們也可推測此機構與秦的軍事體制或是個別作戰行動也有著密切的關係。

第四節　軍事力的強化

軍事的勝利帶來秦的一統天下。我們甚至可以說，如上所討論過的秦國的政治理念所發揮的效果終究都呈現在其軍事勝利上。在逐次地併吞六國，坑殺四十萬趙軍的秦軍背後，又有何種秦律存在？

一、徭戍制度

不僅爲了阻止他國的侵略，也爲了本國出擊的方便，國內軍事設施的強化和國境周邊的守備，從平時便不可或缺。在秦律中，首先對於徭戍有如下的規定：

> 御中發徵，乏〔廢〕弗行，貲二甲。失期三日到五日，誶。六日到旬，貲一盾。過旬，貲一甲。(〈徭律〉，47)

> 敢深益其勞歲數者，貲一甲，棄勞。中勞律。(〈雜抄〉，83)

> 冗募歸，辭曰：「日已備。」致未來，不如辭，貲日四月居邊。(〈雜抄〉，88)

秦律嚴禁不回應召集命令和「失期」之發生，並且藉著證明書「致」試圖正確地掌握服役期限。

但是，即使說嚴守其期日及服役期限，但勞動內容極其粗雜，也無法達到軍事設施的強化。因此，秦律也圖謀勞動內容的充實，而擬定如下的規定。

> 興徒以為邑中之功者，令嫴堵卒歲。未卒堵壞，司空將功及君子主堵者有罪。令其徒復垣之，勿計為傜。(〈傜律〉，47)

> 戍者城及補城，令嫴堵一歲。所城有壞者，縣司空、署君子將者，貲各一甲。縣司空佐主將者，貲一盾。令戍者勉補繕城，署勿令為它事。已補，乃令增塞埤塞。縣尉時循視其功及所為，敢令為它事，使者貲二甲。(〈雜抄〉，90)

關於傜役的「為邑中之功者」和城壁的「城及補城」，秦律設定滿一年的保證期間：如果補加蓋的城壁在一年以內發生倒壞情況的話，除了再度召集之外，同時還取消前次的服務日數，而且從「縣司空」爲首的相關官員也必須連帶地負起責任。服務者因爲對於「所城有壞者」的恐懼而一心一意於修復工事，而負責的人也因爲擔心被罪責殃及而不得不「循視其功及所為」。

二、軍爵制

如此確立了傜戍制度之後，秦也企圖形成強大的戰鬥集團，列舉了如下的軍事關係法規：

> 欲歸爵二級以免親父母為隸臣妾者一人，及隸臣斬首為公士，謁歸公士而免故妻臣妾一人者，許之，免以為庶人。(〈軍爵律〉，55)

引文的內容是軍爵制相關的規定，在商鞅變法中也可見到。提倡「斬首為公士」的秦律，繼承了商鞅變法中「有軍功者，各以率受上爵。」

(《史記・商君列傳》) 此規定的基本精神。根據秦律的規定，若一個人放棄原來的「爵二級」或是「公士」地位而降級，他還可以釋放「親父母為隸臣妾者一人」或是「故妻隸妾一人」。因此，人民在戰場上就會如魔鬼般爭取敵人的首級，甚至彼此之間還不畏爭奪。從如下〈封診式〉的記載中，可以推測出來當時的情形：

> 奪首　軍戲某爰書：某里士伍甲縛詣男子丙，及斬首一，男子丁與偕。甲告曰：「甲，尉某私吏，與戰刑丘城。今日見丙戲方䢙（遂），直以劍伐痍丁，奪此首，而捕來詣。」診首，已診丁，亦診其痍狀。(〈封診式〉，153)

> □□　□某爰書：某里士伍甲，公士鄭〔縣〕在某里曰丙共詣斬首一。各告曰：「甲、丙戰刑丘城，此甲、丙得首也，甲、丙相與爭，來詣之。」(同前)

引文告訴我們，男子丙企圖奪取男子丁所獲得的敵首之事實，也記錄在秦昭王四十一年（西元前 266 年）刑丘城一戰中，甲、丙兩人爭奪敵首之事。這些事實顯示軍爵制對秦國人民的重大意義。

三、軍事教練與軍馬、武器、軍糧的管理

如下條文是軍事教練的相關規定：

> 除士吏、發弩嗇夫不如律，及發弩射不中，〔縣〕尉貲二甲。發弩嗇夫射不中，[15] 貲二甲，免，〔縣〕嗇夫任之。駕騶除四歲，不能駕御，貲教者一盾，免，償四歲徭戍。(〈雜抄〉，79)

---

[15] 「發弩」為使用弩機的部隊，其主任稱為「發弩嗇夫」。參照于豪亮，〈雲夢秦簡所見職官述略〉(《文史》八，1980 年，中華書局)。

萬一由於軍事教練的不徹底而導致「發弩嗇夫射不中」的情況，及如「駕騶除四歲」，調教尚未完成的情況發生，將予以嚴懲。並且，關於作爲秦騎兵重心的駿馬，有「課駃騠，卒歲六匹以下到一匹，貲一盾。」(〈雜抄〉，86）的條文，即規定調教師一年調教七匹以上的義務。

如前所述，在戰國時代後期的戰爭，騎兵成了軍隊中重要的兵種，並且，爲了對應於此，在殺傷力以及飛行距離上優越的新兵器「弩」也加倍重視。秦律的規定可以說是因應了此種戰國時期戰爭型態的變化，而謀求戰鬥能力的大幅提高。

如下，在關於軍馬及武器、軍糧上也實行徹底的管理：

> 驀馬五尺八寸以上，不勝任，奔摯不如令，縣司馬貲二甲，令、丞各一甲。(〈雜抄〉，81）
>
> 稟卒兵〔器〕，不完繕，丞、庫嗇夫，吏貲二甲，廢。(同前，82）
>
> 殳、戟、弩，鬃、冎（丹）相易也，勿以為贏、不備。以識耳不當之律論之。(〈效〉，74）

此條文是對軍馬和武器的規定。就如同在農業關係法規中，重視對「田牛」的管理一樣，對於軍馬，秦律也做了如是的規定：「到軍課之，馬殿，令、丞二甲，司馬貲二甲，廢。」(〈雜抄〉)。另外，萬一武器的修繕不完全，或「殳、戟、弩」的標識「鬃、冎」的「相易」，即：武器管理上的不當行爲發生的話，也將嚴加追究。

接著，秦律也包含軍中糧食管理的相關規定。因爲與中原諸國的交戰，對於必須進擊的距離逐步增遠的秦國而言，軍糧的確保與補給是決定勝敗的重大事情。

> 不當稟軍中而稟者，皆貲二甲，廢。非吏也，戍二歲。徒食、屯長、僕射弗告，貲戍一歲。令、尉、士吏弗得，貲一甲。軍人賣稟稟所及過縣，貲戍二歲。同車食、屯長、僕射弗告，戍一歲。縣司空、司空佐使、士吏將者弗得，貲一甲。邦司空一盾。（〈雜抄〉，82）

在軍隊中，不當接受食糧支給，以及將被支給的軍糧轉賣給支給所或經過的縣來換取金錢的軍人，將被處以嚴刑。更有甚者，「徒食、屯長、僕射」等負責人若沒有舉發這些不正當行為，以及「令、尉、士吏」沒有將犯人逮捕綑綁的情況發生，也將被罪責波及。

　　此外，秦律也揭示了戰鬥時的軍規：

> 廣眾心，聲聞左右者，賞。將軍材以錢若金賞，無恆數。（〈答問〉，105）

> 譽敵以恐眾心者，戮。戮者何如。生戮，戮之已乃斬之之謂也。（同前，105）

> 徒卒不上宿，署君子、屯長、僕射不告，貲各一盾。宿者已上守除〔階〕，擅下，人貲二甲。（〈雜抄〉，88）

在秦律中，對「廣眾心」者，也就是提高己軍士氣者給予獎賞；相反的，「譽敵」以動搖軍心者處以「戮」刑。另外對於怠慢宿衛義務者，以及擅離部署者也處之以嚴刑。

從以上這些秦律，我們可清楚的了解到，秦律不問平時或戰時、也不問管理者、人民或士兵，皆以賞罰來規範其行動，並且藉著鼓勵密告姦事的什伍制及連坐制的實行，企圖徹底把握被統治者的實際狀況。帶著「帶甲百余萬，車千乘，騎萬匹」（《史記・張儀列傳》，以下同）的傲人威容，「積粟如山」的完備軍糧，與「虎賁之士，跿跔科頭貫頤奮戟者，至不可勝計」震撼天下的秦兵背後，有這般秦律的存在。

結語

以上，在本章為一九七五年發現的睡虎地秦簡中，以〈秦律十八種〉、〈效律〉、〈秦律雜抄〉、〈法律問答〉、〈封診式〉等資料為線索，探討出土秦律的實際內容。這些出土資料是否具備了足夠的質與量可以歸納出秦律全體的政治理念，答案仍未十分明確。然而，出土秦律內容橫貫了政治、經濟、軍事等的整體國政，並且「縣各告都官在其縣者，寫其官之用律。」（〈內史雜〉，61）以及「歲讎辟〔刑〕律於御史。」（〈尉律〉，64）等在秦律中關於傳達的種種規定的存在，可以讓我們推測出在秦國原本的領土中適用的法律，漸漸地擴大其適用範圍至秦國佔領地的動向。另外，由於什伍制、連坐制等這些商鞅變法的最大特質，也可見於出土秦律的整體之中，我們便可據此推測，這些秦律和舊秦的國內法律有著密切的關係，而這並不只是為了統治原本楚國的南郡領土而臨時設置的法律。

歸納以上，我們可從中看出秦律從戰國時代至漢代的思想史上所具有的意義。之後，這些理念又如何和實際的當地現況產生關聯？下一章將從相關的思想史觀點試論秦的實際政治理念。

第十章

秦的法思想

序言

由於秦律的出土與分析，我們得以了解在戰國末年秦國以官僚體制作爲背景所實施的極度中央集權化，以及以此制度爲背景企圖達到軍事力的強化等等的事實。秦國的軍事體制可以說是由這樣的理念與具體呈現其理念的秦律支撐著。緊接著，本章將進一步考察秦國如此的政治理念與法家思想之間的關係。商鞅的思想在孝公之世成爲「變法」而徹底實行於秦土，而韓非子的思想則在接近統一天下之際得到秦王政的絕大讚賞。[1] 此兩者間又有何種思想上的關聯？

第一節　商鞅、韓非子的思想與秦律

首先，關於商鞅變法與秦律的關係，如同高敏在〈商鞅「秦律」與雲夢出土「秦律」的區別和聯繫〉(《雲夢秦簡初探》，河南人民出

[1] 以下，關於《商君書》、《韓非子》的成立狀況及自撰部分的範圍，根據木村英一，《法家思想的研究》(弘文堂書局，1944年)。

版社，1979 年）中所指出，什伍的組織或是連坐制、姦事密告的義務化、軍爵制、私鬥之禁、重農主義、度量衡的統一等等，變法中所揭櫫的改革要點，大致都可在秦律中看到。

以下，將以補足高敏先生的見解之方式，確認兩者間的關係。第一，由於〈法律答問〉中頻頻出現的「伍」、「四鄰」、「坐」等法律用語，我們可以肯定什伍制及連坐制的存在。第二，從關於姦事密告，禁止誤報和誣報之「誣人」、「告不審」（〈答問〉，103）的文字，我們也可以理解秦國要求其內容進一步的正確化。第三，關於軍爵制，可從「欲歸爵二級以免親父母為隸臣妾者一人，[2] 及隸臣斬首為公士，謁歸公士而免故妻隸妾一人者，許之，免以為庶人。」（〈軍爵律〉，55）、「不更（秦爵的第四級）以下到謀人（秦爵第三級的別稱），粺米一斗、醬半升、菜羹、芻藁各半石。宦奄如不更。」（〈傳食律〉，60）中推測，秦律按照爵位顯示罪責減免和給食增減，而因爲這是與人民的現實問題息息相關，此內容對人民具有巨大影響力。關於私鬥之禁止，秦律中則按照有無使用武器以及負傷部位的不同而設立罰則規定。此外，如同前章中所述，重農主義或是度量衡的統一，也是在秦律中明顯可看出其存在的內容。

如此，秦律可說是以更詳細或更徹底的方式，繼承商鞅的變法改革。人性觀及法治觀是形成個別規定的主幹，而關於人性觀及法治觀，兩者之間也有如下的類似之處：

---

[2] 以下，釋讀雲夢秦簡之際，以《睡虎地雲夢秦簡》（文物出版社，1990 年）為底本。並且參考同處的附註而改換字句之處。重要的改換字句處以〔 〕表示，釋讀上的表記以前章的表記為準。

民之性，度而取長，稱而取重，權而索利。(《商君書・算地》)

羞辱勞苦者，民之所惡也。顯榮佚樂者，民之所務也。(同前)

這是支持商鞅思想的人性觀。商鞅認爲避開「羞辱勞苦」而追求「顯榮佚勞」即爲民之性。並且根據這樣的人性觀，展開了以嚴刑主義作爲主旨的法治理論。這樣的人性觀及根據此人性觀所設立的法治觀，也可以代表秦律的基本立場。秦律即是以賞罰作驅使，迫使農民趨向農戰、要求官吏忠實地執行職務。在其背後所存在的，並不是信賴且願意只看守不介入人的自主行爲的穩健人性觀，而是單只用賞罰操縱人性的冷酷人性觀而已。商鞅變法跟秦律，不論在其種種具體的規定上，或是在作爲基幹的人性觀與法治觀上，都讓我們看見了兩者間的一致性。

因此，接下來將檢視在戰國末年作爲法家集大成者的韓非子思想，與秦律之間有何關係。然而，相較於商鞅以秦的左庶長的身分參與國政，並將自身的思想在變法中具體實現，韓非子則無法實現自己的理念，身爲韓的使者入秦而不得善終。因此，和商鞅不同的是，韓非子的思想不可能直接反映於出土秦律中。然而，傳說當時的秦王政因爲韓非子的著作而大受感動。因此我們也必須重視秦律與韓非子的關係。

作爲韓非子思想特質而首先被列舉的，是結果主義與能力主義的基本立場。如「今人主不合參驗而行誅，不待見功而爵祿。」(《韓非子・孤憤》）中所述，比起人的意圖或是努力、心情，更重要的是結果。然而關於其結果，如「循名實而定是非，因參驗而審言辭。」(同前，〈姦劫弒臣〉）所言，也根據刑名參同術，須與其言辭嚴格參照。

以上這些觀點在秦律中又是如何？如同在前章中已顯示的，這樣的結果主義、能力主義也表現了秦律一貫的基本立場。在「倉漏朽禾粟，及積禾粟而敗之，其不可食者不盈萬石以下，誶官嗇夫。百石以上到千石，貲官嗇夫一甲。」(〈效，五七〉)、「能先期成學者謁上，上且有以賞之。盈期不成學者，籍書而上內史。」(〈均工，四六〉)中，以數量作爲裁量基準，以功績或能力作爲人的評價基準。

並且，韓非子的刑名參同，本來是作爲君主督責臣下之術而被提倡，但若我們注意其基本精神，即由客觀性標準來進行名實照合這一點，秦律中也有與此精神相關的規定，如下所述：

> 出禾，非入者是出之，令度之，度之當題令出之。(〈倉律〉，25)

> 倉嗇夫及佐、史，其有免去者，新倉嗇夫，新佐、史主廥者，必以廥籍度之。(〈效〉，58)

首先，在穀物的搬入搬出之際，秦律要求將作業內容與記錄其內容的「題」與明示責任所在的「廥籍」進行核對。並且，此傾向並不單只在倉庫管理的規定上出現，此傾向可說是貫串秦律整體的一個特徵。例如，「公甲兵各以其官名刻久之，其不可刻久者，以丹若髼〔漆〕書之。其假百姓甲兵，必書其久，受之以久。入假而而無久，及非其官之久也，皆沒入公，以齎〔資〕律責之。」(〈工律〉，44）中所示，官府的武器或是公器全部都必須以「久」刻印標識，其借貸或是歸還之際，也必須根據「久」逐一核對。此外，由「冗募歸，辭曰日已備，致未來，不如辭，貲日四月居邊。」(〈雜抄〉，88）可以理解，秦律要求根據「致」確認服務時間。由「游士在，亡符，居縣貲一甲。」（同前，80）也可以知道，游士根據「符」受到制約。秦律中，規定了「題」、「膚籍」、「久」、「致」、「符」等項目，即以客觀名實來核對的義務。

韓非子思想中的第二個特質就是其信賞必罰主義。將人類本性看爲「皆就安利如（而）辟危窮」（《韓非子・五蠹》）的韓非子，主張「明賞設利」（同前，〈姦劫弑臣〉），「嚴刑重罰」（同前）。而且，他也要求以「施賞不遷，行誅無赦。」（同前，〈五蠹〉）的嚴格態度來實現「無功者不望，而有罪者不幸矣。」（同前，〈姦劫弑臣〉）的狀況。明顯地，這一點也是其與秦律的共通點。正如前章所述一般，秦律設定了非常具體而詳細的階段性賞罰規定。而且特別針對罰的部分，藉由連坐制來謀求法規之徹底實行。

韓非子思想的第三個特質是，正如「明主之道，一人不兼官，一官不兼事。」（《韓非子・難一》）所提的，所謂嚴守職分的主張。因爲韓非子的理想是確立官僚體制，對於越權行爲，乃抱持「越官則死，不當則罪。」（同前，〈二柄〉）的嚴格立場。反觀秦律，此立場亦是相同的。秦律爲了確立官僚體制，對官吏的任免以及文書傳達等設立了嚴格的規定，一方面，「下吏能書者，毋敢從史之事。」（〈內史雜〉，63）如上所述，即使有一個官員擁有再優秀的技能，秦律還是不允許因此可能發生的越職行爲。

如此，結果主義、能力主義、刑名參同術、信賞必罰主義、職分嚴守的主張等等，韓非子思想的主要特質皆可在秦律中窺見。並且，對以上特質具支配力的中央集權主義，也是貫串秦律全體的第一特徵。因爲秦律是以商鞅變法爲基礎發展而成，而韓非子思想也是由於接納商鞅變法思想而集大成的，其基本性質互爲一致也可說是必然的現象。[3]

在此，似乎也可看出秦王政對韓非子思想讚賞的原因之一。也就是說，在秦王政的觀念中，與秦律具有相同基本性格的韓非子思想，能賦予秦國政治理念正當性，並且有加強的效果。其實，在韓非子的思想中，存在著在商鞅中找不到的要素，即爲了強化君權的「勢」和「術」之思想。這或許是始皇帝稱讚韓非子的原因。不論是哪個原因，筆者認爲，如果沒有自商鞅變法以來存在了百年的秦律傳統的話，應該不會引起秦始皇「嗟呼！寡人得見此人與之游，死不恨矣！」(《史記・老子韓非子列傳》) 之絕贊。

再者，這些秦律的實際內容，在筆者過去討論過的《尉繚子》的思想史的意義中，具有如下的新意義：從《尉繚子・兵令》與銀雀山漢簡〈兵令〉的對比中可推測出，在《尉繚子》的編纂階段中，編輯者因爲認識到如同商鞅變法中所說的富國強兵策的重要性，因而在編輯過程當中接納了此要素。並且，我們也可以想像，《尉繚子》這樣的思想進展，反而反映在《史記・秦始皇本紀》對尉繚子本人的描述。若果真如此，則從戰國末年的秦國的立場來看，《尉繚子》的軍事思想與秦本國的政治理念及具體呈現其理念的秦律，具有類似的性質。

---

[3] 森田邦博，〈雲夢秦簡與韓非子〉(《中國哲學論集》第 9 號，1983 年〉是以〈法律答問〉為線索，認為秦的法律本身是如有生命般會變動的柔軟性法律，並且不得不否認韓非子思想對秦國的深遠影響。然而，因應個別實例解說律文及用語的〈法律答問〉中，當然有其法解釋的幅度；而假使有這樣柔軟的法律存在，是否就是秦律整體的基本特質仍有討論空間。再者，有這樣的法律存在與是否實際運作又將是不同層次的問題，只根據〈法律答問〉就對秦的法治全體下評論的作法，是令人抱疑的。

當然，戰國中期停留於魏國的尉繚子與戰國末年秦王所起用的尉繚子之間的關係仍是一個謎團。但是，尉繚子受秦王重用的傳誦故事，從秦律與《尉繚子》間的密切關係來看，也具有重要意義。[4]

第二節　〈語書〉

以上，我們試圖從與商鞅、韓非子的思想的對比釐清秦律的特質。畢竟，從秦律中歸納出秦的政治理念，再怎麼說都只是爲政者所抱持的理想。我們若要對秦的法治做出整體的評論，則須要透過對「秦國政治理念對於實際的統治領域中有何種機能？」，以及「支持著個別法律的終極依據是什麼？」等問題的分析。因此，接下來將以同樣出土於睡虎地秦墓的南郡守騰的〈語書〉爲線索，針對南郡統治實際狀況與秦國法思想間的關係進行探討。

秦王政二十年（西元前 227 年），南郡守騰發給治下的縣與道的〈語書〉，是戰國最末期可供說明秦的佔領地政策的珍貴資料。在此，對於當時南郡的法治狀況將如下說明（以下爲了行文的方便，將分別以①、②等段落說明資料）：

> ①廿年〔秦王政二十年，西元 227 年〕四月丙戌朔丁亥，南郡〔昭王二十九年，西元前 278 年，設置在舊楚國都城郢一帶〕守騰謂縣、道嗇夫。古者，民各有鄉俗，其所利及好惡不同，或不便於民，害於邦。是以聖王作為法度，以矯端民心，去其邪避（僻），除其惡俗。法律未足，民多詐巧，故後有間令下者。

[4] 關於《尉繚子》，請參考拙作，《中國古代軍事思想之研究》（研文出版，1999 年）第二部第三章及第五章。

②凡法律令者，以教導民，去其淫避（僻），除其惡俗，而使之之於為善。

③今法律令以具矣，而吏民莫用，鄉俗淫失（泆）之民不止，是即法（廢）主之明法也，而長邪避（僻）淫失（泆）之民。甚害於邦，不便於民。

④故騰為是而脩法律令，田令及為間（干）私方而下之，令吏明布，令吏民皆明知之，毋巨（歫）於罪。

⑤今法律令已布，聞吏民犯法為閒私者不止，私好、鄉俗之心不變，自從令、丞以下智（知）而弗舉論，是即明避主之明法也，而養匿邪避（僻）之民。如此，則為人臣亦不忠矣。若弗智（知），是不勝任，不智也。智（知）而弗敢論，是即不廉也。此皆大罪也。而令、丞弗明智（知），甚不便。

⑥且令人案行〔巡行視察〕之，舉劾〔檢舉〕不從令者，致以律，論及令、丞。有（又）且課縣官，獨多犯令而令、丞弗得者，以令、丞聞〔上聞〕。

⑦以次〔於各縣道〕傳，別書江陵〔楚的舊都城，現在的湖北省江陵縣〕布，以郵行。

首先，①所表明的是性惡論的思考：人類的本性無法創造出和平的社會，因此根據法律而矯正是必要的。接著，爲了說明古之聖王作成「法度」，以及其發展爲法治的經過，作者上溯到「古」之世。接著，以「邪僻、惡俗」的語詞嚴厲批判違反者。其實作者在文章開頭只說「鄉俗」，但在法成立後的描述中，其口吻漸漸地變成「邪僻、惡俗」等的批評。然而，作者將沒有出現和平社會的理由歸諸過去的法律令不足之緣故。在此，〈語書〉的作者並不是要從法的精神或法的運用中找出問題，而是將法網的太過鬆散視爲其不徹底的原因。

②則再次爲「法律令」定義。①所描述的過程所示，「法律令」係教導人民，使之去除「淫僻」、「惡俗」。

③則主張，「法律令」已完備的現在，仍阻礙著統治的是「吏民」的不遵守所致。也就是說，應該要教導人民的官吏還沒有將法律令清楚地告知人民，或是因爲官吏與人民一起不遵守法律，故依然無法改善鄉俗。在此一併非難人民與官吏。[5]

④是爲了應付以上狀況的補充措施，企圖使吏民徹底遵守法律令。然而，即使有這樣的措施，如⑤所見，其情況仍不見改善。而且，實際的狀況是，縣令以下位於統治監督立場者無法察知此種吏民的不正當行爲，或甚至在知道之後還隱匿。

因此，南郡守騰在⑥中，發布更具體的指示，以期掃除「惡吏」。在此指示中包含縣令、丞全部的地方官都成爲處罰對象。⑦則是傳達方法的指示。

那麼，在〈語書〉所認定爲「惡俗」的南郡「鄉俗」又是何種習俗？關於這個問題，根據近年新的考古學成果，已判明墓主喜所居住的雲夢城乃戰國楚懷王時期所建造。[6] 如此一來，雲夢城並不是作爲秦國針對楚國的前線基地而新建的，而是一邊繼承舊有的楚國城郭與風土，一邊推行秦的佔領地政策。由此觀之，所謂「鄉俗」，正如「其

---

[5] 〈語書〉與〈為吏之道〉中所設定的吏雖是縣令丞以下的小吏，但未見根據俸給的明確規定。在此，相對於中央政府的高級官僚，本文把「吏」定位為幾乎都是在統治現場活動的小吏來進行考察。

[6] 針對此點，請參考藤田勝久，〈《史記》與楚文化——江陵、雲夢的地域社會——」(《社會科學研究》第 28 號，1994 年〉。

俗剽輕，易發怒。」(《史記・貨殖列傳》)、「楚雖三戶，亡秦必楚。」（同前，〈項羽本紀〉）所顯示，很可能是包含了不少舊楚的反秦鄉俗。如果我們考量到南郡的設立已經過了五十年，則〈語書〉的字面正顯示了在領地上的舊共同體原則並不能輕易地被改變。

接著，〈語書〉做了「良」、「惡」定義，以作爲舉發「惡吏」的依據。

> ⑧凡良吏明法律令，事無不能也。有（又）廉絜（潔）敦愨心而好佐上，以一曹事不足以獨治也。故有公心，有（又）能自端也，而惡與人辨治。是以不爭書。

> ⑨惡吏不明法律令，不智（知）事，不廉絜，毋（無）以佐上，綸（偷）隨（惰）疾事，易口舌〔口角〕，不羞辱，輕惡言而易病人，毋公端之心，而有冒柢之治。是以善斥（訴）事，喜爭書。爭書，因恙（佯）瞋目扼揞（腕）以視（示）力，訏詢疾言以視（示）治，誈訓醜言麃斫以視（示）險，阬閬強肮（伉）以視（示）強，而上猶智之也。

⑧爲「良吏」、⑨爲「惡吏」的定義。如此，分辨良吏、惡吏的基準爲是否精通法律令、是否嚴守其職分沒有越權行爲等等，其分辨標準主要在於法治主義下的實務能力。確實，我們也可以看到「廉潔」、「公心」等令人聯想內在德行的言語，但我們必須要注意的是，這些語詞所表示的並不是純然的儒家德目，頂多只是〈語書〉爲了在官僚體制下維持與上司或組織的關係，因而要求的必要事項而已。

以上，我們分析了〈語書〉的內容，其一貫的議題是關於在基層的統治現場所出現吏與民的不正當行爲。確實，在①中我們可以看到對於「法律未足」這種過去情況的反省，但在被認爲「今法律令已具矣」的③以後，關於秦國法律本身，〈語書〉認爲一切都已經完備。

然而秦國法律如何獲得其正當性？根據〈語書〉所說，秦律的淵源就是「聖王」。也就是說，〈語書〉將適用於南郡的秦律理論的正當性歸諸「聖王」。在探討秦國法思想的性質，這樣的推論方式又有何種意義？關於這個問題，首先將商鞅與韓非子的法思想相互對照來探討。

商鞅踢開了甘龍、杜摯等保守派的反對，正如「三代不同禮而王，五伯不同禮而霸。智者作法，愚者制焉。」(《史記・商君列傳》)一句，主張在現實中立即「變法」的必要性。其理由可分爲以下兩點。第一，如「上世親親而愛私，中世上賢而說仁，下世貴貴而尊官。……此三者，非事相反也。民道弊而所重易也。」(《商君書・開塞》)一段中所說，商鞅將法治主義和官僚主義視爲歷史中的必然。第二，如「無力者，其國必削。」(同前，〈農戰〉)不富國強兵則反招致他國侵略的危機感。但是，爲了富國強兵此一當務之急的國家議題，主張變法是唯一可行的政策，或變法的徹底實行是歷史的必然等等，這些只從外在因素來說明法治之必然性的所謂「狀況論」而已，並沒有說明法的正當性之根本原因。

那麼，對商鞅而言，法本身的根據是什麼？

　　王者得治民之至要。(《商君書・農戰》)

故聖人承之，作為土地、貨財、男女之分。分定而無制，不可，故立禁。(同前，〈開塞〉)

故聖人之為國也，觀俗立法則治。(同前，〈算地〉)

如上，這就是「聖人」、「王者」的權威。也就是說，因爲「聖人」、「王者」得到了政治真諦而「作為」法律，法便擁有其正當性。

並且，韓非子批判由賢者之德來統治國家的德治主義，認爲國家的統治只能根據客觀的法之運作才有可能。不過，韓非子也由「狀況論」來說明法治的必然，以及將君主置於法之上。其基本特色與商鞅是一樣的：

上古競於道德，中世逐於智謀，當今爭於氣力。(《韓非子．五蠹》)

夫古今異俗，新故異備。如欲以寬緩之政，治急世之民，猶無轡策而御馯馬，此不知之患也。(同前)

智術之士，必遠見而明察，不明查不能燭私。能法之士，必強毅而勁直，不勁直不能矯姦。(同前，〈孤憤〉)

夫君臣非有骨肉之親。……明主知之。故設利害之道，以示天下而已矣。(同前，〈姦賊弑臣〉)

聖人者，審於是非之實，察於治亂之情也。故其治國也，正明法，陳嚴刑，將以救群生之亂，去天下之禍。(同前)

韓非子以所謂「古今異俗，新故異備」的歷史觀爲前提，說明在「爭氣力」的今世所需要的是「正明法，陳嚴刑」的法治。並在法之上，安置了能夠「審於是非之實，察於治亂之情」的「明主」、「聖人」，更配以具有優秀實務能力的「智術之士」、「能法之士」來輔佐。

如此，在商鞅、韓非子所提倡的法的基本性質中，如果我們將焦點放在法本身的終極性根據的話，可以「君主（聖人、王者、明主）——法——社會（吏民）」的圖示來理解。並且，就此法律的基本性質而言，之前的南郡守騰的〈語書〉中的法，也是同樣的情況。

那麼，這種法的觀念在當時的中國世界有著何種意義？以下，將對上述的各種思想進行對比，加以分析。

在中國軍事思想的發展過程中，法治的適用和效力範圍也隨之漸漸擴大。不用說，爲了將原本是非戰鬥人員的人民當成士卒來動員、操縱，需要的是嚴格的軍律。然而，如同《孫子》的「故令（合）之以文，齊之以武。」（〈行軍〉）爲了動員士卒，還需要文武並用的巧妙技術，再者，如同《吳子》的「必內修文德，外治武備。」（〈圖國〉）所述，「德」也受到重視。[7]

但是不久，隨著戰爭大規模化，戰爭的敗北也就意味著國家的滅亡，因此，包含政治、經濟總體的國家基本政策將左右個別戰爭的勝敗，這樣的理念也隨之形成。其結果，原本主要意指軍中的德目及賞罰的「文武」、「刑德」，發展爲呈現國家基本政治理念的概念。

佔了《武經七書》一角的《司馬法》，設定了「國容（平時）」、「軍容（戰時）」兩種場合，並且主張，這兩個支配原理作爲不同領

[7] 關於《司馬法》的詳細討論，請參照拙作，《中國古代軍事思想史之研究》（研文出版，1999 年），第二部第七章。

域，但卻需要保持表裡一體的並存關係。[8] 這主張代表將「法治」放在「軍容（戰時）」的領域框架下的思考，而法治和軍事行動兩個領域皆得到了理論基礎。

馬王堆帛書〈明君〉在消除了王者、霸者的實質差異後，認爲文武並用爲統治的理想型態。並且〈稱〉將諸原理的並存狀態比擬爲天道的運行，並且由「天道」應有的存在方式說明法治及軍事行動的正當性。[9] 據此，文武、刑德中的「武」、「刑」也得到了由天道而來的正當性之保證。這樣的思想在《黃帝四經・經法》的「道生法」之法思想中明顯可以看到。淺野裕一先生在《黃老道的成立與展開》（創文社，1992 年）中表示，在漢代初期的思想界佔有主導地位的黃老道中，從老子的「道」中尋求君主制定實定法的終極性根據的思想確實是存在的。並且，君主的地位居於「道」與「法」的中間，必須制定且運用「法」以體現「道」的公正無私的特質。

不但如此，《管子》、春秋公羊學、董仲舒的思想之理論前提是將文武、刑德比爲陰陽，四時等天人相應的思想，而在這裡，正如「天」尊崇「陽」更勝於「陰」，在人事中具有最終價值的也是「文」和「德」。[10]

如此，從戰國時期到漢代初期的思想史上，「法」一方面受到各種形式的限制，一方面也與政治思想相結合。特別是〈稱〉、〈經法〉、《管子》，《春秋公羊傳》、董仲舒等的「法」之基本特質，若我們注

[8] 關於《孫子》，請參照拙作《中國古代軍事思想史之研究》〈研文出版，1999 年〉第一部第二章，關於《吳子》請參照同書第二部第一章。

[9] 關於「明君」思想的詳細討論，請參照拙作，《中國古代軍事思想史之研究》第二部第八章，關於〈稱〉參照同書第九章及第十章。

[10] 關於此點的詳細討論，請參照拙稿〈鹽鐵論爭中見到的管子與董仲舒的思想〉（《日本中國學會報》第 39 集，1987 年）。

意其終極根據的話，應該能夠以「天道（道）——君主——法——社會」的圖式來理解。在此，君王雖然身爲制定、運用法律的人，但君主必須體現位於上於己的「道」。其結果，「道」一方面保障君主的權威，另一方面君主也總是受到「道」的牽制，並且因爲如此，由君主所制定的實定法，同時也具備與「道」的特質相關聯的自然法的客觀性。

相較之下，雖然商鞅、韓非子、南郡守騰的法的終極根據，藉由「聖人」、「明主」的美名加以僞裝，卻明顯地可以意識到秦國的歷代先君，而且在此君主之上再也沒有任何的牽制。因此這個法律也可說是由君主制定的實定法，而其唯一的依靠只是君主和國家而已。再說，法家所提倡的法治主義，可說是從嚴厲否定儒家所提倡的德治主義中的缺陷而來。法家認爲，儒家思想中難以彌補的缺陷是，想藉由君主的德及賢知來教化世界的德治主義，因爲其賢知及德受到不穩定的偶然因素左右，無法作爲恆常的統治支柱。因此法家廢除這個偶然性，提倡不允許恣意解讀的客觀性法律，以及支持此法律的機能性官僚體制的嶄新統治。

然而，若將法的根據放在活著的君主的權威上，其實定法便處於（法源的）「露出」狀態。因此，君主或國家爲了不使法的權威墜落，必須不斷地努力。具體而言，以軍事力量的增強來保證法的權威、戰爭的勝利、版圖的擴大等等。

採用此法治主義而急速成長的秦國被評爲「秦四世有勝。」（《荀子・議兵》）而藉由軍事的勝利，試圖不停地解消其難題。但是，此奇蹟的連續也可說反而阻礙了對秦法思想所包含的根本問題的反省。

第三節 〈為吏之道〉

如此一來，秦律對其法欠缺終極內省，只管以矯正「惡俗」的手段，適用於其基層統治的現場。下面，我們藉由對〈爲吏之道〉的分析來探討秦國法思想的特質在基層統治的現場發生何種問題。

〈爲吏之道〉是由大致四字連綴而成的地方官吏的應銘記的原則，是瞭解秦國如何統治基層社會的寶貴資料。但是其內容比起〈語書〉稍微複雜，關於其中心思想爲何，又，其融合了何種思想等處仍有許多爭論。因此，首先從何謂〈爲吏之道〉中所追求的理想官吏這一觀點，將其內容做如下表 1 的整理：

表 1 〈為吏之道〉的內容分類表

	項目和資料
I	① 廉潔公正 凡為吏之道，必精絜（潔）正直，慎謹堅固，審悉毋（無）私（一 01～04），喜為善行（二 10），凡治事，敢為固，謁私圖（五 01），凡戾人，表以身（五 03）
	② 自覺、自省，富貴欲望之抑制 悔過勿重（一 14），反赦（索）其身，止欲去顯（願）（一 22～23），安樂必戒，毋行可悔（一 40～41），臨材（財）見利，不取句（苟）富（一 50），毋喜富，毋惡貧，正行脩身，過（禍）去福存（二 03～05），賤士而貴貨貝（二 18）
	③ 公私混同之禁止 居官善取（二 21），安家室忘官府（二 23），不察所親則怨數至（二 24～25）
	④ 明察力 微密韱（纖）察（一 50），審耳目口，十耳當一目（一 38～39）
	⑤ 慎重的行動、言語，嚴守情報 謹之謹之，謀不可遺，慎之慎之，言不可追（二 34～35），言如盟（三 48），口，關也，舌，幾（機）也。一堵（曙）失言，四馬弗能追也（五 29～31）

	⑥ 忠孝慈愛 為人君則鬼（懷），為人臣則忠，為人父則茲（慈），為人子則孝（二 38～41）
	⑦ 態度要有彈性，否定僵硬 安靜毋苛（一 06），嚴剛毋暴，廉而無刖（一 08～09），斷割不刖，怒能喜，樂能哀，智能愚，壯能衰，恿（勇）能屈，剛能柔，仁能忍，強良不得（一 29～37）
	⑧ 財產、食糧管理 戒之戒之，材（財）不可歸（二 33），不精於材（財）（三 45）
II	⑨ 法令之遵守，正確的運用 審當賞罰（一 07），舉事審當（二 09），毋罪毋（無）罪（三 01），均䌛䌛（徭）賞罰（三 04），賦斂毋（無）度（三 07），夬（決）獄不正（三 44），法（廢）置以私（三 46），將發令，索其政，毋發可異史（使）煩請（五 13）
	⑩ 國家政策之實行 操邦柄，慎度量（五 05），邦之急，在體（體）級，掇民之欲政乃立（五 07）
III	⑪ 嚴守分職，忠誠 中（忠）信敬上（二 07），犯上弗智（知）害（二 17），非上身乃於死（二 32）
	⑫ 嚴守日期，迅速的行動 命書事會，事不且須（三 11～12）
IV	⑬ 掌握人民之實際狀況 審智（知）民能，善度民力（一 18～19），同能而異（一 46），孤寡窮困，老弱獨傳（三 02～03），審民能，以賃（任）吏，非以官祿夬（使）助治（五 10）
	⑭ 考慮到人民的政策 除害興利，茲（慈）愛萬姓（二 50～51），臨時不敬，倨驕毋（無）人，苛難留民，變民習浴（俗）（三 37～40），施而喜之，敬而起之，惠以聚之，寬以治之，有嚴不治（三 51～四 04），從政之經，不時怒，民將姚去（四 31～43）
V	⑮ 環境、施設、器物之管理 城郭官府，門戶關龠（鑰），除陛甬道（三 08～10），千（阡）佰（陌）津橋，……倉庫禾粟，……水火盜賊，……畜產肥㸲（胔），朱珠丹青（三 14～36）

I　官吏自身的理想，II　上意下達，III　與組織、上司的關係，IV　與人民、地方社會的關係，V　與周邊環境的關係

如表 1，〈爲吏之道〉是由 I「官吏自身的（基本的）理想」爲中心，Ⅱ「上意下達」爲由上往下的角度，Ⅲ「與（吏所屬的）組織、上司的關係」，也就是往上的角度，Ⅳ「與人民和地方社會的關係」，V「與（所管轄的）周邊環境的關係」，也就是往下的角度等的觀點所構成，其所包含的內容更無法單純以儒家的、法家的二分法來說明。例如，1 的廉潔公正既可以說是儒家，也可以說是法家的主張。而 2 的自覺、自省與抑制富貴、欲望，4 的具備明察力，5 的謹言慎行、保守情報，13 的掌握人民實際狀況等等，只以法家和儒家之架構也難以分辨其思想特色。此外，8 的財產、食料管理，15 的環境、設施、器物的管理等等的，更可以說是思想色彩薄弱。

甚至，如 6，似表示了儒家的德目，如 11 的強調法令之遵守和確實運用似乎代表法家精神，如 7 及 14 尊重有彈性的態度，也可以被解釋成其中有多處反映了道家的精神。前人研究中，因爲所重視的層面不同，而各有不同的見解。[11]

因此，本文稍微調整研究觀點再次分析〈爲吏之道〉的內容。在此，我們試圖沿著〈爲吏之道〉的文脈來勾畫出其全體結構。其

[11] 「為吏之道」的思想中心，認為是法家的有張晉藩〈從秦簡《為吏之道》看秦的「治吏」思想〉（《吉林大學社會科學論叢》第 4 期，「中國法律史論」法律出版社，1982 年〉、高敏〈秦簡《為吏之道》中所反映的儒法合流傾向〉（《雲夢秦簡初探》，河南人民出版社，1979 年〉、蔣義斌〈秦簡為吏之道在思想史上的意義〉（《簡牘學報》第 10 期，1981 年〉，吳福助〈睡虎地秦簡《語書》論究〉（《簡牘學報》第 10 期，1981 年）等等。相對地，認為是儒家的則有黃盛璋〈雲夢秦簡辨正〉（《考古學報》第 1 期，1979 年）、徐富昌《睡虎地秦簡研究》（文史哲出版社，1993 年）等。其他有余宗發〈《雲夢秦簡》中思想與制度鈎摭〉（文津出版社，1992 年）、張永成〈秦簡為吏之道之道篇的版式及其正附文問題〉（《簡牘學報》第 10 期，1981 年）、余英時《士與中國文化》（中國文化史叢書，上海人民出版社，1987 年〉也指出思想的融合為儒、道、法的順序。

實關於該如何理解〈爲吏之道〉的結構，就有兩種不同的看法。[12] 下面，我們參考被認定是在竹簡中表示段落區別的「●」符號，以及在竹簡上分寫爲五段的筆錄狀態等，在下頁表 2 中提出筆者個人的看法。

如表 2，〈爲吏之道〉整體雖然不是以緊密的邏輯展開，但仍可以大致理解爲：第一段爲全體的總論部分，第二段爲「五善」和「五失」的對照，內容上可歸納成幾段分組。其中，在過去研究中成爲議題的，首先是第二段的思想特色。有些學者認爲在這裡，吏的「五善」可代表儒家思想：

> ●吏有五善，一曰忠信敬上，二曰清廉毋謗，三曰舉事審當，四曰喜為善行，五曰恭敬多讓。（二 06～12）[13]

> ●吏有五失。一曰誇以泄〔奢侈〕，二曰貴以泰〔尊大〕，三曰擅裚割〔擅自裁斷〕，……五曰非上，身及於死。（二 13～32）

但是如上的內容，並不必然代表儒家，若我們考量到其與「五失」的對應，不如說是由法家或中央集權的想法來貫通的。這是因爲，此「五失」、「五善」最終是由「五者畢至，必有大賞」、「身及於死」等信賞必罰的思考所統合的。確實「忠信」、「清廉」等一部分「五善」可以說是儒家的，但那並不是單純地列舉出儒家德目，而是作爲運作信賞必罰的標準而提及的。

---

[12] 《睡虎地秦墓竹簡》（文物出版社，1990 年）全部分為十一個部分，並且注 11 中，前揭黃盛璋及蔣義斌的論文將之分為六個部分。其個別狀況參照表 2 的底下的部分。

[13] 以下關於〈為吏之道〉（全五段）的原文，附記其竹簡號碼。例如（一 01）所表示的是第一段的第一簡。

表2 〈為吏之道〉的結構

段落	一	二	三	四	五	六	七	八	九
概要	「凡為吏之道」（一10）以下，列舉吏所應有的態度。邏輯上不具緊密的結構和展開，但由多樣的內容所構成，例如：廉潔公正，法令之遵守，正確運用，嚴守分職，忠誠，自覺、自省，洞察力，富貴、欲望之抑制，掌握民力，顧慮人民，柔軟的態度，否定僵硬性。從此部分可以知道以下「為吏之道」的種種要素。總論部分。	「吏有五善」（二06）以下，將吏之「五善」與「五失」互相對照。形式上有系統，但各內容並不具嚴密的推論架構，並且「五善」與「五失」之間也缺乏緊密的對應關係。另外，「五善」與「五失」各自對應於「必有大賞」與「身乃於死」的結果，帶有信賞必罰的傾向。	「戒之戒之」（二33）以下，文章也最具整合性、對句的對仗關係也最密切的一段。在「以此」以下的一段，將儒家的德目「君懷、臣忠、父慈、子孝」看做「政之本」，功能因素「志徹官志，上明下聽」看做「治之紀」，存在著折衷兩者的思考。	「除害興利」（二50）以下，關於環境、施設、器物的管理，列舉要留意的對象。在本篇敘述最具體也最明顯地採用列舉的部分，但也可看到如「慈愛百姓」、「變民習俗」等對共同體之習俗與人民之實際狀況等的關注。	「處如資」（三47）以下，其敘述最有脈絡的一段。在這裡，可以看到「施而喜之……有嚴不治」等對人民的關注，在「治則敬自賴之，施而息之，……因而徵之，將而興之，雖有高山，鼓而乘之」、「民之既教，……興之必疾，夜以接日」中，也可以窺見自柔而剛的階段性推進基層社會的統治的想法。	「長不行」（四44）以下，「戒之戒之……」已出現過的文字重新出現，敘述吏個人的言行。其內容特色在於論及死後的名聲，沒落的困境。	「凡治事」（五01）以下，這一段採用「相」的文體。上面所述的對共同體與人民之實際狀況等的關注，柔軟的對應的要素變少。但，在「審民能」的一節中，還是可以看到對人民的實際狀況的關注。	帶有「廿五年閏再十二月丙午辛亥」的魏律二條（魏戶律、魏奔命律）（五16—28）	「口，關也」以下，對吏個人的言行的考量。短文。（五29—37）

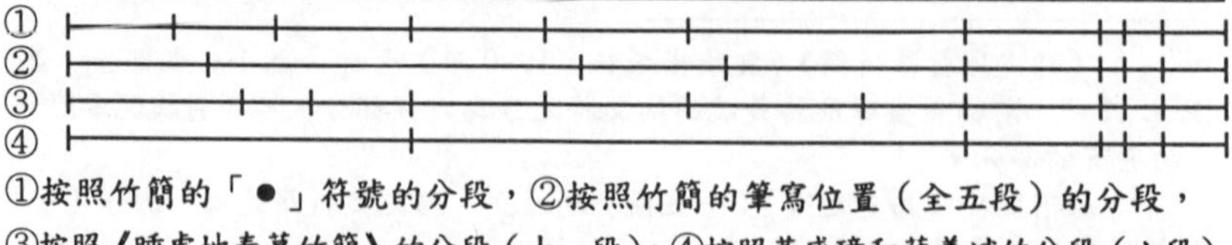

①

②

③

④

①按照竹簡的「●」符號的分段，②按照竹簡的筆寫位置（全五段）的分段，③按照《睡虎地秦墓竹簡》的分段（十一段），④按照黃盛璋和蔣義斌的分段（六段）

接著出現問題的是第三段。在此段落中有最具整合性、對仗最爲工整的部分，特別是提出儒家德目的「君鬼（懷）、臣忠、父慈、子孝」一節。然而，此節也被包含在如下的脈絡中，能否單純的說是儒家思想仍有疑問：

> 君懷臣忠，父慈子孝，政之本也。志徹官治，上明下聽，治之紀也。（二 47～49）

也就是說，此處乍看之下爲儒家成分的「君懷、臣忠、父慈、子孝」爲「政之本」，其實是企圖與法家思想功能成分的「治徹官治，上明下聽」之「政之紀」相折衷。換句話說，本段中並不只是將各種思想雜然陳列，而可以認爲是企圖將兩個要素放在同一個脈絡中折衷處理。

接著將試著檢討可以發現道家思想成分的段落。首先分析在第五段中有趣的一節。

> 治則敬自賴之，施而息之，攌〔養〕而牧之。聽其有失〔陳述〕，從而賊（則）之，因而徵之，將而興之，雖有高山，鼓而乘之。（四 14~23）

若只注意「施而息之，攌〔養〕而牧之」一句的話，此句似乎代表道家思想中，表示對人民的用心及柔軟的對待，但仍應該要關注其前後文的整體脈絡。確實，前半部提倡對人民採取柔性的對待，但後半部卻表示，統治者必須以「將而興之，雖有高山，鼓而乘之」、「興之必疾，夜以接日」等嚴格態度來使喚教化之民。也就是說，在此段的論述中，我們可以看到以自柔而剛的程序來推行基層統治的想法。

此外，只要參考第五段的話，在原先被視爲包含道家思想的部分中，我們也可以發覺不同的面貌。例如在第四段中的「慈愛萬姓」、「變民習俗」等對於共同體習俗的關注，第七段中所謂「審民能」的對人民實情的關注等等，探討的內容並不單代表道家思想的「柔弱」，反而更有可能是最終目標爲貫徹法治的統治術之一。如此，〈爲吏之道〉揭示了諸家折衷的處世方式，並尊重各家的原貌，提倡「從政之經」。

這樣的〈爲吏之道〉的折衷思想傾向，根據近年出土的資料顯示，與當年的主流思想並非無關。

例如，馬王堆漢墓帛書〈明君〉乃設計連續的「王霸」觀，而以不區分王霸之間的價值使「文與武」、「刑與德」並存。在同樣《馬王堆漢墓帛書・乙本卷前古逸書》還有〈稱〉一篇，其思想內容是，在天道的週期運行下，與文、武、刑、德等複數的統治原理具有同等的重要性，而隨著天道的推移，複數統治原理也要交替變化，此乃謂之「稱」。馬王堆漢墓帛書〈經法〉如〈爲吏之道〉相同，主張：「一年從其俗，二年用其德，三年而民有得，四年而發號令，【五年而以刑正，六年而】民畏敬，七年而可以征。」(〈君正〉) 在此，有著自柔而剛的階段性推進的佔領政策。

不但如此，銀雀山漢簡《守法等十二篇》中的〈王兵〉提示了以使用武力爲前提，富有霸者味道的王者觀，並且在其他篇章中，基本上提出「帝」、「王」、「霸」的排序，但實質上的理想卻是以霸者爲至極的特殊政治思想。

另一方面，傳世文獻的〈司馬法〉中也可見到針對平時與戰時的支配原理所作的區分，兩者是在不同領域的統治原理，而主張此兩種原理具有表裡一體的同等份量而應該並存。另外《管子》也提倡文、武、威、德等複數的支配原理的併用和分開使用，而且它還主張複數的支配原理應該被天道的運行所規範，這便爲統治找到了正當性的依據。

接著，似乎在此延長線上的公羊學、董仲舒思想，也以天人感應關係爲前提，乃主張，如天尊陽勝於尊陰，在人事上也應重德更重於刑。也就是說，在前項文獻中「文與武」、「德與刑」之間的價值關係並未顯現，而董仲舒明確的價值差等，基本上也承認作爲統治手段的法治的存在，並使法治與現實狀況相應，但仍主張德治的優位性，爲儒教的國教化開路。

由是觀之，〈爲吏之道〉的各段落的思想中，雖然還沒有完整的階段，但可以看出與戰國到漢初的思想潮流相關的內容，並且也反映秦國追求這些思想內容在秦國基層統治的現場中實現的可能性。而且，我們可以推測在漢初的王霸折衷、黃老政治思想的流行中，並不只在中央政界或是思想界，而且在統治基層社會的現場也受到強力的支持。

第四節　〈語書〉與〈為吏之道〉

〈爲吏之道〉的內容雖然比〈語書〉稍微複雜，但我們如何理解其差別？根據與此同時出土的記錄墓主「喜」的經歷之〈編年紀〉，秦律及〈語書〉、〈爲吏之道〉應該是與喜生前的職務有密切的關係的資料。

對此，現今大致上可分爲兩大見解：第一種立場爲，將〈爲吏之道〉中各種思想的並存狀態與商鞅變法的內容相比較，發現秦始皇當時的法治也不是清一色的法家思想，從商鞅變法當時就已經有相當程度的變質。[14] 與此相關的，將〈爲吏之道〉中諸思想的折衷狀況與之後的秦帝國的政治狀況相比，可以發現秦始皇初期的法治並不是那麼嚴苛殘酷。[15]

與此相對地，一些學者重視南郡守騰發佈〈語書〉的事實，並且推測此時秦國法治，特別是對於南郡的統治更加嚴格。根據〈編年紀〉的記載，我們瞭解在〈語書〉發布的前年（西元前266年）起，即已開始「南郡備警」，即統治的強化。[16]

然而此分歧的原因在於前者重視〈爲吏之道〉，而後者則重視〈語書〉的結果，這兩種觀點都很難說明此兩份資料保存於同一人手中的意義。若重視〈語書〉而認爲其意義在於法治強化的反映，則將使得包含了法家以外各種思想的〈爲吏之道〉變得意義不明確。特別是柔性對待人民的一節，與殘酷峻嚴的法治具有相反的性質。另一方面，若重視〈爲吏之道〉而認爲原來嚴格的法思想已然變質的話，將忽略〈語書〉中強硬的法治宣言的情形。站在此立場的人，將〈爲吏之道〉與《商君書》相互比較而認爲是法家思想的變質。不過，如此則會產生是否能將〈爲吏之道〉與《商君書》看作同類資料的疑問。

---

[14] 參照注11的余宗發書及高敏論文。

[15] 參照注11蔣義斌論文。另外，工藤元男〈從雲夢睡虎地竹簡〈日書〉見到的法與習俗〉（《木簡研究》第10號，1998年，之收入於工藤元男《睡虎地秦簡より見た秦代の國家と社會》（創文社，1998年），針對此問題，乃指出，秦國原來所採用的是將佔領地的固有的習俗巧妙的混入於自身支配體制中的現實政策；但秦國後來否定此統治方式，並轉換至一元支配的方向。前者在〈日書〉中，後者在〈語書〉可以得到證實。也就是說，墓主喜的時代應該剛好處於秦的法治主義轉換期上。

[16] 高敏〈南郡守騰的經歷及其發布〈文書〉的意義〉（《雲夢秦簡初探》，河南人民出版社，1997年）及注11的吳福助論文，均指出〈語書〉與「南郡備警」的密切關係。

若我們考量到這兩份資料應該是由基層法吏的喜所持有，則有必要去評估秦國統治具有二重結構的可能性。換言之，支持著秦國法治根抵的法術思想，從商鞅時代以來其基本性質就沒有太大的改變。然而，就如南郡守騰在〈語書〉中的感嘆，其法治絕非徹底的浸透到統治基層。就如同在〈語書〉中可見到的，將地方習俗認定為「惡俗」，並企圖以法的結構強制改變，這就顯現出秦國法思想難以去除的弱點。然而，見了韓非子的著作後感動的秦王政，即使有企圖徹底強化秦的法思想及君主權力的志向，對民情或地方習俗柔性對待的想法是很薄弱的。於是在秦國的政治傳統中，秦不變的強硬法思想與不易改變的民俗，其間的摩擦又該如何消解等重要課題，並沒有在國家的基本政策及其法思想的層次上進行探求，而這些課題就託付給了在基層統治現場與人民直接相關的「吏」。我認為〈語書〉與〈為吏之道〉並存的事實，就是秦國這樣的二重結構的統治現實的反映。

附帶一提，與睡虎地一同出土的《日書》也被認為是喜生前所持有的占曆之書，但此資料之存在也顯示了當時吏的環境和實際狀況。

《日書》的存在似乎暗示秦國對楚國的習俗採取寬大的態度，然而一旦分析其內容，似乎也未必如此。這是因為此文獻的確保存其吉凶、曆日等地方習俗，但根據這些記載，我們可以想像秦國毋寧是試圖利用這些習俗來取締犯罪者（甲種、盜者篇，乙種、逃亡篇等等）[17] 及監督小吏（甲種、吏篇，乙種、入官篇等等）。在此也可以想像得到，吏的立場是處於秦國法治與地方習俗間的微妙地帶。

---

[17] 關於〈日書〉中多有記載追捕犯罪者、逃亡者的記載，可參照劉樂賢《睡虎地秦簡日書研究》（文津出版社，1994年）。順帶一提，包含〈日書〉的睡虎地秦墓竹簡的總合研究，可參照工藤元男《睡虎地秦簡より見た秦代の國家と社會》（創文社，1998年）。

結語

以上，以睡虎地秦簡資料爲中心，針對秦的法治實況與法思想的特質進行探討。從秦律中所歸納出來的秦國統治理念，可被商鞅、韓非子方式的法治主義與中央集權主義所貫串。並且軍事相關法規也被融合於其中，什伍制、連坐制等等也跨越了軍事領域而成爲秦律全體一貫的基本特質。但是，舊楚領土的南郡也因爲反秦的風氣而產生反抗，阻礙了秦的法治貫徹。南郡守騰的〈語書〉，一方面主張法的意義與正當性，一方面也宣示舉發惡吏。如此，秦國的法在欠缺對其終極根據的反省之下，持續運用軍事勝利此一現實爲後盾，最後將解決其矛盾的責任託付給站在社會基層統治現場與舊共同體秩序奮鬥的吏。[18] 總之，我們可以推測秦國的軍事行動一方面以軍爵制及各種軍律的方式被納入秦國法治體系中，另一方面作爲終極地支持法治的絕大力量而發揮其功能。

---

[18] 大櫛敦弘〈秦代國家的統一支配〉（平成五年度文部省科學研究費補助金一般研究B研究成果報告書——〈《史記》、《漢書》的再檢討與古代社會的地域性研究〉，1994年）中指出，將秦的統一支配的結構是以「本土」的關中地區對「被征服地」的其他地區進行支配收奪方式來進行。同時對其歷史角色評論說，秦的統一支配是「強力但脆弱」，而與「穩和但強韌的」漢王朝的支配可對比。在本章檢討過的法思想的性格及秦的統治的二重結構一點也許可支持大櫛先生所論證的秦帝國支配結構的脆弱面。

監譯者跋

一

本書將日本大阪大學湯淺邦弘教授關於郭店楚墓竹簡、上海博物館藏戰國楚簡、睡虎地秦簡在文獻和思想方面的論文集結成冊，為萬卷樓圖書出版公司「出土文獻譯解研析叢書」日本學者的研究之第三本中文專著。

目前，日本在中國古代出土文獻之思想研究方面，湯淺教授可以說是扮演著最重要的角色。監譯者之所以用「最重要的角色」來形容，除了湯淺先生本身的研究貢獻之外，尚可舉出三個理由：

第一，湯淺先生身為《中國研究集刊》的主編，這幾年來陸續出版有關楚簡研究的大量研究成果，正如他在〈原作者序〉中所列舉，其中有三本就是楚簡專刊。令人刮目的是，過去三年來，該刊所發表的楚簡相關研究，不論是論文、註解等，都比出土文獻研究的專門期刊《中國出土資料研究》所發表的數量還要多！並且，雖然《中國研究集刊》是採用會員制的學術期刊，不過，一旦成為具有投稿資格的會員，該刊也樂意接納與湯淺先生所屬「戰國楚簡研究會」看法格格不入的論文，甚至包括監譯者所撰之嚴厲批評日本學界現狀的文章。可見該刊的審稿原則也很公正。因此，《中國研究集刊》成爲日本的中國思想研究方面，最活撥、最受矚目的學術期刊之一。

第二，湯淺先生在大阪大學中國哲學研究室網站中設置「戰國楚簡研究會」的網站[1]，並且提供有關楚簡研究的各種資料和訊息。相形之下，日本中國出土學會的網站幾乎沒有提供什麼內容，所以，這個網站可以說是日本唯一關於楚簡研究實際運作中的網站。唯一美中不足的的是，該網站全爲日文，因此日本以外的學者很少會注意到這個網站。

第三，與上列兩點息息相關，湯淺先生在「戰國楚簡研究會」的活動中扮演著「軍師」的角色。就目前日本的簡帛思想研究現況而言，「戰國楚簡研究會」是國內兩大研讀會之一，而湯淺先生一直擔任該研究會推動的國際交流之規劃者。早在一九九八年郭店楚簡公諸於世之際，他一獲悉此訊息便主動與淺野裕一教授聯繫，以促成「戰國楚簡研究會」的設立。二〇〇四年三月，監譯者所屬的「簡帛道家資料與新出土文獻研讀會」（代表：臺灣大學哲學系教授陳鼓應和東吳大學哲學系副教授郭梨華）有學者和研究生二十名共赴大阪大學所舉辦的「戰國楚簡與中國思想史研究」國際學術研討會，便是在湯淺先生的密切合作下舉行的。並且，由於此次會議的成功，「簡帛道家資料與新出土文獻研讀會」在臺灣接續舉辦了兩場重要的國際學術研討會。

其實，出土文獻並非湯淺先生研究領域之全部，他對中國軍事思想史，以及以懷德堂學派爲主的日本德川時代思想史兩個領域也做了不少貢獻。關於前者，湯淺先生的博士研究是環繞著這個主題

---

[1] http://www.let.osaka-u.ac.jp/chutetsu/sokankenkyukai/

進行，而在一九九九年以《中國古代軍事思想研究》爲書名，由東京研文出版社出版；關於後者，他身爲大阪大學文學院所附設的懷德堂研究中心之主任，積極推動有關懷德堂歷史資料之發掘、彙集，以及歷史思想研究。因爲大阪大學本身以懷德堂精神之繼承者自居，日本政府、大阪市民以及大阪大學都非常重視其研究成果。

不過，身爲本叢書第一本日本專著之作者淺野裕一教授的第一高徒，湯淺先生最核心的研究主題應該仍是中國古代出土文獻的思想的解讀。其代表作《中國古代軍事思想研究》中的分析對象，實際上也是以銀雀山漢墓竹簡《孫臏兵法》和各種兵書、睡虎地秦墓竹簡，以及馬王堆漢墓帛書等出土文獻爲主。

如上所述，湯淺先生目前多方面地主導著日本國內對楚簡研究的規劃和運作。不過，因爲很簡單的理由——即，其活動和發表所使用的語言全都是日文——故其成果未曾爲國外學界所關注。此情形與他的貢獻和重要程度相比，相當令人遺憾，而也就是在這個意義上——不只是對於湯淺先生個人的學術交流而言，而是對於整個日本國內這個領域的國際發展而言——本譯書之出版實爲重要。

二

那麼，以下將介紹本書的特色。我想本書的重要性可以藉三個特點來說明。第一個特點是，本書提供關於郭店楚簡和上博楚簡的研究成果到目前爲止最完整的評述。從郭店楚簡出土之後到內容正式公布，前後已有十年，相當多的學者提到，這些楚簡的解讀可能會導致中國思想史的重建。尤其是上博簡陸續公布的當前，若將武漢大學「簡帛網」所發表的論文包含在內，幾乎每天都有一篇以上的文章正在產生，在這種情形下，如何整理，乃至「過濾」重要的研究，並且評述其貢獻和問題，是從事簡帛研究者沈重的作業。對此，據監譯者所知，雖然已有部分學者整理出研究目錄之類的參考資料，不過，有系統地評述個別研究，並同時整理此領域的整個研究脈絡之文章似乎尚未出現。相形之下，湯淺先生在他擔任主編的《中國研究集刊》中，早已設計了「新出土資料關係文獻提要」，在每號集刊中提供郭店、上博楚簡研究相關的重要著作之簡評。目前刊行至第 38 號，包含七十二本中文著作以及十八本日文研究的摘要。本書的第一章〈戰國楚簡與中國古代思想史研究〉之所以能有那樣高密度的評述，正是因爲湯淺先生和他的研究室成員長期致力於蒐集且評述過去的研究成果而打下了深厚的基礎。

第二個特點是，從本書的分析和論述，可以了解日本漢學的中國思想研究的特質。近二十年來，中文世界鮮少將日本中國古代思想研究的成果譯成中文。直到最近，以會議論文爲主的日本學術論文有漸漸增加的趨勢，部分原因是監譯者以舉辦國際會議、協助翻譯和中文期刊的投稿，以及期刊專號之編輯等，大力推動各項國際學術交流活動所致。不過，到目前爲止，以專書方式出版的與先秦出土文獻的思想相關的日本學者專書，只有淺野裕一先生的《戰國楚簡研究》（臺北：萬卷樓，2004 年）和最近剛出版的池田知久先生的《池田知久簡帛研究論集》（北京：中華書局，2006 年）兩本而已。因爲在中文世界所能看到關於中國先秦思想研究的專書就是這兩本，因此，許多中文讀者以爲這兩位學者的主張是日本學界的代表。但事實上剛好相反，其實日本學界是將這兩位學者的主張視爲相當特殊的見解。淺野先生認爲，孔子思想的心理學和儒學發展的動力是「復仇心態」，這是相當獨特的看法；池田先生則堅持「郭店、上博楚簡的思想是受到荀子思想的影響」之看法，此主張在日本也確實是極為少數。

相形之下，湯淺先生的推論大部分是很穩當的。湯淺先生在文獻的分析當中，基本上不會勉強提出自己獨特的解讀心得。然而，正如第四章對上博簡〈從政〉的編連問題的討論中可以看到，如此「虛心」面對文獻和二手資料的態度，反而更加強了其論述的說服力。當然，這並不意味著他所有的論述都具有說服力。譬如，在以政治哲學為研究領域的監譯者看來，第十章中，湯淺先生似乎只注意到《韓非子》思想中「國家要控制人民」的單方面特色，而我個人認為此部分並非《韓非子》整個思想體系的重點。不過，第九章和第十章是二十多年前湯淺先生還不到三十歲的時候之論文，看得出年輕學者試圖提出新見解的雄心。相對地，關於郭店和上博楚簡的論文則是近五年的作品，這部分的推論都很成熟且穩當，基本上，他的論點始終沒有離開他所分析的文獻本身的思想脈絡。換言之，他很少將分析的結果勉強湊合於自己既有的思想史脈絡中。

不過，湯淺先生所採取的「穩當的分析」是否意味著其論述缺乏新見解或創造性呢？我想將這個問題的判斷交給每一位讀者。在這裡我還想指出一點：在郭店、上博楚簡的思想中，有一點是本書中非常關注的，此即本書的第三個特點。雖然湯淺先生未明確主張，但他確實懷疑在戰國初中期的孔門中，「如何成為一個理想的統治者（即「君子」）」漸漸成為主要的探求議題。在這個意義上，「君子」一詞成為本書的關鍵詞。其實，在監譯者對初期儒家的分析當中，曾經將孟子之前的儒家思想特色歸類為「道德論辯」（ethical discourse），與公元前三世紀稷下學術活動以後的思想特色「分析論辯」（analytical discourse）相對比。[2] 監譯者的看法是，在孟子以前的儒家和墨家集團，主要探求如何成爲道德上理想的統治者的問題，而戰國中期之後，思想家的主要議題逐步變成國家制度以及更抽象的各種議題。雖然〈太一生水〉和〈恆先〉等文獻的出現，使我們推測，中國古代思想家對形上學和宇宙形成等議題的探求應該早在戰國初期就已經開始，但郭店和上博楚簡的思想內容支持「爲了成爲理想統治者的探求」是戰國初中期儒學的核心議題。總之，我認爲，戰國初期「儒家君子之學」的思想特色及其與其他思想的交流（或交鋒）等思想問題，將來會成爲理解郭店和上博楚簡思想特色的分析焦點。

三

以下是身爲監譯者，關於本書的翻譯與編輯過程之附帶說明。收錄於本書之論文，原以日文發表在下列刊物之中，論文的原名、發表期刊的名稱及其出版日期如下：

第一章：原題〈戦国楚簡と中国古代思想史研究〉
《中国史学》第 16 号（2006 年）所收

第二章：原題〈「忠臣」の思想——郭店楚簡『魯穆公問子思』について——〉
大久保隆郎教授退官記念論集《漢意とは何か》（東方

[2] 請參閱 Masayuki Sato: *The Confucian Quest for Order: The Origin and Formation of the Political Thought of Xun Zi.*（Leiden: Brill Academic Publishers, 2003），第二章。

書店，2001年12月）所收

第三章：原題〈郭店楚簡『六徳』について——全体構造と著作意図——〉
《中国出土資料研究》第6号（2002年3月）所收
第四章：原題〈上博楚簡《従政》の竹簡連接と分節について〉
《中国研究集刊》騰号（第36号）（2004年12月）所收；後收於〈《従政》の竹簡連接と分節〉，淺野裕一編，《竹簡が語る古代中国思想——上博楚簡研究——》（汲古書院・汲古選書，2005年4月）
第五章：原題〈上博楚簡『従政』と儒家の「従政」〉
《中国研究集刊》騰号（第36号）（2004年12月）所收；後收於〈《従政》と儒家の「従政」〉，淺野裕一編，《竹簡が語る古代中国思想——上博楚簡研究——》（汲古書院・汲古選書，2005年4月）
第六章：原題〈上博楚簡《彭祖》における「長生」の思想〉
《中国研究集刊》致号（第37号）（2005年6月）所收
第七章：原題〈父母の合葬——上博楚簡《昭王毀室》について——〉
《東方宗教》第107号（2006年5月）所收
第八章：原題〈語り継がれる先王の故事——上博楚簡《昭王與龔之脽》の文獻的性格〉
《中国研究集刊》第40号（2006年6月）所收
第九章：原題〈秦律の理念〉
《中国研究集刊》天号（第1号）（1984年6月）所收；後收於《中国古代軍事思想史の研究》（研文出版，1999

年10月）

第十章：原題〈秦の法と法思想——雲夢秦簡を中心として——〉《日本中国学会報》第36集（1984年10月）所收；後收於《中国古代軍事思想史の研究》（研文出版，1999年10月）

上列文章，都是透過本書第一次以中文呈現給中文世界的讀者。本書各章的中文翻譯初稿由以下諸位所提供：

王綉雯（京都大學法學研究科博士候選人）第一章
盧彥男（京都大學文學研究科碩士生）第二章、第三章
李　敏（北京清華大學思想文化研究所碩士生）第四章、第五章
李　雪（國立台灣大學哲學研究所碩士生）第六章、第八章
白雨田（大阪大學文學研究科博士生）第七章
劉靜瑜（大阪大學文學研究科碩士生）第九章、第十章

上列諸位，除了王綉雯小姐以外，大多數是沒有專業翻譯出版經驗的碩士班研究生。其實，此次翻譯出版的目的，除了將日本學界的中國思想史研究領域的最新成果介紹給臺灣和中國學界，也在於培養有關中國思想日文著作的專業翻譯人才。爲了達成此目的，監譯者本人在臺灣大學哲學研究所開設「日本中國哲學名著導讀」的課程，目前已經進入第四年，而上列六位中，有三位同學曾經上過該門課學習日文學術著作的翻譯技巧。他們由於經過這一次要求最高專業水準的翻譯作業，也獲得了平常在學生階段絕對無法經歷的專業經驗。對此，我衷心地祝福我的學生們！我同時也要感謝立

德管理學院應用日語系助理教授野川博之先生對翻譯初稿作業的悉心協助。不用說，監譯者也仔細看遍本書的全部字句而加以修改，若翻譯中還有錯誤，其責任全由監譯者負起。至於本書的編輯作業（排版、造字、校對）由監譯者研究室助理林嘉財同學擔任。我也誠摯地感謝北京清華大學人文學院廖名春教授，他允許本書收錄他原本準備出版的第四章和第五章之翻譯稿。

最後，本書是萬卷樓出版公司「出土文獻譯解研析叢書」中翻譯日本學者研究成果的第三本專著。像過去本系列的兩位原作者一樣，因著這次的出版，湯淺先生也將要獲得上千個中文讀者以及與他進行學術對話的朋友。我曾經在福田哲之先生譯書中的跋文寫道：「我也衷心希望與福田教授處於同樣環境（注：只以日文發表的環境）的日本學者們，能夠因爲本書之出版而受到鼓舞，開始將自己的學術成果向國際漢學界發表，並且努力進行學術對話！」我自己藉著一步一步出版日本的學術成果，來努力證明這樣的主張並非空話。我衷心感謝萬卷樓圖書公司和中文讀者對本系列的支持和關懷！

日本學者更要加油！

佐藤將之 謹識

2006 年 5 月 15 日

人名索引

三劃

丁原植　10, 13, 18
丁四新　12, 20
小寺敦　25
子思　34, 35, 36, 38, 48, 49, 50, 57, 58, 70, 166
子張　37, 69, 71, 91, 98, 109, 120, 125, 126
子夏　37, 125
子游　37
子路　37, 108, 110, 125
子墨子　39
子貢　108, 109, 166
子產　106, 111
子常　185
大野俊　182
大櫛敦弘　240
于豪亮　194
工藤元男　238, 239

四劃

王博　16
王金凌　20
王葆玹　26, 55
王中江　80
太史儋　14
孔子　36, 48, 49, 50, 56, 57, 64, 67, 69, 71, 72, 73, 87, 91, 100, 101, 107, 108, 109, 110, 122, 123, 124, 126, 127, 148, 166, 183, 184
孔廣森　138
孔安國　146
比干　37
木村英一　215

五劃

冉求　108
甘龍　225

六劃

池田知久　8, 23, 24, 25, 29
老萊子　14
老聃　69
老子　140, 145, 146, 148
艾蘭(〔美〕Sarah Allan)　15, 21
朱淵清 21
西山尚志　25
竹田健二　27
伊尹　48
仲弓　125
夸父　139
伍子胥　178, 184

七劃

李零　11, 17, 130
李耳　14
李若暉　15
李學勤　16, 57
李綉玲　17
李天虹　19
李承律　25, 27, 33
李存山　56, 57
李銳　130, 134
邢文　15, 21
邢昺　90, 108, 109
谷中信一　25, 26, 42
佐藤將之　28
伯夷 48
告子　69
阮元　72
坂出祥伸　138
吳王闔閭　174, 176, 178, 179, 184
吳榮曾　208
吳福助　232
余宗發　232, 238
余英時　232
杜摯　225

八劃

林素英 12
季旭昇 17, 79
邱德修 18
孟子 38, 47, 48, 49, 57, 69
孟蓬生 151, 171, 173, 176
周鳳五 71, 88, 92

九劃

姜廣輝 12
侯才 14
侯乃鋒 171, 176
荀子 51
南郡守騰 116, 221, 229, 239
韋昭 138
禹 143
俞志慧 152
范常喜 153

十劃

馬承源 7, 77, 101, 186
袁國華 9
涂宗流 10
徐富昌 21
徐少華 57
徐富昌 232
席盤林 34
晏子 49, 50
晏嬰 158
荻生徂徠 110
秦王政 116, 196, 217, 220, 221, 239
秦昭王 211
秦始皇 237
祝融 138, 139
袁珂 139
蚩尤 139
孫武 184
高恒 192, 198
高敏 215, 232, 238

十一劃

張光裕 9, 33, 59, 77, 78, 79, 80, 91, 101, 115
張吉良 14
張震澤 41

張立文 57, 58
張銘新 193
張永成 232
張晉藩 232
郭齊勇 9
郭沂 12, 58, 70
郭慶藩 145
郭德維 163
郭道揚 192
陳鼓應 11, 13
陳偉 11, 54, 88, 92, 153, 181
陳美蘭 17, 79, 80, 81, 87, 102
陳嘉凌 17
陳惠玲 17
陳桐生 19
陳福濱 20
陳劍 80, 94, 170, 171, 172, 173, 175, 176, 177
陳佩芬 150, 170, 171, 175
陳斯鵬 171, 173
陳抗生 191
崔仁義 13
連德榮 17
淺野裕一 27, 28, 29, 39, 43, 228
菅本大二 78
接輿 109
耇老 130, 131
堀毅 191
冨谷至 191
啇鞅 194, 195, 201, 215, 216, 217, 220, 225, 237, 239
尉繚子 221

十二劃

彭浩 15
彭祖 129
黃人二 17
黃懷信 19
黃帝 142, 143
黃盛璋 232, 234
葉國良 21
葉驍軍 163
湯淺邦弘 28
曾子 36
渡邊大 57
御手洗勝 138
堯 143
董珊 151, 153, 154

越王句踐 179
森田邦博 220
董仲舒 228, 237
喜 237, 238, 239

十三劃

鄒安華 15
裘錫圭 16
福田哲之 29, 55, 84
楚昭王 149, 169, 170
楚懷王 223
楊澤生 151, 171, 173
楊寶成 164
葛劍雄 192

十四劃

趙中偉 20
趙岐 47
趙炳清 134, 135, 136
廖名春 20, 56, 57
齊景公 157

十五劃

劉祖信 4, 8
劉信芳 12, 14, 19
劉釗 11
劉彬徽 26
劉豐 69
劉樂賢 90, 239
歐陽禎人 16
鄭吉雄 21
鄭良樹 41
鄭玉姍 151
魯穆公 34, 35
盤庚 143
蔣義斌 232, 234, 238

十六劃

龍永芳 4
鮑則岳（〔美〕William Bolts）16
錢遜 55, 57
燕王噲 88

十七劃

韓祿伯(〔美〕Robert G. Henricks) 15
韓非子 215, 217, 219, 220, 225, 239, 240
謝維揚 21

十八劃

魏啓鵬 14
魏克彬(〔英〕Crispin Williams) 15
魏宜輝 151
藤田勝久 223

十九劃

龐樸 16, 20

二十劃

蘇建洲 17
羅新慧 57
嚴可均 138

書名・資料名索引

二劃

《十問》 142, 144

三劃

《上海博物館藏戰國楚竹書》（上博楚簡） 4, 6, 83
《上海博物館藏戰國楚竹書研究》 7, 18
《上海博物館藏戰國楚竹書（一）》 17, 56, 77, 186
《上博楚簡三篇校讀記》 17
《上海博物館藏戰國楚竹書（一）研究》 17
《上海博物館藏戰國楚竹書（二）》 17, 18, 79, 101
《上海博物館藏戰國楚竹書（二）讀本》 17, 79, 102
《上海博物館藏戰國楚竹書（三）讀本》 17
《上海博物館藏戰國楚竹書研究續編》 18
《上博楚簡〈容成氏〉注譯考證》 18
《上海博物館藏戰國楚簡孔子詩論述學》 19
《上海博物館藏戰國楚竹書〈詩論〉解義》 19
《上海博楚簡『民之父母』『子羔』『魯邦大旱』譯注》 25
《上海博物館藏戰國楚竹書（三）》 129
《上海博物館藏戰國楚竹書（四）》 150, 169, 171
〈子羔〉（上博楚簡） 6, 17, 18, 77, 84
〈三德〉（上博楚簡） 7

《大戴禮記》　55
《大戴禮記・本命》　61

四劃

〈五行〉(郭店楚簡)　6, 9, 12, 13, 24, 30, 33, 84
〈六德〉(郭店楚簡)　6, 9, 10, 11, 30, 45, 53, 85
《六韜》　40
〈太一生水〉(郭店楚簡)　6, 9, 12, 14, 15, 22, 24, 33
〈孔子詩論〉(上博楚簡)　6, 17, 18, 19, 20, 21, 77, 84
《〈孔子詩論〉研究》　19
《孔子家語・本命解》　61
《孔子家語・六本》　67, 71
〈內禮〉(上博楚簡)　7, 20
《中國哲學》　12
《中國出土資料研究》　22, 23
《中国研究集刊》　27, 28, 78, 83, 84, 186
《中國出土古文獻與戰國文字之研究》　29, 55
《中國墓葬研究系列中國墓葬歷史圖鑑(上卷)》　163
《中國古代軍事思想之研究》　221
尹灣漢墓簡牘　24
《公羊傳》　105, 106
《文選》　173
《日書》(睡虎地秦簡)　239

五劃

《出土文獻研究》　4
《出土簡帛叢考》　20
《出土文獻研究方法論文集初探》　21
《包山楚簡文字編》　5
包山楚簡　24
〈民之父母〉(上博楚簡)　6, 17, 30, 77, 84126
〈仲弓〉(上博楚簡)　7, 17, 30, 84
《史記》　14
《史記・五帝本紀》　18
《史記・儒林列傳》　125
《史記・楚世家》　139, 169, 178, 179, 183

《史記・孔子世家》 149
《史記・范睢傳》 173
《史記・日者列傳》 173
《史記・吳太伯世家》 183
《史記・商君列傳》 194, 211, 225
《史記・張儀列傳》 214
《史記・老子韓非子列傳》 220
《史記・秦始皇本紀》 220
《史記・貨殖列傳》 223
《古墓新知》 16
《古代思想史と郭店楚簡》 28
《左傳》 18, 61, 97, 104, 106, 110, 111, 152
《四書大全辨》 108
《玉篇》 152
《司馬法》 227, 236

六劃

《老子》(〈老子〉) 3, 4, 6, 8, 9, 12, 13, 14, 15, 16, 22, 23, 33, 78, 85, 95, 146, 147
《老聃〈老子〉太史儋〈道德經〉》 14
〈成之聞之〉(郭店楚簡) 6, 10, 11, 24, 54, 56, 58, 60, 70, 71, 85
《竹簡が語る古代中国思想—上博楚簡研究—》 28
《列子・力命篇》 138
《列仙傳》 140
《竹書紀年》 139
《合陰陽》 142, 144

七劃

〈君子爲禮〉(上博楚簡) 7
〈弟子問〉(上博楚簡) 7
《孝經》 12, 41, 58, 64, 66, 67, 69
《孝經・諫諍》 41
《孝經・事君》 41
《呂氏春秋・上德》 43
《吳子》 227

八劃

《周易》(《易》) 4, 7, 17, 30, 68, 84

《周禮》　58, 68, 105, 163
《周禮·春官·宗伯·御史》　104
《周禮・大司徒》　163
〈忠信之道〉(郭店楚簡)　6, 24, 45, 56, 60, 70, 71, 72, 85
〈性自命出〉(郭店楚簡)　6, 9, 10, 12, 18, 19, 24, 56, 64, 85
〈性情論〉(上博楚簡)　6, 17, 18, 19, 77, 84
〈昔者君老〉(上博楚簡)　6, 17, 77
〈采風曲目〉(上博楚簡)　7
〈季庚子問於孔子〉(上博楚簡)　7
〈姑成家父〉(上博楚簡)　7
《孟子》　12, 46, 55, 56, 68, 69
《孟子・萬章下》　38
《孟子・滕文公上》　46
《孟子・離婁下》　46
《孟子・告子上》　46
《孟子・盡心上》　46
《孟子·公孫丑上》　48, 61, 146
《孟子・告子上》　69
《孟子・離婁上》　175
〈法律答問〉(睡虎地秦簡)　189
《法家思想的研究》　215
《武經七書》　227

九劃

〈恆先〉(上博楚簡)　7, 17, 21, 22, 56
〈昭王毀室·昭王與龔之脽〉(上博楚簡)　7
〈昭王毀室〉(上博楚簡)　149, 169, 170, 180, 181, 182, 83, 185, 186
〈昭王與龔之脽〉(上博楚簡)　150, 166, 169
〈柬大王泊旱〉(上博楚簡)　7, 175, 181, 185
〈相邦之道〉(上博楚簡)　7
《荊門郭店楚簡〈老子〉研究》　13
《荊門郭店竹簡老子解詁》　14
《荀子》　25, 26, 50, 55, 56, 68
《荀子・子道》　50
《荀子・臣道》　51

《荀子・議兵》　229
《神仙傳》　140
《風俗通義・五伯》　176
〈封診式〉（睡虎地秦簡）　189

十劃

馬王堆漢墓帛書　3, 20, 24, 53
《馬王堆漢墓出土房中養生著作釋譯》　144
《馬王堆醫學文化》　144
馬王堆帛書〈明君〉　228, 236
《孫子》　3, 227
《孫臏兵法》　40
《孫臏兵法校理》　41
〈唐虞之道〉（郭店楚簡）　6, 24, 60, 64, 85
〈容成氏〉（上博楚簡）　6, 17, 18, 77, 84
〈鬼神之明〉（上博楚簡）　7
《國語》　18, 139, 182, 185
《國語・鄭語》　138
《國語・楚語上》　181
《特集号　戦国楚簡と中国思想史研究》　28
《晏子春秋》　42, 47, 149, 153, 154, 156, 157, 160, 161, 162, 166, 182
〈秦律十八種〉（睡虎地秦簡）　189
〈秦律雜抄〉（睡虎地秦簡）　189
〈效律〉（睡虎地秦簡）　189

十一劃

《郭店楚墓竹簡》（郭店楚簡）　4, 5, 8, 9, 14, 23, 27, 34, 54, 56, 59
《郭店楚簡綜覽》　4
《郭店楚簡國際學術研討會論文集》　9
《郭店楚簡研究・第一卷・文字編》　9, 34, 59
《郭店楚簡文字編》　10
《郭店竹簡儒家佚籍四種釋析》　10
《郭店楚簡先秦儒家佚書校釋》　10

《郭店楚簡校讀記（增訂本）》　11
《郭店竹書別釋》　11
《郭店楚簡校釋》　11
《郭店楚墓竹簡思想研究》　12
《郭店竹簡與先秦學術思想》　12
《郭店楚簡研究》　12
《郭店簡與儒學研究》　12
《郭店竹簡老子釋析與研究》　13
《郭店楚墓竹簡〈老子〉校讀》　14
《郭店楚簡〈老子〉校讀》　15
《郭店楚簡老子校釋》　15
《郭店竹書老子論考》　15
《郭店老子　東西學者的對話》　15
《郭店楚簡與太一生水》　15
《郭店儒簡論略》　16
《郭店楚簡〈性自命出〉研究》　19
《郭店楚簡與早期儒學》　20
《郭店楚簡老子研究》　23
《郭店楚簡の思想史的研究》　23
《郭店楚簡の研究》　24
《郭店楚簡儒教研究》　24
〈從政〉（上博楚簡）　6, 17, 30, 77, 101
《從〈郭店簡〉探求其倫常觀念》　12
〈曹沫之陳〉（上博楚簡）　7
《康熙字典》　9
張家山漢簡　20
《莊子》　22
《莊子・天運》　69
《莊子・逍遙遊》　145
《商君書》　41, 215, 225, 238
《商君書・修權》　41
《尉繚子》　220, 221

十二劃

《曾侯乙墓竹簡文字編》　5
〈尊德義〉（郭店楚簡）　6, 10, 11, 54, 56, 60, 70, 85
〈彭祖〉（上博楚簡）　7, 17, 84, 129
《彭祖經》　139, 144
《彭祖養生經》　144

〈逸詩〉(上博楚簡) 7
《湖北考古發現與研究》 164
《雲夢秦簡研究》 192, 208
《雲夢秦簡初探》 215, 238
《雲夢秦簡日書研究》 239
〈爲吏之道〉(睡虎地秦簡) 79, 112, 113, 114, 115, 116, 117, 124, 223, 230, 237
《黄帝四經・經法》 228
《黄老道的成立與展開》 228

十三劃

睡虎地秦墓竹簡 3, 53, 112, 125, 189
《睡虎地秦墓竹簡》 190, 233, 234
《睡虎地雲夢秦簡》 216
《詩經》 4, 19, 106
《道家文化研究》 11, 13
《楚簡〈老子〉柬釋》 14
《楚簡與帛書老子》 15
《楚簡儒家性情說研究》 18
《楚地出土簡帛文獻思想研究(一)》 20
《楚地簡帛思想研究 二》 20
《楚地出土資料と中国文化》 24, 26
《楚系墓葬研究》 163
《新出楚簡試論》 20
《新出簡帛研究》 21
《新出土文獻與古代文明研究》 21
《新出土資料と中国思想史》 27, 78, 83, 84
《新中國的考古發現和研究》 162
《戦国楚系文字資料の研究》 28
《慎子》 41, 199
《經典釋文》 145
〈經法〉(馬王堆帛書) 236

十四劃

銀雀山漢墓竹簡 3, 20, 42, 53
銀雀山漢簡《守法等十二篇》 236
《說文解字》 5, 92, 93
〈緇衣〉 6, 17, 18, 24, 30, 77, 84, 93, 119, 126

〈語叢〉(郭店楚簡) 6, 9, 12, 45, 78, 85, 99, 126
〈語叢一〉(郭店楚簡) 46
〈語叢三〉(郭店楚簡) 55
〈語叢四〉(郭店楚簡) 71
《管子》 43, 228, 236
《管子・君臣下》 43
〈語書〉(睡虎地秦簡) 112, 116, 117, 118, 124, 221, 237
《齊民要術・伐木》 202
〈稱〉(馬王堆帛書) 236

十五劃

〈魯穆公問子思〉(郭店楚簡) 6, 24, 33, 60, 69, 70, 84, 166
〈窮達以時〉(郭店楚簡) 6, 23, 24, 84
〈魯邦大旱〉(上博楚簡) 6, 17, 18, 77, 84, 166, 175
《論語》 12, 30, 36, 41, 44, 49, 60, 66, 68, 69, 72, 73, 87, 101, 104, 107, 114, 118, 123, 126, 127
《論語・學而》 36, 72, 95, 96, 120, 146
《論語・爲政》 36, 72, 89, 110, 119, 120
《論語・顏淵》 36, 37, 57, 125
《論語・子罕》 36, 64, 71
《論語・公冶長》 36
《論語・八佾》 37
《論語・憲問》 37
《論語・里仁》 37, 72, 119
《論語・子張》 37, 120
《論語・微子》 37, 107
《論語・述而》 61, 90, 148
《論語・子路》 71, 90, 98, 107, 110, 124, 125
《論語・衛靈公》 71
《論語・先進》 90
《論語義疏》 90, 109, 110, 148
《論語正義》 90
《論語・堯曰》 91, 98, 108, 109, 110, 119, 121, 126
《論語・陽貨篇》 91
《論語・陽貨》 91, 121, 126
《論語・雍也》 107
《論語集注》 108
《論語注疏》 109

《論語徵》 110
《論語集解》 146
《儀禮》 12
《諸子百家〈再発見〉——掘り起こされる古代中国思想》 28
《墨子》 38, 40, 41, 43
《墨子・魯問》 39, 88
《墨子・非儒下》 39
《墨子・天志下》 88
〈編年紀〉(睡虎地秦簡) 237

十六劃

〈鮑叔牙與隰朋之諫〉(上博楚簡) 7
〈融師有成氏〉(上博楚簡) 7
《戰國楚簡研究》 28, 29
《戰國策・楚策一》 173

十七劃

《韓非子・顯學》 39, 125
《韓非子・五蠹》 116
《韓非子・初見秦》 175
《韓非子》 199, 215

十八劃

《禮記》 4, 12, 30, 55, 57, 58, 60, 66, 68, 69, 73, 96, 101, 105, 114, 120, 126, 161, 166
《禮記・中庸》 18, 58, 68, 71, 97, 119
《禮記・緇衣》 33, 84, 89, 93, 119, 126
《禮記・曲禮下》 47
《禮記・郊特牲》 58, 61
《禮記・禮運》 61
《禮記・王制》 68
《禮記・哀公問》 68
《禮記・孔子閑居》 84, 126
《禮記・文王世子》 89
《禮記・儒行》 96, 120
《禮記・內則》 96
《禮記・祭統》 96
《禮記・緇衣》 96
《禮記・王制》 104
《禮記・雜記下》 104
《禮記・哀公問》 107

《禮記・曲禮上》 119
《禮記・仲尼燕居》 125
《禮記·檀弓上》 149, 156, 162, 163, 165
《禮記・月令》 202
《簡帛五行解詁》 12
《簡帛老子研究》 15
《簡帛思想文獻論集》 16

二十劃

〈競建內之〉(上博楚簡) 7

原作者著作目錄

【專書】

1《論語》（鑑賞中国の古典），與加地伸行、宇佐美一博合撰，角川書店，1987年11月，全558頁。

2《中国古代軍事思想史の研究》，研文出版，1999年10月，全384頁。

3《懐徳堂事典》，大阪大学出版会，全272頁，2001年12月。

4《懐徳堂文庫の研究》，大阪大学大学院文学研究科共同研究報告書，2003年2月，全194頁。

5《異文化接触からみた中国軍事思想史の研究》，平成12～14年度科学研究費補助金基盤研究（C）研究成果報告書，課題番号12610015，2003年3月，全187頁。

6《よみがえる中国の兵法》，大修館書店，2003年6月，全237頁。

7《諸子百家〈再発見〉——掘り起こされる古代中国思想——》，與淺野裕一共同編著，岩波書店，2004年8月，全254頁。

8《懐徳堂文庫の研究2005》，大阪大学大学院文学研究科共同研究報告書，2005年2月，本文全134頁（含4面彩頁）。

9《懐徳堂アーカイブ　懐徳堂の歴史を読む》，與竹田健二共同編著，大阪大学出版会，2005年3月，全60頁。

【學術論文】

1〈秦律の理念〉,《中国研究集刊》天号(第1号),1984年6月,頁1～21。

2〈秦の法と法思想——雲夢秦簡を中心として——〉,《日本中国学会報》第36集,1984年10月,頁25～39。

3〈『尉繚子』の富国強兵思想〉,《東方学》第69輯,1985年1月,頁30～43。

4〈塩鉄論争に見る管子と董仲舒の思想〉,《日本中国学会報》第39集,1987年10月,頁56～69。

5〈馬王堆帛書『明君』の思想史的意義〉,《中国研究集刊》宙号(第6号),1988年6月,頁1～14。

6〈中国古代の夢と占夢序論〉,北海道教育大学語学文学会編,《語学文学》,1988年3月,頁35～44。

7〈中国古代の夢と占夢〉,《島根大学教育学部紀要》第22巻第2号,1988年12月,頁77～105。

8〈「称」の思想——馬王堆漢墓帛書『称』に於ける天道と統治原理——〉,《島根大学教育学部紀要》第23巻第2号,1989年12月,頁45～64。

9〈孔子の夢と朱子学の夢論〉,《島根大学教育学部紀要》第24巻第1号,1990年7月,頁15～29。

10〈孔子と夢と天命と——『論語』甚矣吾衰章解釈と儒家の夢観——〉,《日本中国学会報》第42集,1990年10月,頁17～31。

11〈『司馬法』に於ける支配原理の峻別〉,《島根大学教育学部紀要》第24巻第2号,1990年12月,頁45～64。

12〈銀雀山漢墓竹簡古逸兵書の研究——「王兵」篇の考察——〉,《古代文化》第43巻第12号,1991年12月,頁13～21。

13〈『呂氏春秋』の義兵説——『墨子』『司馬法』との対比——〉，《島根大学教育学部紀要》第25卷，1991年12月，頁61～75。
14〈『呂氏春秋』の軍事思想——兵陰陽家著作説をめぐって——〉，《呂氏春秋研究》第5号，1992年4月，頁13～21。
15〈軍神の変容——中国古代に於ける戦争論の展開と蚩尤像——（一）〉，《島根大学教育学部紀要》第26卷，1992年12月，頁115～131。
16〈軍神の変容——中国古代に於ける戦争論の展開と蚩尤像——（二）〉，《島根大学教育学部紀要》第27卷，1993年12月，頁1～24。
17〈銀雀山漢墓竹簡『守法守令等十二篇』の思想史的意義〉，《中国研究集刊》辰号（第13号），1993年9月，頁91～114。
18〈類書と成語——「杞憂」の成立をめぐって——〉，《島根大学教育学部附属教育実践研究指導センター紀要》第3号，1993年3月，頁23～47。
19〈類書と成語（二）——「沈魚落雁」の成立をめぐって——〉，島根大学教育学部国文学会編，《国語教育論叢》第4号，1994年2月，頁82～94。
20〈中国古代に於ける戦争論の展開——『呂氏春秋』『大戴礼記』の蚩尤観をめぐって——〉，平成5年度文部省科学研究費補助金一般研究B研究成果報告書（研究代表者：間瀬収芳，補助研究題目：『史記』『漢書』の再検討と古代社会の地域的研究），1994年3月，頁141～161。
21〈類書と成語（三）——類書の変容と「出藍」の成立〉，《島根大学教育学部紀要》第28卷，1994年12月，頁71～95。

22〈秦帝国の吏観念——雲夢秦簡「語書」「爲吏之道」の思想史的意義——〉,《日本中国学会報》第47集,1995年10月,頁1～16。

23〈夢の書の行方——敦煌本『新集周公解夢書』の研究——〉,《待兼山論叢》第29号哲学篇,1995年12月,頁1～15。

24〈類書の成立〉,文部省科学研究費補助金総合研究A報告書《類書の総合的研究》,1996年3月,頁145～162。

25〈類書と成語(四)——二つの「朝三暮四」——〉,島根大学教育学部国文学会編,《国語教育論叢》第6号,1997年3月,頁155～171。

26〈馬王堆帛書『十六経』の蚩尤像〉,《東方宗教》第89号,1997年5月,頁40～54。

27〈出土資料と老荘思想研究〉,加地伸行編,《老荘思想を学ぶ人のために》第2部(5),世界思想社,1997年11月,頁55～74。

28〈中国古代の戦争と平和〉,岩波書店・岩波講座《世界歴史》第25巻,1997年12月,頁151～168。

29〈『李衛公問対』の兵学思想〉,《大阪大学文学部紀要》第39巻,1999年3月,頁1～45。

30〈『太白陰経』の兵学思想〉,《大阪大学大学院文学研究科紀要》第40巻,2000年3月,頁1～40。

31〈『天楽楼書籍遺蔵目録』について——懐徳堂資料のデジタルアーカイブ化に向けて——〉,與寺門日出男、神林裕子、井上了合撰,《懐徳》第69号,2001年1月,頁91～107。

32〈中国古代兵学の「自然」〉,里見軍之編,《自然のなかの人間》,2001年2月,頁23～33。

33〈『虎鈐経』の兵学思想〉,《大阪大学大学院文学研究科紀要》第41卷，2001年3月，頁1～26。

34〈懷徳堂文庫所蔵『論孟首章講義』について——デジタルコンテンツとしての位置づけ——〉，與杉山一也、竹田健二、藤居岳人、井上了合撰，《中国研究集刊》余號（第27号），2000年12月，頁45～66。

35〈懷徳堂学派の《論語》注釈——泰伯篇曾子有疾章について——〉，與寺門日出男、神林裕子、石飛憲合撰，《中国研究集刊》歳號（第29号），2001年12月，頁103～130。

36〈「忠臣」の思想——郭店楚簡『魯穆公問子思』について——〉，大久保隆郎教授退官記念論集《漢意とは何か》，東方書店，2001年12月，頁45～65。

37〈懷徳堂データベースの構築——全体構造と今後の課題——〉，《懷徳》第70号，2002年3月，頁36～41。

38〈懷徳堂データベース全コンテンツ〉，《大阪大学大学院文学研究科紀要》第42卷，全320頁，2002年3月。

39〈孔子の見た夢——懷徳堂学派の『論語』注釈——〉，荒木浩編，《〈心〉と〈外部〉—表現・伝承・信仰と明恵『夢記』—》，大阪大学大学院文学研究科広域文化表現論講座共同研究研究成果報告書，2002年3月，頁137～158。

40〈郭店楚簡『六徳』について——全体構造と著作意図——〉，《中国出土資料研究》第6号，2002年3月，頁39～53。

41〈懷徳堂文庫デジタルコンテンツの展開——古典籍資料の電子情報化について——〉，全国漢文教育学会《新しい漢字漢文教育》第35号，67～76，2002年12月。

42〈郭店楚簡『魯穆公問子思』釈文〉，平成 12～15 年科学研究費補助金基盤研究（B）(1）研究成果報告書「戦国楚系文字資料の研究」(研究代表者竹田健二），課題番号 12410004，2004 年 3 月，頁 243～349。
43〈上博楚簡《従政》の竹簡連接と分節について〉，《中国研究集刊》騰号（第 36 号），2004 年 12 月，頁 113～131。
44〈上博楚簡『従政』と儒家の「従政」〉，《中国研究集刊》騰号（第 36 号），2004 年 12 月，頁 132～153。
45〈奈良 大阪 墨の道——古梅園蔵懐徳堂墨型について——〉，《懐徳》第 73 号，2005 年 1 月，頁 6～14。
46〈ロシア軍艦ディアナ号と懐徳堂——並河寒泉の「攘夷」——〉，《国語教育論叢》第 14 号，2005 年 3 月，頁 151～163。
47〈《従政》の竹簡連接と分節〉，淺野裕一編，《竹簡が語る古代中国思想——上博楚簡研究——》，汲古書院・汲古選書，2005 年 4 月，頁 53～81。
48〈《従政》と儒家の「従政」〉，淺野裕一編，《竹簡が語る古代中国思想——上博楚簡研究——》，汲古書院・汲古選書，2005 年 4 月，頁 83～115。
49〈上博楚簡《彭祖》における「長生」の思想〉，《中国研究集刊》致号（第 37 号），2005 年 6 月，頁 20～36。
50〈懐徳堂の祭祀空間——中国古礼の受容と展開——〉，《大阪大学大学院文学研究科紀要》第 46 巻，2006 年 3 月，頁 1～36。
51〈懐徳堂の小宇宙——懐徳堂印の研究——〉，《中国学の十字路——加地伸行博士古稀記念論集》，2006 年 4 月，頁 688～701。
52〈父母の合葬——上博楚簡《昭王毀室》について——〉，《東方宗教》第 107 号，2006 年 5 月，頁 1～18。

【學術翻譯】

1《中国の夢判断》，原著爲《夢的迷信与夢的探索》（劉文英著，中国・社会科学出版社，1989年，全359頁），東方書店，1997年4月，全357頁。

【書評、目錄、研究史】

1〈雲夢秦簡研究資料目録〉，《中国研究集刊》天号（第1号），1984年6月，頁22～37。

2〈漢代思想（儒教国教化と『塩鉄論』）研究史〉，《中国研究集刊》地号（第2号），1985年6月，頁35～38。

3〈書評　『夢的迷信与夢的探索』〉（劉文英著，中国・社会科学出版社，1989年，頁359），東方書店《東方》第117号，1990年12月，頁28～30。

4〈中国軍事思想史研究の現状と課題〉，《中国研究集刊》收號（第23号），1998年12月，頁45～65。

5〈書評　工藤元男著《睡虎地秦簡よりみた秦代の国家と社会》〉，《中国出土資料研究》第3号，1999年3月，頁95～102。

【其他】

1〈兵家の思想と活動〉，《しにか》1999年2月号，大修館書店，1999年1月，頁21～26。

2〈焚書坑儒とは何か〉，《しにか》2000年2月号，大修館書店，2000年1月，頁40～45。

3〈甦る兵家の活動〉,《しにか》2000年9月号，大修館書店，2000年8月，頁21～27。

4〈懐徳堂と電子図書館〉,《大阪大学図書館報》136号，2000年6月，頁1～4。

5〈韓非子　世界制覇のための方策〉,《世界の文学》102号，朝日新聞社，2001年6月，頁58～59。

6〈懐徳堂文庫の総合移転〉,《大阪大学図書館報》140号，2001年9月，頁6～8。

7〈「孝」が道徳の根源とされるのはなぜか〉,《しにか》2002年5月号，大修館書店，2002年5月，頁24～28。

8〈二人の孫子——中国兵法の誕生——〉,《中国人物列伝》，恒星出版，2002年10月，頁71～92。

9〈インターネットで学ぶ懐徳堂〉,《懐徳》第71号,2003年1月，頁94～96。

10〈戦国楚簡研究の現在〉，戦国楚簡研究会合撰，《新出土資料と中国思想史》(《中国研究集刊》別冊特集号)，2003年6月，頁1～81。

11〈「千字文」周行の道——『中国研究集刊』の蘆北賞受賞について——〉,《中国研究集刊》陽号（第34号)，2003年12月，頁139～145。

12〈総合学術博物館設立記念展レポート（懐徳堂関係)〉,《大阪大学総合学術博物館年報2002》，2003年12月，頁81～84。

13〈電子懐徳堂考の制作〉,《懐徳》第72号，2004年1月，頁88～90。

14〈懷徳堂に見るアーカイブの展開〉,《Network》29 号，全国歴史資料保存利用機関協議会近畿部会会報,2004 年 2 月,頁 6～7。

15〈展示室を飛び出した「懷徳堂」——大阪大学懷徳堂センターの活動——〉,《懷徳堂センター報 2004》，2004 年 2 月，頁 33～48。

16〈懷徳堂アーカイブから大阪大学アーカイブへ〉,《大阪大学図書館報》37 巻 4 号，2004 年 3 月，頁 4～6。

17〈「WEB 懷徳堂」主要コンテンツ紹介〉，平成 13～15 年科学研究費補助金基盤研究（A）(2）研究成果報告書「デジタルコンテンツとしての懷徳堂研究」(研究代表者：下條真司)，補助研究題目番号 13309011，2004 年 3 月，頁 7～9。

18〈懷徳堂文庫貴重資料解題〉，平成 13～15 年科学研究費補助金基盤研究（A）(2）研究成果報告書「デジタルコンテンツとしての懷徳堂研究」(研究代表者：下條真司)，補助研究題目番号 13309011，2004 年 3 月，頁 10～87。

19〈人文学における共同研究と情報発信〉,《日本中国学会便り》2004 年第 1 号，2004 年 4 月，頁 4～5。

20〈戦国楚簡研究関係ＨＰ紹介〉,《中国研究集刊》騰号（第 36 号)，2004 年 12 月，頁 94～104。

21〈出土竹簡の語る世界——特集号「戦国楚簡と中国思想史研究」の刊行——〉,《中国研究集刊》騰号(第 36 号),2004 年 12 月，頁 1～2。

22〈体験懷徳堂 CD-ROM の制作と懷徳堂モニターの取り組み〉，《懷徳堂センター報 2005》，2005 年 2 月，頁 1～6。

23〈文化庁アーカイブ事業の概要——成果と課題——〉，平成 16 年度（2004）文化庁委託全国の博物館・美術館等における収蔵作品デジタル・アーカイブ化に関する調査・研究事業《調査研究報告書》，大阪大学大学院文学研究科懐徳堂センター，2004 年 6 月，頁 2～6。

24〈「上博楚簡」解題——『上海博物館蔵戦国楚竹書』（三）（四）所収文献——〉，戦国楚簡研究会合撰，《中国研究集刊》別冊（第 38 号），2005 年 12 月，頁 1～43。

25〈中国湖北省荊門・荊州学術調査報告〉，戦国楚簡研究会合撰，《中国研究集刊》別冊（第 38 号），2005 年 12 月，頁 44～64。

26〈懐徳堂文庫へのいざない〉，《大阪大学図書館報》39 巻 3 号，2006 年 1 月，頁 3～4。

27〈よみがえる重建懐徳堂——復元模型の制作について——〉，《懐徳堂センター報 2006》，2006 年 2 月，頁 5～14。

28〈新出土文献と孟子の思想〉，中公クラシックス《孟子》，中央公論新社，2006 年 4 月，頁 1～25。

國家圖書館出版品預行編目資料

戰國楚簡與秦簡之思想史研究／湯淺邦弘著；佐藤將之監譯. --初版. --臺北市：萬卷樓, 2006[民 95]
面；　　公分
含索引
ISBN 957－739－567－8 (平裝)

1. 簡牘 - 研究與考訂

796.8　　　　95010455

戰國楚簡與秦簡之思想史研究

著　　者：湯淺邦弘
監　　譯：佐藤將之
發 行 人：許素真
出 版 者：萬卷樓圖書股份有限公司
臺北市羅斯福路二段 41 號 6 樓之 3
電話(02)23216565．23952992
傳真(02)23944113
劃撥帳號 15624015
出版登記證：新聞局局版臺業字第 5655 號
網　　址：http://www.wanjuan.com.tw
E-mail　：wanjuan@tpts5.seed.net.tw
承印廠商：晟齊實業有限公司
定　　價：260 元
出版日期：2006 年 6 月初版

ISBN 957－739－567－8